JN261864

Fiduciary Law

フィデューシャリー
「託される人」の法理論

タマール・フランケル Tamar Frankel 著
溜箭将之 監訳
三菱UFJ信託銀行Fiduciary Law研究会 訳

弘文堂

Fiduciary Law, First Edition
by Tamar T Frankel
Copyright © 2011 by Oxford University Press, Inc.
This translation is published by arrangement with Oxford University Press.

『Fiduciary Law』日本語版　刊行にあたって

　『Fiduciary Law』（以下、原書という）との出会いは、2011年に北星法律事務所の中田直茂弁護士からお声がけをいただき、立教大学の溜箭将之先生を交えた輪読会に、三菱UFJ信託銀行の有志が参加したことに始まる。

　かねがね三菱UFJ信託銀行は、信託という仕組みが受託者に対する信認を前提に成り立つものであることを踏まえ、信託銀行のアイデンティティともいえるフィデューシャリー・デューティについて広く学ぶとともに、それを役職員の日々の行動にも活かしていくことが必要であると考えてきた。

　こうした折に原書を知り、フィデューシャリーについてよりよく理解するための助けになるもの、あるいは基本に立ち返るときに指針となるものとして、非常に適した書物ではないかと考えた。そこで、是非とも原書の翻訳を行ないたいと思い、社内の有志を募り「三菱UFJ信託銀行 Fiduciary Law研究会」を発足させた。社員だけでは翻訳することの困難な専門書であったが、幸いにも溜箭将之先生のご指導を得て、日本語版の出版が現実のものとなった。

　信託の根底に流れるフィデューシャリーの考え方を十分に理解し、高い倫理意識を持ちながら、専門性を発揮し、お客さまや社会からの期待と信頼に応える存在であり続ける。本書の翻訳を行なった信託銀行として、それを役職員一人ひとりに根付かせ、実践していきたい、と考えている。

　最後に、本書の翻訳にあたり、原書の著者であるTamar Frankel教授との間を取り持っていただいた東京大学の樋口範雄先生、監訳にご尽力いただいた立教大学の溜箭将之先生、多くのご指導をいただいた北星法律事務所の中田直茂弁護士はじめ、Fiduciary Law研究会諸氏や関係の皆様に、厚くお礼申し上げたい。また、本書の意義を理解いただき、出版にご協力いただいた弘文堂の北川陽子氏にも、厚くお礼を申し上げたい。

2014年3月

　　　　　　　　　三菱UFJ信託銀行 Fiduciary Law研究会
　　　　　　　　　代表　若林辰雄（三菱UFJ信託銀行　取締役社長）

日本語版への序文

　私の『Fiduciary Law』が日本語に翻訳され、その序文を依頼されたことは、私には特に個人的な意味のあることです。東京大学の樋口範雄教授と岩原紳作教授（現早稲田大学教授、東京大学名誉教授）や日本の信託銀行関係者とのお付き合いは、もう30年以上になります。これらの方々と、信託と信認関係に対する関心を共有してきた日々は、大きな喜びです。

　アメリカの信認法は、この間、変化と多様化を経験してきました。このところ最大の注目を集めているのは、集団投資スキーム（年金やミューチュアル・ファンド）の運用者や、投資の助言を行う証券ブローカーのような人々についての個別の信認関係です。これらの分野に関する規制の必要性が高まったため、立法、司法、行政のすべてが注意を向けるようになりました。しかし、受認者の範疇がこうして広がるにつれて、信認法の一般原則の必要性が高まると同時に、信認義務の濃淡に応じたガイドラインも求められるようになります。このようなガイドラインがあることは、彼らに適用される信認義務の程度や、より具体的なルールが何かを明らかにする手助けとなります。本著『Fiduciary Law』は、このような一般原則やガイドラインを示すことを目指したものです。

　より厳しい信認義務を、という要請は、他人の利益のために権限を行使する者を規律する必要性から生ずるものです。アメリカでは、1929年の大恐慌の後、1930年代と1940年代に、信認義務が強化されました。しかし、ここ40年間は、信頼を受けた組織による権限の濫用には市場が対処できるとの考えから、信認義務が緩められてきました。現在は、特に金融分野で、他人の金銭を管理し運用する者に対し、より厳しい義務を課そうとする圧力が高まってきています。

　2年前、「受認者スタンダード研究機構」（The Institute for the Fiduciary Standard）が、民間の資金運用者と学者らによってワシントンDCに設立されました。投資家を啓発し、受認者に自己規制の仕組みを作るよう影響力を行使する団体です。裁判所と規制当局も、投資家が自身の力で身を守ることは難しいと考えるようになり、受認者に対するルールを強化し、大手金融機関に自己規制

の強化とコンプライアンス態勢の確立を求めるようになりました。

　そもそも政治的な権力を持つ者も、受認者（つまり信認義務を負う者）と見られてきました。たとえば、アメリカでは、議員に対し、市場が知る前に何らかの情報を得たり情報を生み出したりした場合には、信認義務を課すという法律が制定されています。これは信認義務を負わせる1つの例です。合衆国以外の国の規制当局も、ソブリン・ファンド（国家が保有する資金）の運用者の行動に注目するようになってきました。国家資金を運用する政府の官僚に関する諸問題も、信認法の原則が適用される分野です。

　要するに、文明とは、人が人を信頼し、互いに頼る関係と共に発展するものなのです。さまざまな信認関係ごとに、細かな点は大きく異なる場合があり、今後もそのなかでどちらに分類すればよいかが不明確な分野も生じて、議論の種になるでしょう。しかし、そこに信認関係の存在を認識し、人と人の間で公平なパワーバランスを確立することの重要性は、高まっていくに違いありません。それ以外の道は不信の増加につながり、人を信頼することができず貧しさを生むだけなのです。

　日本の信託銀行は、その存在と取り組みについて世界でも特に認知されて然るべきです。三菱UFJ信託銀行の研究会が本著『Fiduciary Law』の日本語訳を出版することには、大きな意義があると思います。アメリカなど多くの国で、銀行は（信託部門を除き）受認者でないとみなされています。しかし、日本は違います。「信託銀行」という名称が受認者としての地位を示しているのです。三菱UFJ信託銀行とその研究会の活動は、その名の通りの実践を世に示すものでしょう。これは世界中の銀行が範とすべきことです。彼らに対し深甚なる謝意を表するとともに、その努力に対しても称賛を送りたいと思います。

　　　　　　　　　　　タマール・フランケル（Tamar Frankel）

監訳者・訳者はしがき

　本書は、ボストン大学の Tamar Frankel（タマール・フランケル）教授が執筆した『Fiduciary Law』（Oxford University Press・2010 年）の日本語版である。

　フランケル教授は、ボストン大学を拠点とする法学者で、投資信託および証券化に関する法や金融規制、コーポレート・ガバナンスに関する法などを専門とするが、ブルッキングス研究所や証券取引委員会の客員研究員を務めたこともあり、実務に明るい学者である。なかでも Fiduciary に関する法分野では、Fiduciary Law という法カテゴリーを、1 つの独立カテゴリーとして捉えることの重要性を早くから提唱してきたこの分野の第一人者である。『Fiduciary Law』は、そのフランケル教授が長年の研究を一冊にまとめた集大成といえる書物である。

　そもそも Fiduciary という法概念は、英米の法社会におけるエクイティというユニークな法体系のなかで形成されてきたものであり、我が国ではあまりなじみのない法概念である。また、制定法に基づく法体系をとる我が国においては、裁判所による個別の紛争解決として発達してきた判例法理であるということも、なじみのなさに影響を与えているのかもしれない。その Fiduciary に関する法を、フランケル教授は、一冊の本にまとめた。信託法の体系書やケースブックはあるが、信認法を一冊にまとめたものはおそらくないであろう。

　原書でフランケル教授は、Fiduciary（本書では「受認者」と訳している）と対になる概念として Entrustor（託す人）という言葉を用いている。託す人は、財産や権限を受認者に託す（entrust）のであるが、託す人は受認者を信頼（trust）しているからこそ託すことができるという関係にある。この両者の「託し、託される関係」が Fiduciary Relationship（「信認関係」）である。本書の原題である Fiduciary Law とは、「託される人」の法ということになり、本書はその一般原則を論じたものである。そこで日本語版の刊行にあたり、邦題は「フィデューシャリー――『託される人』の法理論」とした。

　本書の概要については、「はじめに」のなかでフランケル教授自らが各章につきコメントしている。したがって、以下では、重複を避け、日本の読者向け

に補足的なコメントを若干させていただくにとどめる。

　まず第1章は、どのような場合・状況に「信認関係あり」として責任が問われるかを扱っている。すなわち、信認関係の定義を扱っているわけであるが、Fiduciary という言葉は、母法である英米法の国々においても、元来多義的に捉えられており、包括的、統一的に定義することは難しいとされている。そこで本書は、共通する特徴を4つ抽出して、具体的ケースをあげ説明している。たとえば、CIAの元工作員が回顧録を出版しようとした際、職務上知りえた機密情報に関しては、その元工作員は、政府に対して受認者となるとされたケースや、特殊な遺伝子を持った患者から、医療行為を通じて採取した細胞を勝手に使って科学研究をし、利益をあげた医師は、その患者に対し、信認義務違反を犯したことになるとされたケースなどが紹介されており、Fiduciary が、かなり広がりを持った概念であることがわかる。

　第2章は、信認法の歴史を扱った章であるが、信認関係を扱った最も古い判例はいつ頃かとか信認義務に関する法理はどのように形成されたか、というかたちで論ずるのではなく、寄託や代理など他者に財産や権限を託した場合の法理、託す人を守るための法理につながる芽が、古代バビロニアや古代ローマの法、イスラムやユダヤの法にも見られること、それが各時代、人々のなかで、どのように発達してきたかを論じている。

　第3章は、受認者の義務、信認義務を扱っている。第1章で示されたように、さまざまな場面で受認者と認定されることがあるが、受認者となると、具体的にどのような義務に違反すれば責任が問われるかを論じている。とりあげるケースは第1章と重なる部分が多いが、義務と責任を分析することにより、信認法の本質と信認法として捉えることの意義が理解できる。またこの分野では、忠実義務が重要であるといわれることが多いが、本章を読んでいただくと、忠実義務が果たす役割と、忠実義務こそが信認法のコアとなる法理であることを理解していただけるのではないかと思う。

　第4章は、信認法が任意規定であることの問題を扱っている。信認関係は契約によって成立している場合が多く、その場合、当事者が受認者の責任を軽減したり、免除したりすることができるが、それがどこまで許容されるかが問題となる。免責規定の有効性の問題は各国でさまざまに議論されているところで

あるが、フランケル教授は、信認法はその本質からして一定の限界があると論じている。

　第5章以降は、信認法を独立した法カテゴリーとして認める意義を論じている。第4章で扱ったように信認法の多くの部分は任意規定といわれており、契約法の一分野と捉えるべきとの説が有力に唱えられている。また救済方法から見て不法行為法の一部と見るべきとの意見もある。本章では、このような学問上の議論を紹介しつつ、機能面から自説の正当性を主張している。

　第6章では、信認法で認められる救済方法、裁判手続きをとりあげ、それが多様なものであって、契約法や不法行為法とは異なる部分があり、その部分こそが重要であると論じ、第5章の補強を行っている。

　第7章では、信認法は他者に財産や権限を託そうとする人から信頼が得られるようにする法であり、信認法が機能する社会は信頼の度合いの高い社会となる、つまり世の中をよくする（フランケル教授は効率的であるという言い方をしている）と主張している。すなわち、消去法によってではなく、積極的意義があるのだから、信頼が弱まりつつある今のアメリカ社会にとっては、信認法をより強固なものとすることが重要であると述べている。

　第4章までの前半で信認法の本質をさまざまな観点から整理したうえで、第5章以降の後半で信認法を独立カテゴリーとして観念することの意義を説いている。その意味で原書『Fiduciary Law』は、単なる体系書にとどまらず、信認法の必要性、重要性を主張する意欲的なメッセージが含まれた書といえる。お読みいただくとわかるように、著者は心理学や社会学などにも視野を広げ、題材も、医学や発明に関連した問題、金融やコーポレート・ガバナンスに関わる問題など、極めて現代的な事例が至るところでとりあげられており、実社会につながる法を体系化しようとしているといえる。

　このように本書は、アメリカの社会において、信認法の諸原則がさまざまな紛争解決のなかで使われていることを描き出している。たとえば、患者から医療行為を託される医師、依頼人から弁護活動を託される弁護士、発明家から商業化を託される開発事業者、金融商品の投資家から運用や投資助言を託される運用業者・仲介業者などが受認者として登場してくる。このような人々は、我々の社会においても、至るところに存在する人々である。したがって、アメ

リカにおいて受認者に関し何が問題とされ、何が求められているかは、海の向こうの別世界の話ではなく、我が国の問題でもある。

　現代は、情報化社会、グローバル社会といわれ、人や財物、情報などの行き来が極めて活発に行なわれており、各国の法制度や法文化も、同質化・均質化が進んできているが、信認法のベースにある考え方、法理も同様、ということがいえよう。信認法は、託す人の脆弱性にフォーカスを当て、それをカバーするように法体系が形成されている。そのような法理は、我が国の社会でも有用であり、取り入れるべきところもあろう。すでに、年金に関する法制度や金融商品取引法などの分野では、「受託者責任」という言葉で一部取り入れられている。我が国も、今後社会がますます複雑化・多様化し、社会において人々の果たす役割も専門化・分業化が進むことであろう。フランケル教授本人も述べているように、まったく他者に頼ることなく生きていくことは、不可能と言ってよい。このような社会において、信認法の原則は、今後さらに重要性を増すものと思われる。他者に安心して託すことができ、信頼が機能する社会の実現のために、その一助、読者のご参考になれば幸いである。

　日本語版をまとめるにあたり三菱UFJ信託銀行FiduciaryLaw研究会のメンバーは、平成25年5月から読み合わせ会を週次で10回行なった後、各自担当分の翻訳、メンバー間の意見交換、監訳者の助言を繰り返すことにより、完成に至った。監訳者、および研究会のとりまとめを行った者として、研究会メンバーの成果を讃え、この日本語版が多くの方々に読まれることを願う次第である。最後に、中田直茂弁護士には原書を読むことを勧めていただいた。東京大学の樋口範雄教授にはフランケル教授およびオックスフォード・ユニバーシティ・プレスとの間をとりもっていただき、フランケル教授に日本語版の序文をご依頼いただいた。また、日本語版の公刊にあたり、弘文堂の北川陽子さんのお世話になった。研究会を支えてくださった多くの方々にも感謝を申し上げたい。

溜箭将之

三菱UFJ信託銀行 Fiduciary Law 研究会　友松義信・吉谷　晋

『Fiduciary Law』日本語版 刊行にあたって ────── i
日本語版への序文 ──────────────── ii
監訳者・訳者はしがき ─────────────── iv
凡　例 ───────────────────── xiii
はじめに ───────────────────── xiv

第1章　信認関係の本質 ─────────────── 1

Ⅰ　はじめに ───────────────────── 1
Ⅱ　信認関係によく現れる要素 ──────────────── 5
Ⅲ　信認関係の定義の提案 ───────────────── 6
　1 受認者の提供するサービス：社会における専門化と相互依存の重要性（7）　2 託すこと（8）　3 財産権、権限、それらを託すことの概念（14）　4 託される財産や権限の種類（20）　5 託すことは託す人にリスクをもたらす（25）　6 託すことの境界線（35）
Ⅳ　信認関係の具体例と限界事例 ──────────────── 42
　1 伝統的な受認者（42）　2 新たに登場してきた信認関係（53）
Ⅴ　裁判所はどのようにして信認関係があると判断するのか ── 63
　1 総論（63）　2 当事者の意図を尊重する（70）　3 新たに信認関係の定義を拡張することは公平か（73）
Ⅵ　信認関係の負の側面 ──────────────── 74
Ⅶ　議　論 ───────────────────── 78

第2章　信認法はどこから来たか ─────────── 80

Ⅰ　はじめに ───────────────────── 80
Ⅱ　ハンムラビとエシュヌンナの法律 ─────────── 81
　1 代理（81）　2 寄託（82）　3 救済（83）
Ⅲ　新約聖書 ───────────────────── 84
Ⅳ　イスラム法（シャリーア）────────────── 85
　1 代理（85）　2 信託（86）　3 救済（87）
Ⅴ　ユダヤ法 ───────────────────── 87
　1 代理と事業組織（87）　2 助言とその他の信認関係（88）
Ⅵ　道徳と宗教の影響 ──────────────── 89
　1 道徳について（89）　2 宗教による影響（90）

- VII ローマ法 ──────────────── 91
  1 代理（91）　**2** 信託（92）　**3** 事業組織（93）
- VIII 中世盛期 ──────────────── 94
  1 代理（94）　**2** パートナーシップ（95）　**3**「サリカ法」のもとで規制される「信頼できる」あるいは「信頼された人」の関係性（96）　**4** 中世イングランドにおける「ユース」と「信託」（97）
- IX アメリカ合衆国の近年の歴史 ──────────────── 98
  会社法（98）
- X 議　論 ──────────────── 99

第3章　受認者の義務 ──────────────── 102

- I はじめに ──────────────── 102
  1 人間の本質との深い関わり（102）　**2** 信認法と他の学問分野（104）
- II 基　本 ──────────────── 105
  1 信認義務はいつ発生するのか？（105）　**2** 信認義務の道徳的な側面（106）　**3** 抽象的な基準と原則 対 詳細なルール（106）
- III 受認者の主な義務 ──────────────── 108
  1 はじめに：信認義務の構造と特徴（108）　**2** 信認義務の焦点（109）
- IV 忠実義務 ──────────────── 110
  1 忠実であるとはどういうことか（110）　**2** 忠実義務の2つの側面（110）　**3** 予防のためのルール（111）　**4** 利益相反の事例（112）　**5** 受認者の自己抑制の仕組み（119）　**6** 非営利団体および慈善団体（122）
- V 忠実義務を履行する義務 ──────────────── 124
  1 託された権限ないし財産に関して、託すことの指図に従い遵守する義務（124）　**2** 受認者サービスの提供にあたって誠実に行動する義務（131）　**3** 会計報告義務（131）　**4** 自己執行義務（132）
- VI 受認者によるサービスの契約と報酬 ──────────────── 132
  1 契約と信認の混合（132）　**2** 1つの解決法：託す人の代表者による対等な交渉（133）　**3** 受認者のサービスをビジネスと捉えること（135）　**4** 市場競争は必ずしも運用管理報酬を統制するとは限らない（141）　**5** 役員を会社の所有者と一体化する理論的裏付け（141）　**6** 役員報酬削減の影響（144）　**7** ミューチュアル・ファンド運用者の報酬（146）　**8** 司法と立法のアプローチ（146）

Ⅶ 議　　論 ──────────────────────── 147
　　1 利益相反は無条件に禁止されるべきか（148）　2「受益者の利益のためだけに」から「最善の利益のために」へ（150）　3 受認者による濫用に対し、託す人は自己防衛を強化すべきか（153）　4 受認者による濫用に対する防衛策として市場は効果的ないし適切か（154）
　Ⅷ どのような場合に受認者は公益を考慮すべきか ──────── 157
　　1 病院の事例（157）　2 社会の利益が個人の利益と相反する場合（159）　3 同業者が損害を生じさせることを防ぐ専門家受認者の義務（160）　4 共同受託者の行為に関する受託者の責任（165）　5 従業員による内部告発と信認義務（166）　6 信認義務と有権者の心情・公共の利益とのバランスをとる（167）
　Ⅸ 注意義務 ────────────────────────── 171
　　1 注意義務の基本原則（171）　2 注意義務の基準（173）　3 注意義務と義務違反の例（175）
　Ⅹ 利益が相反する複数の託す人に対する受認者の義務 ────── 179
　　1 はじめに（179）　2 対立しているように見える託す人の権利を明確にして、受認者自身の役割を理解する（180）　3 託す人の間で明らかに利益が相反するにもかかわらず、託された時の指図に方針が示されていない場合（182）　4 信認義務の限界（184）
　Ⅺ 受認者の権利と託す人からの申立てに対する防御 ──────── 184
　Ⅻ 制定法における信認義務 ─────────────────── 185
　　1 従業員退職所得保障法（エリサ法）（186）　2 利益相反禁止の免責（188）　3 1940 年投資会社法における利益相反規制（189）　4 資金運用者による利益相反禁止の緩和（190）　5 ニューヨーク州会社法（196）

第4章　信認法と任意規定 ─────────────────── 197

　Ⅰ はじめに ───────────────────────── 197
　　信認法における任意規定と強行規定――その性質と正当化根拠（197）
　Ⅱ 信認法のルールにおいて信認義務を免除するプロセス ──── 202
　　信認義務を免除するにあたり、託す人の同意が法的に有効となるための条件（202）
　Ⅲ 同意の性質と代理同意人 ───────────────── 209
　　1 黙示の同意：特定の状況下では、情報開示が同意に代わるとされる場合がある（209）　2 代理同意人（211）

Ⅳ 任意規定と契約 ———————————————————— 214
　　　　1 類似点と相違点（214）　**2** 情報開示を前提とする契約条項として任意規定を理解することの帰結（216）
　　Ⅴ 議　　論 ————————————————————————— 216

第5章　なぜ信認法を独立のカテゴリーとして考えるのか ———— 218

　　Ⅰ はじめに ————————————————————————— 218
　　Ⅱ カテゴリーは重要である ————————————————— 219
　　　　1 人間は情報をカテゴリー化する必要がある（219）　**2** カテゴリーが示唆すること（220）　**3** 裁判所が新しく受認者を認識するプロセス（221）　**4** 裁判所によるカテゴリー化にビジネス環境が果たす役割（223）
　　Ⅲ 信認法は、1つのカテゴリーとみなすべきか ——————— 224
　　　　1 一貫性の問題（224）　**2** 開かれたカテゴリーであることの公平性に関する疑問（229）
　　Ⅳ 議　　論 ————————————————————————— 231
　　　　1 信認法を契約法として分類すべきとする議論（231）　**2** 反論（233）　**3** 信認法と契約法の類似点・相違点（236）　**4** 信認法を独立した法カテゴリーと認識する理由（240）　**5** 民事上の権利侵害としての信認法（不法行為）（241）　**6** 議論の結び（242）

第6章　裁判所による受認者の規律、救済方法、裁判手続 ———— 244

　　Ⅰ はじめに ————————————————————————— 244
　　Ⅱ 裁判所による裁量の行使 ————————————————— 244
　　　　1 裁判所の「積極主義」と自己抑制（245）　**2** 公共の利益への考慮（247）
　　Ⅲ 信認義務に違反した場合の救済 —————————————— 249
　　　　1 はじめに（249）　**2** 信認義務違反に対する救済：裁判所の姿勢（250）　**3** 差止命令（251）　**4** 擬制信託（253）　**5** 託された資金の清算と信認義務違反によって得た利益の返還（255）
　　Ⅳ エクイティ上の救済手段 ————————————————— 257
　　　　1 原状回復（257）　**2** 特定履行（258）
　　Ⅴ 懲罰的賠償 ———————————————————————— 259

	Ⅵ 会社の解散 ———————————————— 260
	Ⅶ 刑事法上の制裁 ———————————————— 261
	Ⅷ 訴えの提起と手続上の問題：コモン・ローとエクイティ 262
	1 歴史への一瞥（262）　2 コモン・ローとエクイティの法原則の間に残された違い（264）
	Ⅸ 託された財産だと知りながら財産を譲り受けた者の責任 — 266
	Ⅹ 復帰信託 ———————————————————— 266
	Ⅺ 結　論 ———————————————————— 268

第7章　託すことと信頼を促進するうえで信認法が果たす役割 ———— 270

Ⅰ 信頼の本質と役割 ———————————————— 270
Ⅱ 信頼の濫用や不正直に対する防御策 ———————— 272
　1 防御策（272）　2 道徳（273）　3 法と文化（274）
Ⅲ 議　論 ———————————————————— 276

エピローグ ———————————————— 279

事項索引 ———————————————— 286
判例索引 ———————————————— 292

凡　例

・原文における" "は「　」、' 'は『　』で表した。

・原文で補足されている（　）はそのまま（　）で表した。

・原文で補足されている [　] はそのまま [　] で表した。

・原文でイタリック *italic* で表記されている箇所は傍点で表記した。

・邦訳にあたっては、田中英夫編『英米法辞典』（東京大学出版会・1991 年）および、BRYAN GARNER, BLACK'S LAW DICTIONARY (9th ed. 2009) を参考としつつ、我が国の法律用語のなかで最も意味が近いと考えられる用語を用いた。

・原文にある脚注のうち、訳者において読者の参考となると考えたものを脚注に原則としてそのまま記した。また訳者において解説が必要と思われた用語についても前掲の田中編『英米法辞典』および BLACK'S LAW DICTIONARY を参考としつつ、脚注にて補足を行った。なお、両者は体裁のうえで特に区別されていない。

・原文執筆当時（2009 年）の情報のままで邦訳を行い、適宜訳注で補足することとした。

・SEC v. Chenery Corp., 318 U.S. 80, 85-86 (1942)（本書 2 頁掲載）とは、当該判例の当事者が SEC および Chenery Corp. であって、これが「連邦最高裁判例集第 318 巻 80 頁」から掲載されているうちの、85～86 頁から参照したもの、そして当該裁判年が 1942 年であることを示す。
　［参考］本文中に頻繁に引用されている主な判例集の略称は以下の通りである。
　　U. S.　　　　　　United States Reports（連邦最高裁判所判例集）
　　F/F. 2d/F. 3d　　Federal Reporter（連邦控訴裁判所判例集）（数字はシリーズを示す）
　　F. Supp.　　　　Federal Supplement（連邦地方裁判所判例集）（数字はシリーズを示す）

はじめに

　私たちは、親子関係をはじめとして、生涯を通じて、受認者であったり、受認者から利益を受ける側になったりと、「信認関係」にあることが多い。たとえば、代理人、会社の取締役や執行役、信託の受託者、弁護士、医師などの受認者になる場合もあれば、受認者の相手方、すなわち、代理人に権限を与えた本人、投資家、信託の受益者、弁護士の依頼人、患者となる場合もある。このように、種々の契約、財産の移転、株式の保有、その他日常のさまざまな取引には、信認関係が含まれている。しかし、このような信認関係をすべてまとめて書いた本はあまりない。信認関係はどこから始まって、この先どこへ向かうのであろうか。

　この本では、このような受認者と信認関係に関する法、すなわち信認法の理論を提示することによって、その根底にある構造や原則、テーマや目的を明らかにし、信認法の射程や限界について1つの見取り図を描いてみる。さまざまな信認関係をとりあげることになるため、まず最初に信認関係における受認者の相手方をまとめて何と呼ぶかを決める必要がある。そこで本書ではこの相手方を「託す人（entrustors）」と呼ぶ。この呼び方は、「託すこと（entrustment）」という言葉から来ているが、受認者と信認関係にある人はすべて、「託すこと」を行なう。すなわち、受認者に対し財産や権限を託すのである。また、「託す人」という言葉は、あらゆる信認関係の基礎となる「信頼（trust）」という言葉に由来する。

　あらゆる法に当てはまることであるが、信認法は、それが適用される社会によって形成される。つまり、社会が法によらずにその構成員に及ぼす圧力や、社会の構成員が従わざるをえないと感じる価値観によって、形作られる。そうした圧力が大きいほど、また反社会的な行動を自ら規律することに重きが置かれるほど、法の必要性は低くなる。逆もまた真なりで、社会的な圧力や反社会

的行動を非難する価値観が弱ければ、反社会的行動の横行を防止するために法が使われなければならない時が来る。もっとも、法が実効性を発揮するまでにタイムラグはあるかもしれないが。

　アメリカ社会にはさまざまな圧力があるが、その1つに、新聞やテレビ、電子機器を通じてマスメディアから発信される世論がある。アメリカ社会におけるさまざまな価値観のなかには、自分だけが頼りという考え方と他人を頼りにしつつ生きていこうという考え方、あるいは費用と利得、リスク回避とリスクテイク、自分に対する責任と社会に対する責任、などといった対立概念が、いろいろなかたちでバランスをとりながら存在する。

　社会がその構成員に及ぼす力。アメリカでは、世論は、相当に強硬で、うるさいくらいしつこくない限り、力を持つ受認者たちの誤った行動に強い影響を与えることはないようである。受認者に厳格な信認法のルールを負わせる際にも、世論が決定的な役割を果たすことはないように思われる。実際のところ、力を持つ受認者たちの成功の方が優先されている。アメリカでは平等というものが神話化されており、そのため、受認者たちが毎年何百万ドルも稼ぐことが一層賞賛される。「彼らにできるのなら、私にもできる」。こうした声は、証券市場が高騰し短期的に収益をあげられる時には、特に強い影響力をもつ。アメリカの受認者たちは、他の文化圏の受認者たちよりも、恥とか思いやりといったものに無頓着のようである。また、法外な報酬に対し人々の憤りが噴出している時ですら、これに対し受認者やその支持者からの強い抵抗が見られる。受認者のルールを厳しくしようとする動きは鈍い。同様に、受認者の報酬に対して厳しい見方をする裁判所の判決が出され、また連邦最高裁判所も投資会社のアドバイザーの手数料の問題に関心を示し、さらに証券仲介業者にも信認義務を課すべきだとの見解まで示されているものの、信認義務をより厳しく課していこうという流れが今後も続くかどうかははっきりしない。一般的には、非常に強力な世論の圧力がある場合でなければ、受認者に対する法的制限を強化する方向に傾くことはない。

　アメリカでは自立自助の神話が強い。自立自助の考え方は、人に頼らざるをえない人を強者と同等に扱う。自立自助の考え方が信じられているために、法的な制約によって弱者を強者から保護する措置が弱いものになっている。せい

ぜい託す人には、強者たる受認者との「情報の不均衡」を解消するために情報開示を受ける権利を認めるべきだ、という程度の発想にしかならない。そして情報が一旦開示されると、あとは託す人が自己の利益を自力で守るしかない。こうした考え方は、必ずしも、詐欺的行為や専門性の不均衡を助長しようとするものではないが、アメリカ人は自立自助が身についた人であるという考えがあまりに広く浸透しているために、託す人を保護するために法や政府が必要であるという考え方が重視されなくなっている。つまり、アメリカ人は受認者との関係においても、自分のことは自分でできる、と考えられているのである。

　アメリカ人は、法的制約を費用との比較で評価する傾向にある。こうした傾向も信認法を限定することにつながる。いずれにしても、反社会的行為がもたらす費用や利益と、法により統制することにかかる費用や利益を比較考量することは難しい。信認義務違反による社会的損失や、経済や金融システムへの被害を計量化することは不可能ではないかもしれないが、困難である。さらに違反にかかる費用は変動する。結局のところ、たとえ投資銀行がその信認義務に違背して倒産したとしても、また復活するかもしれないし、別の投資銀行が力を持つだけかもしれないのである。

　対照的に、政府による規制にかかる費用は金銭に換算することができる。政府の官僚は仕事が保障されており、その数は、彼らのサービスがこれ以上必要ないような時でも、時として、増加したりする。しかも規制は変革を制約し受認者の収益を減少させる可能性もある。これらのことは社会の損失となる。「小さな政府」という神話は、市場がさまざまな問題を解決し、競争によって行きすぎがコントロールされるという神話を伴うものである。2008年の大暴落の後ですら、政府の干渉に反対し、市場に任せておいた方が諸問題はよりうまく解決されたであろうと主張する声があった。これらが、受認者に厳しい制約をかけることへの反対論となっている。

　アメリカでは、託す人の方がリスクをとろうとすることが多い。アメリカ人は、物事は好転するだろうとか、諸問題は自然に解決されるだろうといった前提のもとに、借入れを行う。多くの人は、短期的に満足を得ることを志向し、セールストークに左右される。別に驚くことではないが、アメリカでは宣伝と販売が重大な役割を果たしている。託す人は、金銭的な利益を約束され、自分

がとることになるリスクを軽視している。したがってアメリカでは、リスクをとることに伴うコストや、幻想に基づき行動したことの帰結が明らかになるまで、法はリスクをとることを妨げると思われている。リスクをとることは、法的なものも含め、制約されることと相容れないものなのである。

　個人の利益と集団への献身とを比べると、アメリカ人は個人の利益を重視する。アメリカでは大半の人が個人事業主ではなく被雇用者であるが、そのことは個人の利益を優先することにとって大きな問題ではない。また市場のバブルとその崩壊が、大衆による大勢への追随と、個人による意思決定が行なわれなかったことの結果であるということも問題とならない。アメリカ人は、個々人が大勢に追随する権利にこだわるのである。アメリカ人は寛大で、寄付をすることも多い。しかし一般論として、公共の善への貢献は、アメリカ人の視野には入ってこなかった。「共有地の悲劇」という理論がある。これは、人は他人を犠牲にして自らの利益を最大化しようとするものであり公有財産制よりも私有財産制の方が結果的に生産性の向上に資する、という仮説の上に成り立っている。この仮説は、アメリカでは正しいということが証明されてきた。公有財産制は、人々の進歩または生存のために共同体として努力する必要があった時代には、うまく機能してきたかもしれない。しかし、繁栄がもたらされるなかで、私有財産制が、より大きな推進力と創造性を引き出したのである。個人主義は法でも政府でも制約されることを嫌う。このような個人主義の考え方は、信認法が必要とされるときであっても、そのニーズは小さいと主張する圧力となることがある。

　信認法のルールは、アメリカにおける社会的圧力や価値観に照らして検証され、説明され、評価されるべきである。本書では、各章に「議論」と題した節を設け、これまで述べてきた社会的圧力や価値観の対立について検討する。信認法の変化は社会の変化を反映する。受認者と託す人とのバランスが極端に崩れ、双方が誘惑に抗い難くなったとき、信認法はバランスを取り戻す役割を果たさなければならない。

　社会や人間関係に適用されるさまざまなルールと同様に、信認法も社会に内在する矛盾を反映している。人は、生きていくために、他人を頼らなければならない。事実、社会はその構成員がそれぞれ専門化し、お互いにその専門性に

依存することによって成り立っている。しかし、こうした専門化と相互依存の必要性が高まれば、その分だけ、依存する側の託す人にとって、信頼を裏切られ、損失を被るリスクも高まる。信頼された受認者すべてが、託されることから生ずる利益を我がものにしたいという誘惑に打ち勝てるわけではなく、また同時に、託す人すべてが信認関係から生ずる損失から身を守れるわけでもないからである。そこで社会は、受認者の信頼性を強固にしようとさまざまな仕組みを考え、創設する。その仕組みの1つが信認法である。

　同様の矛盾は、他人に頼ることに対する社会的アプローチのなかにも見られる。他人を頼らなければならないということは、受認者が信頼を裏切ることに対して自分を守ることを考えておくべきだということである。人に頼ることと自己防衛との境界線は、個別の属性（例：大人か子供か）や相互関係の性質（例：取引関係が、対等か対等でないか）、その時の社会の文化や要請（例：恥や共感を強く感じる文化か）により変わってくる。加えて、託す人と受認者とが、ある取引において同様の利害を持つような場面では、託す人自身が受認者の法的制約を緩和することに同意することもあるだろう。その境界線は岩に刻まれた不動の線ではなく、個々の場面ごとで明示されることも少ない。そこで本書は、原則的な考え方と具体例を通じて、この境界線に関するガイドラインを提示してみたいと思う。

　頼ることと信頼することとの間には密接な関係がある。人を信頼すること（trust）と頼ること（reliance）は、いずれも自己矛盾をはらむものである。ここでは信頼を、相手が本当のことを言っており、その約束が果たされるであろうと合理的に信じることと定義する。自発的に相手に頼ることは、積極的に信頼することと言ってよいかもしれない。頼ることと信頼することは、共に社会的に価値のあるものであり、そのことは、他人の言うことの信憑性や約束の信頼性を検証するためのコストが高い場合に特に当てはまる。「信頼せよ、されども検証せよ」というロシアの諺は、自己矛盾した内容であるが正しい。人は、他人を信頼し頼るコストと、検証にかかる（あるいは取引をやめる）コストとを比較するものである。

　法はそれ自体矛盾をはらむ。託した信頼が濫用されないよう規制し、信頼と相互依存を増加させることにより得られる利益は、こうした規制に伴って政府

と受認者双方にかかるコストと対比して考えなくてはならない。そして受認者が法的規制をかけられることによって負担するコストは、託す人から信頼を受け、頼られることから得られる利益との対比で量られなければならない。人間関係を評価する場合と同様、確実に発生する短期的な利益およびリスクと、将来発生する可能性のある損失とを区別しなければならない。

　受認者は皆、託す人々を同じようなリスク（託した信頼が裏切られたり、約束したサービス水準が満たされないリスク）にさらしているところがある。したがって、法が焦点を当てるべき内容は、受認者の多様さや彼らに適用されるルールの多様さから想像されるほど複雑ではない。信認法の理論とは、託すことに伴うリスクと、検証や自己防衛、政府による干渉に伴うコストとのバランスを探究するものである。検証コストが低ければ、託す人は自己防衛することができ、法の介入も限定的になるだろう。託した信頼が濫用される方向へと転がり始めるのはいつからか、この転換点を特定するのは難しいかもしれない。それに比べると、転落が始まった、あるいは始まりそうになる危険地帯がどの辺りか、その範囲を見定める方が相対的には簡単である。この危険地帯では、具体的で予見可能性の高いルール（仮にそうしたルールを作ることが可能であるとしても）を設けても、受認者の提供するサービスへの信頼を維持し頼れるものにするという目的に達するころには、効果も失われてしまうだろう。そこで信認法は、受認者が託された信頼を濫用し始め、頼りになるサービスを提供できなくなり始めるような危険領域に、焦点を当てるのである。

　信認法をさまざまな受認者を包含した1つのカテゴリーと捉える考え方には批判もある。そうした論者のなかには、受認者をタイプごと（例：代理人、取締役、専門家）に検討すべきだとする伝統的な立場がある。すべての受認者を一括りにすると、曖昧な法を形作ることになるという議論である。確かに受認者というカテゴリーは閉じたものではなく、従来から受認者とされた者と似た面と異なる側面を持つ者も、新たに加えることがある。実にこの点において、信認法は不確かなものと見えるかもしれない。しかし、明瞭で明確な法などない、というのが私の議論である。重要なのは、いつも程度の問題ということである。

　また信認法の存在を否定し、信認関係は任意規定と受認者の情報開示義務か

らなる契約と同じであると考える論者もいる。しかし、信認法は、不法行為法やエクイティ法上の救済、その他の法分野とも似た特徴を持つ。それは独特のものである。信認法に対する見方の相違は大きく異なる帰結をもたらす。これらのさまざまな考え方は社会における慣習にも影響を与える。たとえば、契約モードでいくと、個々人に対して市場で自己の利益を自分で守る負担を押し付けることになる。また不法行為モードでいくと、受認者によるあらゆる侵害を、民事上の権利侵害として捉えることになる。信認法はもっと独特の趣きを持っている。本書ではそのことについて具体的に論じていこうと思う。

本書の構成

　第1章では、信認関係を定義する。信認関係の構成要素を概説するとともに、信認関係が発生したり、弱まって消えたりする限界領域を明らかにする。また、信認関係の定義について、論者の間で見解の相違がある部分や確定していない部分に注目し、信認関係を認めるにあたって法の果たす役割をめぐる議論に焦点を当てる。

　第2章では、信認法の成り立ちや歴史を概観する。古代の法が対処しようとした問題を指摘すると共に、そうした法による解決に文化や宗教、商取引が与えた影響を検討する。これは、3000年以上にもわたる歴史的背景をごく短くまとめたものであるが、現代法を彩るさまざまな色合いを、より明るく鮮やかに見せてくれる面がある。

　第3章では、信認義務を取り扱う。信認義務の課される程度は、場面に応じて異なる場合があるが、その正当化理由について概説する。そして、受認者が権限を濫用するおそれの深刻さ、託す人が受認者による濫用を防ぐことの難しさ、そして法が課すルールの厳格さ、の相互関係について具体的に論ずる。

　第4章では、託す人と受認者との合意により信認義務を緩和ないし変更する場合の、ありうる方法について議論する。信認義務の多くは任意規定であり、託す人が受認者から独立し、かつ法の規定による保護を放棄するか否かを判断するのに必要な情報をすべて受け取っていれば、法的権利を放棄することが認められる。この章では、受認者が、互いに利益の相反する多数の託す人に対し

義務を負う場面や、受認者がこうした場面で従うべき原則や指針について見ていくこととする。

　第5章では、信認法を1つのカテゴリーとして位置付けるべきかをめぐる議論に焦点を当てる。カテゴリーの何がそれほど重要なのであろうか。前章までで信認法の独特な性質を論証している。この法分野は、一部は財産法からなり、一部は契約法からなっている。不法行為法や刑法と肩が触れ合う領域もある。その独自性は残すべきであり、独立したものとして考えるべきではないだろうか。この章ではこうした論点と議論を提起し、信認法を契約として分類することの意義を検討する。そのうえで、信認法を別個の独立したカテゴリーとして分類するべきだとの議論を展開する。

　第6章では、裁判所が信認法の内容を個々の事例で判断する際の裁量権と、裁判所が裁量権を行使する際の自制的な態度、そして信認義務違反に対して与えられる救済について分析する。そして、究極的にはイングランドのエクイティ裁判所とコモン・ロー裁判所へと遡る、エクイティとコモン・ロー上の裁判手続の問題についても検討する。

　第7章では信頼に関する考え方と実践について考察する。ほとんどの人間関係は何らかのかたちで信頼に基づいているが、信認法はそのなかでも高いレベルの信頼が求められる場面を対象とする。この章では、法が信頼関係を促進するために介入することの性格づけや理由について、探索する。

　じっと静かにとどまっている法分野などない。しかし信認法は他の法分野に比べ、かなりダイナミックに見える。それは経済学、哲学、倫理学といった多くの学問分野とも関係する。そこでは私人間で託される財産や権限が問題となるが、これは政府に託された政治権力と同じような、根本的な問題を提起する。いずれの場合も、人々は、信頼された少数の者に特定の目的を果たしてもらうため、自発的に財産と権限を与える。そしていずれの場合も、託された財産や権限が濫用されないようにする仕組みが設けられている。別に驚くことではないが、信認法をめぐっては、その適用される範囲、さらにはそれが1つのカテゴリーとして存在するか否かということについても、強硬な議論が激しく対立している。本書は短いエピローグをもって閉じるが、そこでは信認法と政府の

政治権力に関連する法や論理とが似ていることを指摘している。民間の権力が強大化し、多数の市民に影響を与えるときに、我々はこの比較を避けて通るべきではない。

　私はこれらの諸論点について自らの見解を展開したが、これと相反する考え方も考慮したつもりである。これらの論争について最終的に判断を下すのは、読者であるあなた自身である。

第1章 信認関係の本質

I はじめに

　本章では信認関係の一般的な定義について検討する。定義によって、信認関係のもたらす論点を導き、裁判所の判決や制定法が信認関係を認める状況の構成要素を示す。また、本章では、ある関係が信認関係であると裁判所が判断する際の正当化理由についても議論する。

　裁判所の判決や制定法が信認関係を一般的に定義することはほとんどない。いくつかの制定法、リステイトメント[1]（アメリカ法律協会）、統一信託法典のような統一法典[2]は、ルールの明確化のためにさまざまな信認関係を定義している。これに比べると、裁判所の考え方はそれほど焦点が定まっていない。ある特定の事件の事実を扱うときに、裁判所は信認関係を定義する要素をより詳細に列挙し、それに基づいて分類していることが多い。たとえば、従業員退職所得保障法（エリサ法）[3]に関するある事件で裁判所は以下のように述べている。すなわち、「（一般的に）エリサ法において、人や法主体が受認者とみなされうるのは、受認者の義務を（職掌上あるいは事実上）引き受けた場合か、または

---

[1] アメリカ合衆国各州の州法を、判例により発達した法分野を中心に現状を分析し、その共通事項を各法分野ごとに条文化し法典の形にまとめ、注釈をつけたもの。アメリカ法律協会による事業として行なわれている。リステイトとは、各州の判例法を収集・分析して「再び記述し直す」（re-state）という意味である。ここでは信託法リステイトメントを指し、その最新版である第3版は2008年に完成した。

[2] アメリカでは州ごとに立法がされるため、標準的な立法例を作成し、各州の法律のモデルとして提示される法典案。統一州法委員全国会議によって作成され、個々の統一法典は、州がそれを採択することによって法的拘束力を生じる。

[3] Employee Retirement Income Security Act of 1974. 頭文字をとってERISA法といい、本書でもエリサ法と略称する。アメリカの企業年金制度と従業員福祉制度の設計と運営を規制する連邦法。受給権の保護を最大の目的として、1974年に制定された。具体的内容として、加入資格・受給権付与の基準、情報の開示、最低積立基準の設定、制度終了保険などが導入された。制度運営者の受託者責任を明確化しかつ強化するところに特徴がある。2006年8月にエリサ法以来の大改革といわれるアメリカ年金保護法が成立した。

エリサ法の年金制度規約で明示的に指名された場合である。……ある者がエリサ法の職掌上の受認者となるのは、次の限度による：(ⅰ)当該年金制度の運営について裁量をもって権限や支配権を行使するか、その資金運用について権限や支配権を行使する場合、(ⅱ)手数料その他の報酬を得て、年金制度の保有する金銭その他の財産について、直接または間接に投資助言を行なうか、または投資助言を行なうことについて裁量権を行使する権限を有するかまたは裁量権を行使する責務を負う場合、または(ⅲ)当該年金制度の運営に裁量権を行使する権限を有するか、または裁量権を行使する責務を負う場合」である。

同様に、カンザス州裁判所は、「信認関係は、当事者の一方が他方に優越する状況であるという意味を含む。一般的に信認関係においては、他方当事者の財産、利益、または権限が受認者の管理のもとに置かれ」、さらに、「受認者は相手方に影響力を持ち、かつそれを行使する立場にあり、そして現実に影響力を持ちそれを行使する」と述べている。また、「信認関係によって、一方の個人が相手方に特別な信用を置く立場になる。受認者は相手方の利益を第一として行動する義務を負う人である」とも述べている[4]。

信認関係の一般的な定義がなされることが少ない理由の1つは、信認関係の現れる状況や文脈が多様であるからかもしれない。そのような多様性のため、裁判所にとって一般論を展開するのが困難、あるいは不可能となっているとも考えられる。しょせん裁判所とは、個々の事件における具体的事案について、一連の事実に焦点を当ててルールを明らかにする機関なのだから。連邦最高裁判所のフランクファーター裁判官は次のように述べた。「ある人を受認者であるとすることは、分析の始まりに過ぎない。それによってさらなる検討の方向性が示される。誰に対する受認者か？　どのような義務を受認者として負うのか？　どのような点において義務を果たすことを怠ったのか？　義務から逸脱した結果どうなるのか？」[5]。フランクファーター裁判官は裁判所の機能の大枠は、さまざまな信認関係の境界線やそれに適用される法を信認関係の発展に応じて定義することにある、と示した。これは裁判所に対しとても広範な任務をゆだねたものであるが、その後の裁判所の役割は時と共に狭くなっていった。

---

4 Denison State Bank v. Madera, 640 P.2d 1235, 1241 (Kan. 1982).
5 SEC v. Chenery Corp., 318 U.S. 80, 85-86 (1942).

フランクファーター裁判官が、裁判所の機能について述べたのは、信認法の利益相反ルールを確立した判決においてであったが、オーストラリア連邦控訴裁判所は同様の表現を用いながらも、信認法のルールを明らかにすることを拒み、次のように述べた。「『オーストラリアの裁判所は、どのような場合に人と人が……信認関係に立つかを判断する一般的な基準を示す試みを意識的に避けてきた』。それは、裁判官が述べてきたように、『信認関係』という用語は定義を許さないということなのかもしれない。その理由は、多様な義務を伴う多様な類型の関係に適用するにふさわしい包括的な原則を示すことが困難だからである」[6]。

　アメリカの裁判所のなかには、新たな状況において、これまで信認関係とされてきたものと類似した関係にも信認法を広く適用できるようにしたいという立場から、一般的な信認関係を定義しようとする裁判所もあるだろう。他方で、信認関係を契約の一種と考える傾向のある裁判所であれば、一般的な定義を与えることを拒否し、当事者の合意した明確な条項という制約のなかで定義しようとするかもしれない。裁判所によっては、個人と一般市民の間の信認関係を認める権限が自らにはないとして、制定法のなかに信認関係を明示的に成立させる規定があるかを探求するものもあるだろう。他方で、たとえば、私立病院が外部の医師（医師としての資格はある）に施設の利用を拒む権限があるかを検討した事件[7]のように、社会的な利益を考慮する裁判所もある。

　信認関係を定義しようとする試みは、数多く行なわれてきた。そうした定義の試みのなかには、受認者の義務から始めようとするものがある。ある学者はイングランドで歴史的に信託法と代理法とにそれぞれ裁判管轄を行使してきた2つの裁判所に根拠を求めた。この信認関係の2つの類型のうち、信託法はエクイティの裁判所、代理法はコモン・ローの裁判所と、異なる裁判所で訴訟が行なわれていた[8]。この区別は、なぜ信託は契約法と区別され、代理は区別さ

---

6 | ASIC v. Citigroup Global Markets Australia Pty. Ltd., [2007] FCA 963 (June 28, 2007).
7 | Baptist Health v. Marphy, 365 Ark. 115, 125 (2006).
8 | 19世紀以前のイングランドには、コモン・ロー裁判所とエクイティ裁判所の2つの裁判所があり、2つの法体系を形成していた。前者のコモン・ローはイングランド王国全体に関する法を扱う裁判所およびそこで適用・形成される法であるが、先例を重んじるため契約法や財産法の分野では形式や制約が厳しかった。これに対し後者のエクイティは、国王を補佐する大法官が率いる裁判所で適用・形成される法体系で、正義と公平の観点から当然自分に救

れないのかの説明になるかもしれない。代理法の本人と信託の受益者がそれぞれ直面する問題の根源が同じであるにもかかわらず、代理はエクイティの原則に関わることはないように思われているのはそのためである。

　だからといって、数百年も前にイギリスの裁判所が行なった選択によって、今日の我々の法においても同様の区別をすることが正当化できるかは、疑わしい。そのうえ、信託と代理の歴史はもっと以前から始まっている。ローマ法における信託が始まったのはイングランドの特殊な裁判制度が存在するよりも前である。さらに遡ると、代理と信託は補完関係にあって、同じ基本原則や考え方に基づいていた。法をイングランドの複数の裁判所の管轄と結びつけるような説明は、裁判管轄によって法を変えることにつながり、このような考え方は誤解を招きやすく、有害である。しょせん法の目的は、問題に対処することにある。どの裁判所で扱うかにかかわらず、同様の問題は同様の法に服すべきである。

　ジョシュア・ゲッツラー教授は、イングランド法を考察しつつ、信認法を短く要約している。

> 受認者の義務とは、受認者の立場にある人は専ら受益者の利益のみを増進すべきであって、自己の利益や競争相手の利益によって自らの行動が影響されるのを許さないようにすべきであるという法的な義務である。……義務の強度は文脈によってさまざまであって、自己の利益や競争相手の利益になることであっても、明確に情報を開示したうえで受益者の承諾を得ていれば許容される場合もあるし、あるいは一般的な慣行によって許容される行為であったり、裁判所や法の承認があるといった場合にも、事情によっては認められることがある。典型的には、受認者と受益者の間には継続的関係があって、この関係は合意や契約によって完全に特定することにはなじまず、その代わりに裁量を生じさせることになる。そして、一般に受認者は受益者の法的な立場を変える強力な権限を持ち、受益者の利益に一方的に影響を与える。受益者にとって受認者の職務行為を監督すること

済が与えられるべきであると考える者が訴えることができた。2つの裁判所、2つの法体系は徐々に統合されていき、裁判所は19世紀に統合された。

は難しく、それゆえ、その関係を均衡させるために、受益者には強力な救済が与えられる[9]。

II　信認関係によく現れる要素

　受認者の定義は一様でないものの、あらゆる定義に共通する3つの要素がある。(1)財産または権限が託されること、(2)託す人が受認者を信頼していること、(3)託すことによって託す人がリスクを負うこと、である。これらの特徴に加えて、異なる種類の受認者を区別するためにより詳細な要素が、受認者の定義に加えられることがある。しかし、これらの区別は前述の3つの要素から導かれる。たとえば、代理は次のように定義される。「ある者が、他者が自らに代わり自らのコントロール下で行動することに同意し、当該他者も、そのように行動することに同意する、という共同の意思表示による信認関係。代理人は本人のために、または本人に代わって行為する……」。この定義で示されるのは、(1)本人が代理人に権限を託すこと、(2)当事者間の信頼の程度、(3)本人＝託す人がその関係に入る際のリスクの程度である。代理の場合には、本人は代理人の行動をコントロールでき、そのことはリスクの程度が比較的低いことを表している。

　信託の成立要件は、財産の所有者（委託者）が、(1)相手方（受託者）に財産を託すこと、(2)受託者に信認義務を課す意思があること、(3)託された財産を管理運用することを受託者に義務付けること、(4)そうした財産の管理運用が特定の受益者の利益のために行なわれること、である。この信託の定義では、財産を託すことが、託された財産を他者の利益のために使用する受認者の義務と共に強調されている。受託者に対するコントロールにも、この仕組みへの受益者の同意にも言及はない。実際、信託の受益者は受託者を選ぶこともコントロールすることもないのである。

　代理の成立要件は、財産の所有者またはある人（本人）が、(1)相手方（代理人）に対し、(2)財産または権限を託すこと、(3)財産の使用または権限の行使が

---

[9]　Joshua Getzler, *Duty of Care*, in BREACH OF TRUST 41 (Peter B. H. Birks & Arianna Pretto eds., 2002).

本人の指図のもとになされること、(4)本人が代理人をコントロールすること、である。代理には同意という要素がある。つまり本人と代理人の双方がこの仕組みに同意することが必要である。そして代理には、託された財産や権限に関して、本人が代理人の行動をコントロールするという要素が伴う。

　信託と代理の相違点は、託される財産または権限の性質、託されたことを受認者が濫用することにより託す人が受けるリスクの程度、託す人が濫用をコントロールできる程度、に関係する。信託において、財産を託すことは必須の要素である。対照的に、代理においては、財産と権限の両方を託す場合もあれば、そのいずれか片方を託す場合もある。代理人の権限は受託者の権限よりも広いこともある。しかし、受託者が信託条項に拘束されるのに対して、代理人は本人のコントロールにより拘束される。これらの相違点は法に反映されている。一般的に、信託法が受託者に課す制限の方が、代理法が代理人に課す制限よりも大きい。

III　信認関係の定義の提案

　以下の定義は、信認関係（とそれに伴う信認義務）を成立させる要素を列挙したものである。列挙されたこれらの要因に誰もが賛成するわけではないし、信認法が単独のカテゴリーとして存在するかについてさえ見解の相違がある。こうした見解の相違やその理由については後の章で論じることとする。

　すべての受認者に共通の特徴として、以下の4点を指摘することができる。

　第1に、受認者は主にサービスを提供する（商品の提供と対照される）。受認者の提供するサービスは、通常は社会的に望ましいもので、専門性を必要とすることが多い。医療、法律サービス、教育、資産運用、会社の経営、宗教的奉仕のようなものである。

　第2に、これらのサービスを効率的に実行するために、受認者に対し財産または権限が託される必要がある。

　第3に、託す人は、託すことによって、受認者が信頼に値しないかもしれないというリスクを負う。受認者が、託された財産を使い込んだり、託された権限を濫用したりするかもしれないし、あるいは約束したサービスを十分に実行

しないことがある。

　第4に、次のような可能性がある。(1)託す人が、信認関係に伴うリスクに対して自衛できない。(2)市場が、託す人をそうしたリスクから守れない。(3)受認者が自らのことを信頼に値すると示すのにかかる費用が、信認関係からもたらされる利益よりも大きい。

　このような状況では、法が介入しない限り、当事者は関係を持とうとしないだろう。ここで法は、当事者双方のニーズに対応したり、（経済学者の表現のようであるが）信認関係に伴って当事者双方が負担する費用を減少させることで、こうしたサービスの提供に伴う社会の利益を保護することができる。以上の特徴についてはそれぞれ以下で詳細に議論する。

1　受認者の提供するサービス：社会における専門化と相互依存の重要性

　我々の経済と生活水準は専門化の上に成り立っている。専門的な領域で活動する人たちがいて、彼らは人々に専門技術を提供している。これらの専門家もまた、自分の専門領域以外では他の人のサービスに頼っている。受認者の提供するサービスは社会の人々が必要とするすべての専門領域を網羅しているわけではない。信認関係には、医療、法律、教育、資産運用といった専門技術の提供を伴うか、提供されるサービスに依存する人に対する大きな権限の行使を伴うのが一般的である。

　専門的なサービスは社会にとって有用である。このような専門技術を多くの人々が同じように取得しても、それは社会にとって無駄であり、教育費用も高くつく。医療や法を学ぶには何年もかかる。大企業を効率よく経営できるようになるには長年の経験が必要である。対照的に、専門的なサービスのなかには、それほど大変な努力や時間の投資を要しないものもある。電気工や配管工、美容師は他の人たちのために重要で専門的な役務を社会において提供する。しかし、その専門技術は比較的短期間で獲得でき、より多くの人が専門にできる。特殊な状況でなければこれらのサービスを提供する人々は受認者ではない。以下で論じるように、託すことの規模が大きければ、たとえば投資家の共同出資金に対するコントロールが運用者に集中しているような場合には、サービスの性質が社会的に不可欠とはいえなくても、受認者に分類されてもよいだろう。

専門的な組織も受認者となる。銀行の信託部門、ミューチュアル・ファンドの運用を行なう投資顧問会社や、その他金融制度のなかで取引を仲介する組織は、利便性の高いサービスを提供しており、そうしたサービスの開発には長い年月を要する。それに加えて、金融制度などの社会制度のために非常に重要な役割を担う者がいる。彼らは、互いに見知らぬ者同士が日々のやり取りや取引をする経路を形成している。もしそうした取引経路が信頼されなければ、制度全体が危機に陥り、一国の経済、生活様式、生活水準にまで影響が及ぶ。

　銀行の信託部門に所属する投資助言者、年金基金の受認者などのように、取引の仲介機関のなかには信認法の原則のもとに規制されるものがある。商業銀行など、それ以外の仲介機関は契約法のもとで安全で健全な事務処理を確保するために規制され、契約上の約束を守ればよいとされ、またそれを義務付けられる。商業銀行や保険管理人（insurance custodian）は、サービスの内容が多くの点で質屋と似ているのだが、質屋とは異なる規制に服する。両者のサービスの主な相違点は、銀行や生命保険の規制が金融制度の健全性の確保を目的としているのに対し、質屋に対する規制の目的は、私人間の相互の権利を明確にし、担保とされた高価品に関する義務の履行を確保することにある点である。しかし、両者とも金融制度をより効率的なものにするサービスを提供している。

2　託すこと
(1)　託すことの重要性
　託すことは、信認関係において最も重要な側面である。それは信認関係の存在や、性質、また適用されるルールに大いに影響する。裁判所がときおり使う「信用（confidence）」という言葉は、相手を単に信用していること以上の意味があるようで、秘密を打ち明けて相談するということも意味する。託すことによって、託された人が託す人にサービスを提供できるようになるのであれば、このタイプの信用はとりわけ理にかなっている。ある裁判所が述べているように、「一般に、信認関係においては、相手方の財産、利益、権限は、受認者の管理のもとに置かれることになる」[10]。

---

10 ｜ Arst v. Stifel, Nicolaus & Co., Inc., 86 F.3d 973（10th Cir. 1996）.

託す人が財産または権限を受認者に託すのは、受認者に利益を与えるためではなく、託す人（あるいは託す人が指名した者）に利益を与えることを目的としている。託すことによって意図されるのは、受認者が託す人にサービスを提供しやすくなるようにすることである。加えて、託すことには条件を付けなければならない。条件を付けることは、おそらく託すという目的からして、どうしても必要ということになろう。託すことは贈与ではない。そのため、信託の形式で聖職者に手渡された金銭は、受託者たる聖職者がよいと思うことに使うことを認められているので、裁判では法的には信託でないとされた。贈与として聖職者の手元に残されるものと分類するか、さもなければ託したことを無視して託す人やその相続財産に帰属したままであるとするか、2つの考え方がありえた。

(2) 託すことの多様性

　しかしながら、託すことは、託される財産または権限の性質や条件によって多様なものとなる。これらの条件は、法で定められた要件ではなく、当事者が選択するものである。しかし、一旦条件が定まると、法によって、その関係の分類と法的結果が決定される。たとえば、「信託」の法的な定義には、財産を託すこと、つまり受認者が義務に服すことを条件に財産の所有権を移転することが含まれている。もし、託す人が一定の決定権限を留保しているとしても、そのような仕組みは信託に分類されるだろう。しかし、もし託す人が財産やその利用についてあまりに多くの権限を自分に留保し、受託者のサービスについての決定や実行をすべてコントロールしているのも同然であれば、信認関係ではあるとしても、「信託」でなく「代理」と分類されて、異なるルールが受認者に適用されることになるかもしれない。

　同様に、顧客の財産をコントロールし運用する助言者は、顧客が自らコントロールする投資について運用方法を助言する助言者よりも、財産に対する顧客の決定についてより大きな権限を託されている。両方の助言者とも受認者であるが、託された権限の程度が異なれば、2つのタイプの助言者に適用されるルールは異なる。投資助言者のために市場株価のトレンドを追跡調査するソフトウェアを設計するソフトウェア技術者は、いずれの助言者よりも裁量が小さい。その結果、そのような技術者は、ごく限られた限度で受認者とされるか、受認

者ではないとされるだろう。同様に考えれば、投資評価の記事が載っている金融ニュースや新聞の記者は、読者の投資を左右する裁量がさらに小さく、言論の自由を憲法が保護していることもあり、読者の受認者とはならないだろう。

　託された権限の程度が異なることによって、サービスの提供者が受認者になるかが決まるし、もし受認者だとされれば、その受認者の義務がどの程度厳しいかが決まる。たとえば、ブロフィ対シティズ・サービス社事件[11]では、会社の取締役・執行役の秘書室長が、その会社の市場株価を引き上げるのに十分な量の自社株式を、公開市場から買い付けることを計画しているとの秘密情報を得た。その会社が買付けを実行する前に、秘書室長は個人の口座または彼の支配する口座で株式を購入し、会社による買付けで株価が上昇したのちに株式を売って利益を得た。

　通常、秘書は使用人と同じく受認者とは考えられていない。秘書の行動は経営者がコントロールするため、秘書に裁量はほとんどなく、無視してよいくらいの権限しかゆだねられない。しかし、この事件では、秘書は「得た情報との関係では、会社から信頼（trust）されかつ信用（confidence）される立場」にあったのであり、「自分の口座で会社の株式を買うことは」、彼が会社に対して「負っていた義務への違反にあたる」との判断が下された。つまり、秘密情報は、彼が会社に対してサービスを提供する一環として託されたのであり、その情報に関しては、彼は使用人の地位にとどまるにもかかわらず受認者とされたのである。彼はタイプやファイルをすることによって情報を得てしまうから、彼の立場では、その情報を得ることができないようにすることは非効率なだけでなく、不可能であった。

　また別の事件では、第4巡回区連邦控訴裁判所が、有限責任パートナーはその事件についてはパートナーシップの受認者である、と判示した。有限責任パートナーは、一般にはパートナーシップの受認者ではないとされる。しかしこの事件では、有限責任パートナーが不動産開発組合の下請業者として、プロジェクト開発の会計を管理しており、そのような管理下にある勘定を銀行借入れを受け入れるために用いていた場合には、受認者にあたるとされた。

11 ｜ Brophy v. Cities Service Co., 70 A.2d 5, 7 (Del. Ch. 1949).

(3) 託すことは、託す人の専門性には左右されない

専門家に託す際には、託す人が託される人と同様の専門技術を有する場合であっても、託すことに変わりない。確かに、託す人が専門家であると、託す権限を小さくできるし、託すことに伴うリスクを小さくすることもできる。しかしながら、その関係は依然として信認関係である。なぜかというと、専門家である託した人は、自分が選んだ専門家に対するコントロールを緩めると推定されるからである。休暇に出かけるために選任したのかもしれないし、自分でサービスを提供するには感情的になりすぎるから（たとえば、家族の誰かへの手術、自分自身を法廷で弁護するなど）かもしれない。そのため、他の弁護士に事件を託された弁護士は、顧客である弁護士の受認者となる。

(4) 託すことは、さまざまな法律関係から生じる場合がある

託すことは、法的関係がないところに生じることがある。金銭を友人に託して託す人のために宝石を買ってもらう場合がその例である。託すことは契約に関連して生ずる場合もある。たとえば、アメリカの銀行は預金者と借入人に対して受認者とはされない。銀行は、預金者に対しては契約上の債務者で、借入人に対しては契約上の債権者である。しかしながら、もし銀行が、ある人がその銀行から借りた金銭を保有したままであるとすると、銀行はこの金銭を託されていることになり、新たな持ち主＝借入人のために金銭を保管しなければならない。このような場合、銀行は借入人の受認者となる。この境界線はいつも明快なわけではない。たとえば、ある事件では、借入人（担保権設定者）は、銀行に対し、担保が設定された財産に将来かかる税金と保険料にあたる額を預金することを条件とされていた。銀行は、預けられた金銭を投資して利益を得た。裁判所は、預けられた金銭による利益は銀行に帰属するのであって、借入人に帰属しないと判示した。裁判所は、抵当権付借入れの契約条項に従って借入人がこれらの支払資金を預け入れることは、借入人の契約上の義務であることを強調した。預け金の占有が銀行に移った以上は、銀行は預け金を投資して利益をあげる権利を有する。しかしながら、おそらく銀行は、投資で預け金に損失が出ても税金と保険料を支払う義務がある、ということになろう[12]。

---

12 | Denver Nat'l Bank v. Von Brecht, 322 P.2d 667 (Colo. 1958).

同様に、「占有を継続する債務者（debtor in possession [13]）およびそれをコントロールする者は、破産財団に対して信認義務を負う」。この場合は、債務者は以前は資産の所有者であったが、破産となると、資産は債務者に託されたことになり、債権者の利益のために保有されることになる。債務者がコントロールしていた財産は、破産法制のもとではすべて託された財産とみなされる。

(5) 託す人の数と託された財産の価値が大きくなれば、託された権限も大きくなる

　数多くの託す人に対して標準化されたサービスを行なう受認者は、個々人にサービスを提供する受認者よりも大きな権限を有する。それは、後者の受認者が大金持ちから財産を託された場合でも変わらない。これには2つの理由がある。第1に、託す人が多数の場合の受認者は、個人のための受認者が受け取るよりも多くの資金をコントロールすることが多い。つまり、少額の託された財産を多数集めた合計金額は、数人の個人が多額の財産を託した場合よりも大きくなりうる。多額の資産に対するコントロールは権限をもたらす。何十億ドルをコントロールする受認者は、そうした資産を運用するために必要なサービスの選択をコントロールする。この選択に関し、どの銀行の預金口座や投資口座に預けるかという例を考えると、決定権者（権限を有する受認者）に気に入られようとする銀行間の競争が、預金する資産が少額な投資家に対する場合に比べて起こりやすい。このような金銭の運用者である受認者の寵愛を得ようとする競争は長期にわたって続く場合もある。多額の金銭を預けてもらいたいと考える銀行は、託す人のために銀行を選ぶ権限のある受認者に個人的な利益を提供する傾向がある。受認者のコモン・ロー上の所有権は、託す人のエクイティ上の所有権と混同されやすく [14]、受認者は財産の価値に貢献したことによって個人的な利益を得て当然と思うようになる。所有者のように扱われることによって、受認者は所有者であると感じるようになる。

---

[13] アメリカの倒産法では、企業が倒産し、民事再生を申請する場合、当該企業がそのまま債務者として会社財産の占有を継続し続けることが認められることが多い。占有を継続する債務者は、破産管財人（trustee in bankruptcy）とほぼ同様の権限を与えられ、債権者に対し信認義務を負う。

[14] 英米法では、所有権について、法律上の名義を誰が持つかという意味での所有権（コモン・ロー上の所有権）と利益を享受できるという意味での所有権（エクイティ上の所有権）との2つの所有権が概念上認識されている。

第2に、託す人が受認者をコントロールできる能力は、託す人の数が多くなるにつれて弱くなる。託す人はうまく組織化されていない場合もあるし、受認者が追求すべき利益が何かについての関心も考え方も違うこともある。個々の託す人が受認者に情報を求める場合もあるだろうが、それに対応することは、託す人の数が増えると、費用と管理の困難さから実行がより難しくなる。少数の託す人では可能なことが、何千人もの託す人との信認関係ではずっと難しくなる。さらに、数多くの託す人がそれぞれ指示をする権利を与えられ、指示できるとすると、対立が生じて行き詰まったり、妥協を拒む者が出てきたりする。このようなコントロール形態のもとでは、「少額を託す人の個々の権限が希薄化（より多額を託す人の権限が増加）しかねない。場合によっては、受認者が持分の大きな多数または少数の託す人と連携することにより、自らの権限を強化することもありうる」。確かに、労働組合と会社の経営陣や取締役との関係のように、託す人を組織化することもできるし、受認者と交渉する代表者を出すこともできる。しかしながら、「少なくとも理論的には、代理の場合に託す人たる本人が負う危険は、会社の取締役の場合に託す人たる株主が負う危険よりは少ない」[15]。託す人が増えれば増えるほど、託す人が受認者に制約をかけて説明をさせる力は弱くなる。

(6) 信頼するだけでは必ずしも託すことにならない

　一般に、託すことには、託す人への信頼を伴う。しかしながら、テキサス州の裁判所が述べたように、信認関係における信頼の程度はとても高いものでなければならない。「単なる主観的な信頼があるからといって、……対等な取引関係が信認関係になるわけではない」[16]。「契約に十全な法的効果を与えるにあたり、裁判所としてそのような関係を軽々しく設定することはない」[17]。「商取引で書面にない受認者の義務を課するためには、訴訟の基礎となる合意に先立って、独立した特別な信頼と信用の関係が存在しなければならない」[18]。「以前の事業は、当事者相互の利益のために行なう対等な取引だったので、この契約

15　Tamar Frankel, *Fiduciary Duties as Default Rules*, 74 Or. L. Rev. 1209, 1253, 1258-59 (1995).
16　Schlumberger Tech. Corp. v. Swanson, 959 S.W.2d 171, 176-77 (Tex. 1997).
17　*Id.* at 177.
18　Associated Indem. Corp. v. CAT Contracting, Inc., 964 S.W.2d 276, 288 (Tex. 1988).

における信認関係を基礎付けるものではない」[19]。実際に以前の事業に適用される合意では、信認関係やその他の特別な関係を明白に否定していた。

　しかしながら、複数の生命保険会社が、年長者に適切とはいえない年金型商品を売りつけようとした事件がある。そのような目的のために、保険会社は協力して年長者に照準を合わせた販売部隊を組織し、年長者の信頼を得るよう慎重に計画を練っていた。年金型商品を理解できない年長者に販売する目的で、年長者の信頼を得るため慎重に計画が検討されたとなれば、これは受認者の義務を負わせるきっかけとなりうる。裁判所は、これらの事実があれば、生命保険会社や営業担当者に信認義務を課すべきだとする主張も根拠がないとはいえないと判示した。同様に、大企業での雇用関係も、会社が従業員の発明を用い、わずかな手当てで買い取るときには、会社に従業員に対する信認義務を負わせるきっかけになる。このように、裁判所は個人的な信頼関係を考慮に入れたうえで、信認義務を認めるきっかけとすることがある。この点において、信認関係の概念と不当威圧の概念[20]はとても近いものになる。

3　財産権、権限、それらを託すことの概念

　託された財産を識別し、分類することは信認関係の重要な要素である。すべての法的概念と同じく、財産の法概念もうまく定義付けられていないし、その境界は曖昧である。それゆえ、財産を託すことにも不透明な部分が残る。

(1) 財産権と権限の法的概念

　法学者は財産権と権限の意味と射程について長年論じてきた。アリストテレスは財産を「それを処分または保持する権限」と考えた。17世紀に学者たちは、所有者が財産から他者を排除する権利に焦点を当てた。そして、近代的権利についての最初の理論家とされるヒューゴ・グロチウスが、「伝統的な」3大政治的権利である生命、自由、財産の権利について理論的貢献をした[21]。彼は財産の源泉と性質を定義するための「2段階の過程」を提案した。第1段階

19 　Id.
20 　undue influence. 当事者間に信頼関係や知識・経験などの不平等性があった場合に、当事者の一方が相手方の不当な影響ないし非良心的な強迫を受け、そのために自由な判断を行使できなかったときに、そのような事情のもとに締結された契約は取り消しうるものとする法理。エクイティ上の救済とされる。
21 　Hugo Grotius, De Jure Belli ac Pacis Libri Tres 70-71（1625）.

は財産の個人的な使用であって、こうして使用者と資産を適切な関係に位置付けたうえで、第2段階でこの関係に何らかの社会的な認識を与える。資産の占領（occupancy）や使用（use）は、他者をその資産から排除する権利を含む排他的占有（exclusive possession）と考えることができる。何であれ「各人が占領したものを自身のものとすべきである」。「私的財産の本質的特徴とは、それがある個人に、他の個人に帰属することのできないかたちで帰属するという事実である」。第2段階は個人の所有権への社会的同意で、その状況において排他的な所有権に「全員が同意している」段階を指す。財産権は生存権から導かれ、生命、身体、自由は排他的な権利であるという推定から、財産権は生来の排他的な権利であるという認識が導かれる。

　ジョン・ロックは1690年にグロチウスの理論の第1段階を再定義した[22]。彼は、財産権を定義する際に、取得と労働の行為を根拠とし、同意を条件とすることをやめた。彼は、「いかなる者も、他の人間を排除する私的領土を最初から持っているのではない」と仮定した。自然状態において資産を使用する権利は排他的な権利ではなく、むしろ他者に対し、自らも共有財産の一般的な使用に加えてくれるよう求める、道徳的な請求である。財産権が労働から生まれるのは、ある人が対象物に労働を付加するときで、対象物に彼自身の何かを加えることでそれを彼の財産とするのである。個人は自己の生命と労働（suum[23]）を排他的に有し、労働はこの道徳的な所有権を共有財産から自己のものとして得たものに及ぼす。グロチウス、プーフェンドルフ、ロックは、生命、自由に対する権利が先行し、そこから財産権が生まれたと仮定する。彼らは、他者を排除する権利が財産の概念に必要な特徴であるという考えに同意している。

　18世紀のウィリアム・ブラックストーンは、『イングランド法釈義』のなかで、財産の定義を与えている[24]。財産とは「最初に得た者によって原始的に取得される。この取得とは、彼がその物を自己の使用のために専有し、それが……自分がそれを放棄する意図を示すような他の行動をとるまで続く、と宣言

---

22 | JOHN LOCKE, TWO TREATISES OF GOVERNMENT (1690).
23 | 「彼のものを」という意味のラテン語。
24 | WILLIAM BLACKSTONE, 2 COMMENTARIES ON THE LAWS OF ENGLAND 9 (1765–69).

するに等しい」。ブラックストーンは占有が財産という概念の本質的要素であり、排除はそこから派生したものだ、と結論付ける。要するに、占有か労働が財産の第1の要素である。排除は、すでに存在した占有／労働から派生したのであり、それは個々人が市民社会を形成する過程を開始した後のことである。それゆえ、財産権は、概念でありかつ人格権であり、それは個人の他の人格権と統合されるものである。財産とは概念的にも規範的にも統合されたものである。財産権を社会的な指向性のある法的関係として見る考え方は、オリバー・ホームズ、ウェズレイ・N・ホフェルドと共に現代アメリカの法的思考のなかに根付き始めた。財産権の本質は、他者を排除する権利である。なぜなら、排除する権利は、財産権に含まれる諸要素のうちで唯一、純粋に正式かつ社会的な要素だからである。財産権は、他のすべての権利と同様に、社会における人々の間の特定の「社会的関係」を識別する手っ取り早い方法である。このホームズの社会指向的な観点から、世紀の変わり目に「権利の束の理論[25]」が登場した。

ウェズレイ・N・ホフェルドは、「権利（right）」という概念を、個人間の財産的資産に関する請求権と義務の相互関係と分析した[26]。彼は、財産権を「権利（または請求権）、特権、権限、免責の複雑な集合体である」と考えた。財産権は、一連の社会関係として機能する。占有権（possessory right）、つまり取得し、使用し、解消する権利は、財産権の社会指向的な機能を捉えていないため、財産権の中核的定義というには不十分である。それゆえ、他者を排除する権利こそが、財産の社会的機能を反映するただ1つの正式な財産の概念の要素であるがゆえに、財産の本質的な要素、換言すれば「権利の束のうちの本質的な一本」なのである。

1990年のムーア対カリフォルニア大学理事会事件[27]において、モスク裁判官は反対意見を著し、「財産の概念はしばしば『権利の束』を指すものとされ

---

25 | bundle theory. 財産権のように伝統的に単一の権利とされてきたものを、さまざまな権利の集合体として把握する理論。個々の権利を一本の権利（stick）、その集合体を権利の束（bundle of rights）と比喩的に表現する。
26 | Wesley N. Hohfeld, *Fundamental Legal Conceptions as Applied in Judicial Reasoning*, 26 YALE L. J. 710, 743（1917）.
27 | Moore v. Regents of Univ. of Cal., 793 P.2d 479（Cal. 1990）.

る」としたうえで、「財産または権原（title[28]）は権利、義務、権限、免責の複雑な束であるため、これらの要素の一部またはほとんどを取り去っても、権原を完全に破壊することにはならない」と述べた。それゆえ、財産に含まれる諸権利の享受は、公の政策の観点から制限されうる。たとえば、カリフォルニア州最高裁判所の多数意見は、医療研究の発展を害するおそれという観点から、人間の細胞は託すことのできる財産ではないと判示した。人間の体細胞は患者と医師の間の信認関係を決定するという目的においては財産ではない。しかし、後で述べるように、患者が医師に自らの身体に対する権限を託すことにより、両者間には信認関係が成立する。同様に、知的財産を託すことによって信認関係が成立する場合もあるが、常に成立するとは限らない。

　要するに、財産権とは、資産を取得し、使用し、処分することに対する排他的な権利を統合した一体のものである、と説明されることになるだろう。排除する権利は財産の概念にとって本質的なものであるが、唯一の特徴ではないし、最も基本的であるわけでもない。排除する権利は、社会の他の構成員に対して、財産を取得し、使用し、処分することがどのように行なわれるかということについての形式的（formal）な要件なのである。

(2) 権限と財産

　本書において、「権限」とは、他者の介入なく自分の望み通りのことを行なう、あるいは行なわないという、法的に保護された自由を意味する。これには、ある人の自由な意思と行為によりその人自身の自由を制限する能力も含まれる（たとえば、資産と財産権に関して法的拘束力のある債務を負担するなど）。権限と財産権には密接な関係がある。すでに述べたように、財産権は、資産を使用し、他者による利用を排除する権限を含み、その際に政府の助けを得ることもできる。支配権（control）とは託すことのできる権限であって、信認関係を作り出す。それゆえ、支配株主は、少数株主を自由勝手に扱ってはならないのと同様、会社財産を自分のものであるかのように気前よく使ってはならない。

　権限に基づく信認関係は、直接または間接に財産権を扱うことが多いが、当事者間の知識や経験の不均衡を根拠に、受認者に権限が託されたものとされる

---

28 ｜ 財産をコントロールし処分する法的権利を構成する各要素（所有、占有、管理など）の総体。

こともある。医師、弁護士、教師、聖職者がこの分類に入る。法が、信認法を通じてそうした不均衡を「是正する」場合がある。

権限の概念は広く、財産権と財産権以外の権利の両方に関係する場合がある。サービス（専門家によるものと非専門家によるものとを問わず）を商品化することは簡単ではない。とはいえ、サービスとは権限を表すものなのであって、たとえば、投資助言者は他者に対してある特定の行動をとるよう誘導することができ、医師は患者の身体に手術その他の作用を及ぼすことができる。サービスは資産に関連する場合があって、たとえば代理人に、本人に法的な売却義務を負わせる権限が与えられている場合がそうである。しかし、サービスが必ず資産に関連しなければならないわけではない。外科医は人間の身体に対して権限を行使するが、身体は一般に、財産権の対象となる財産ではないと考えられている。

先に述べたように、財産権には、売買、贈与、遺贈のように財産権の対象となる資産の法的関係を変更する権利や、抵当権の設定や賃貸のように資産に対する権利を分割する権利が含まれる。ここでの財産権の移転は、すべての権利に及ぶ場合もあれば、一部の権利にとどまることもある。売買によれば全部の権利が移転される。賃貸によれば、一定の限定のもとに財産権の一部が移転される。なかには、法がある資産を財産権としないこともある。著作権法はアイデアを法的財産としなかった。

(3) 財産権を託すこと

一般に、財産に関するルールの目的は、資産の市場を円滑にすることにある。市場での取引を円滑にするという目的は、売買の取引費用を下げるようなルールにつながる。それゆえ、財産権の法形式の数は限定されている。信託という法形式も財産権の形式として許されるものの1つである。この形式は他の許される形式とはいささか異なっている。

託された財産権は、他の形式の財産権とは異なっている。権利を受け取った者、つまり受託者は、社会全般との関係でとても広い財産権を与えられる場合があるが、それらの財産権の使用については、財産権が与えられた目的に限定され、信託に付された指図に従う。しかしながらこれらの指図は法的に許容された財産権に従う必要はない。たとえば、資産の売買であれば、売主は、買主

が特定の個人に転売しないという条件を法的に強制できない。しかし、信託証書に同じ条件があれば、受益者はこれを信託法に基づき強制することができる。

　財産を託すことは、財産関係を分割することを意味する。託す人との関係においては、受認者は託された財産に関して人的関係（対人的 in personam）を維持し、託された財産や権限に権利を持たない。第三者や社会全般に対して（対物的 in rem）は、受認者は所有者である。このように財産関係を分割することには利点がある。所有者としての受認者は、第三者と取引ができ、託した人へのサービスの提供を効率的に行なうことができる。同時に、託した人に対する受認者の人的義務は、受認者による信頼の濫用を防止する。仮に所有者としての権利がすべて受認者に与えられれば、託した人は信認義務違反に対して、契約上の保護という相対的に弱い保護しか得られないだろう。

　しかしながら、分割された所有権の関係には、問題が残される。1つが、受認者が信頼に反して財産を流用し、売却した場合に、託した人が託した財産を追及できるかという問題である。その答えは、売却された財産の買主が、当該財産が託された財産だったと知っていたかどうかによる。もし、受認者による売却が通常の状況でなされ、買主として売却が信認関係違反にあたると認識せず、資産の公正な価値を支払ったならば、買主の権利は守られて然るべきである。さもなければ、受託者による市場取引が制約され、信頼違反があるのではないかとの疑いから市場の効率性が低下するおそれがある。

　こうした考慮は、公の政策と法原則の対立を生じさせる。一方で、泥棒は盗品に対して財産権を持たないので、これを売っても相手方に財産権を与えることができない。他方、もし買主が購入財産に対する売主の権利を証明または確認しなければならないとすれば、市場は存在しえない。その妥協の結果が、買主が財産のために市場価格を支払い、売主がその財産の所有者でないことを知らず、また知る手がかりもなかった場合には、買主は法的権利を得るべきだとするルールである。財産を託す場合は、問題はさらに深刻である。財産が、法的には受認者に帰属しているにもかかわらず、受認者の義務違反により売られることがあるからである。それゆえ、コモン・ロー諸国は財産権の分割を受け入れているにもかかわらず、大陸法諸国ではこれを受け入れていない。大陸法諸国は、より明確な市場を志向している。しかし、大陸法諸国では、信認義務

違反の解決策として、コモン・ロー諸国で認められる信認義務違反に対する救済の一部を、契約法のなかに組み込んだ。「ヨーロッパでは、契約が信託の役割をしている」[29]のである。

4　託される財産や権限の種類
(1)　情報

　会社の受認者＝取締役が誘惑にさらされる状況の一例に、経営者が価値ある情報を託される場面がある。経営者は、その地位ゆえに、とても価値のある情報を他の誰かが利用できるようになる前に手に入れることがある。1920年代にカードーゾ裁判官の執筆による判決では、賃借不動産を利用して合弁事業を経営するパートナーは、彼をこの不動産の唯一の賃借人だと勘違いして隣地の賃借を持ちかけてきた賃貸人から提供された情報を利用することはできない、と判示された[30]。実際には、このパートナーには「パートナーシップ関係の外からは見えないパートナー」がいたので、隣地も含めた賃借権が合弁事業パートナーシップに属するものとされたのだった。同様に、1939年のデラウェア州裁判所の判決では、会社の経営陣が「会社の機会」の誘惑に駆られて自己取引をすることは許されない、と判示した[31]。それは、「インサイダー情報」であり、これは利用が禁止されていながら、多くの人々がどうしても誘惑に駆られて利用してしまうものである。あるいは、ミューチュアル・ファンドのポートフォリオ構成に関するタイムリーな情報は、「マーケットタイミング[32]」によって1人の持分権者が他の持分権者を犠牲にして利益を得ることのできる情

---

[29]　John H. Langbein, *The Contractarian Basis of the Law of Trusts,* 105 YALE L. J. 625, 671 (1995).
[30]　Meinhard v. Salmon, 164 N.E. 545, 546 (N. Y. 1928).
[31]　Guth v. Grace Co., 5 A.2d 503 (Del. 1939).
[32]　2000年代初期に問題となった、ミューチュアル・ファンドの購入・償還を短期間に頻繁に行なう取引を指している。こうした取引を、ポートフォリオに関する情報を入手したうえで、ファンドの価格再評価時の直前・直後などのタイミングに行なうと、時価より有利な価格でリスクを伴わずに利益をあげることができる。ミューチュアル・ファンドのマネージャーは、長期的契約をしている顧客や大口顧客に情報を与えて、こうした取引を認める場合があり、これが公表されていない価格に関する情報の利用や、優遇される顧客とそうでない小口顧客との差別、マネージャーの利益相反の温床となると問題視されてきた。こうした批判に応えて、ルール・取引慣行の整備が行なわれた (Tamar Frankel & Lawrence A. Cunningham, *The Mysterious Ways of Mutual Funds: Market Timing,* 25 ANNUAL REVIEW OF BANKING & FINANCIAL LAW 235 (2006) 参照)。

報である。いずれの場面においても、価値ある情報を託された受認者が、それを自分自身の利益のために利用してしまうのである。

フランク・スネップの事件[33]は特殊だが示唆に富む。スネップはCIA工作員だったが、退職した後に本を出版した。彼は、本を出版する際にはCIAによる審査を求める旨の契約をCIAと結んでいたが、審査の申請をしなかった。政府は、スネップが契約上の義務に違反していることの確認、出版の差止め、そして政府を受益者とする擬制信託を適用してスネップが本の出版から得る利益のすべてを政府の収入とする旨の判決を求めた。連邦最高裁判所は「スネップは信認義務に違反し、違反による収入は擬制信託にかかるものとする」と判示した。この事件では、契約上の義務を根拠に財産が託されたものとされ、スネップによる信認義務違反によって託された財産の悪用が認定されたことになる。

情報に関する信認関係は会社に株主がわずかしかいない場合にも適用される。株主の地位によりそれぞれが得た情報に関しては、それぞれの株主が他の株主の受認者であるとみなされるであろう。もし株主Aが第三者からその株式を買いたいと申し込まれて、一方で株主Bに対しては、自分が申し込まれた価格よりも低い価格で買いたいと申し込み、第三者から申込みがあったことをBに伝えないとすれば、Aはこの情報に関してBの受認者であるとみなされる。Aはこの情報を悪用したことについてBに対する法的責任を問われる場合がある。大企業の支配株主はこれと同様の信認義務を負う。会社を支配することによって、少数株主の利益に関わる権限が託されることになるのである。

情報は、曖昧で多義的な場合がある。情報を託すことにより信認関係が発生するかどうかは、当事者がどう理解しているかによることになるだろう。カリフォルニア州最高裁判所は、価値のある発明といった秘密情報を単に伝えただけでは、信認関係は成立しないとした[34]。とりわけ、この事件では、当事者間の契約によって、秘密情報と引き換えにその情報による利益の2％を支払う関係が成立するにとどまっていた。しかし、この判決によって、秘密情報を託すことが不可能だということを意味するわけではない。

---

33 | Snepp v. United States, 444 U.S. 507 (1980).
34 | City of Hope Nat'l Med. Ctr. v. Genentech, Inc., 181 P.3d 142, 154 (Cal. 2008).

情報が託されたかどうかは、誰が情報を作り出したかによっても左右されうる。顧客の情報が投資銀行によって集積されて、財産的な価値のある秘密情報になった事案では、この情報は顧客から託されたとはいえない、とされた[35]。むしろ、これは投資銀行の財産にあたる、とされたのである。この事件でも、裁判所は、情報は財産となりえないとしたのではなく、誰がそれを作り出したかに焦点を当て、それゆえにその成果は作った人の財産になるとした。

(2) 公的な官職 (public office)

公的な官職は財産であるか。これは1800年代に起こった問題である。いささか異なる法的問題を扱った2つの事件で、相反する結論が出た。1つの事件は「官職」は財産であると判示したのであるが、この事件の焦点は、官職を有する者が法的権利として受け取ることのできる報酬や利益にあった。官職には、他人に譲渡したり何もせずに放置したりすることが許されないなど、一般の財産とは異なる制約があるが、この事件では、これらの相違は官職に関わる財産の作用を単に記述したに過ぎない、との見解が示された。もう1つの事件では、官職は財産ではないと判示された。官職に伴う権限は、市民の利益のために官職保有者に託されているのであって、官職保有者自身の利益のためではない、それゆえ、官職保有者は、公務を果たしたことに対して報酬を受ける権利を有していても、このことが官職の法的性質に影響を与えることはなく、報酬を受ける権利も財産とみなすことはない、とされた。

同様の関係についての2つの対立する見解は今日も続いている。昔と同様に対立点は、ある法的地位に伴う権限は託されたものであって、人々の利益のために使われなければならないものなのか、それとも報酬と役務の交換関係なのであって、法的地位を有する者は報酬を受ける法的権利を有するだけなのか、という区別である。今日、会社の取締役や執行役は、会社の資産をコントロールする権限を、会社と株主の利益のために行使すべきものとして託されている。その取締役や執行役は、同時に、サービスへの対価として報酬を得る法的権利を持つ。交換と託すことは同一の関係において存在しうるし、しばしば存在する。しかし、それらは区別すべきであるし、異なったルールに従うべきである。

---

35 | Washington Steel Corp. v. TW Corp., 602 F.2d 594, 601 (3d Cir. 1979).

(3) 権威の印（signals of authority）

　公的な官職ではないとみなされるが、公的な権威を示す印が問題となる場合がある。リーディング対司法長官事件[36]は、権威の印が託されていることを示した古いイングランドの事件である。1900年代にエジプトに駐留していた軍隊の医官が、カイロの関税検問所を通ってウイスキーやブランデーを輸送する手助けをして2万ポンドを受け取った。酒箱を運ぶトラックが検問所で止められず、運転手が関税を支払わずに済んだのは、医官が制服を着てトラックに乗っていたからであった。裁判所は、医官の受け取った金銭に対して国王は法的権利を有すると判示した。

　「もし被用者が、自らの役職を利用して、正直かつ誠実に行為する義務に反して行動し、私的な利益を得たとする。すなわち、彼の管理する資産、彼の利用できる施設、または彼の就いた地位が、彼の得た金銭の真の原因であって、単なる幸運から金銭を得た場合と区別されるとする。つまり、もし彼が金銭を得たのが専らこうした事情によるといえるとする。そうであれば、彼は得た金銭を使用者に償還する義務がある。……国王の制服と国王の被用者たる地位が、彼がこの金銭を得ることができた唯一の理由であり、彼に対し国王に金銭を引き渡す義務を負わせるにはそれだけで十分である」。

　裁判所は、医官を受認者とは判示しなかったが、それは医官が任務の過程でこうした行動をしたわけではなかったからである。それでもなお、彼は「国王の軍における医官としての地位と彼の階位により着用を認められた制服を利用して金銭を得ていた。……どのような公的な地位であっても……それを有する者がそれを使って金銭を稼いだなら、たとえ犯罪によって稼いだものであっても、その使用者は金銭を得る権利を与えられる。『君は、私の被用者としての地位を利用して金を稼いだね。こうして地位を利用しておいて、自ら悪事を働いたことを盾にとって、私の請求に対する抗弁とすることは君にはできない。』と主人はいうことができる」。このように、被用者の稼いだ金銭に対し国王が法的権利を得る根底的な理由は、託したことに求められる。本人から託された権限を逸脱した代理人はリーディング事件の医官と同様である。このような代

---

[36] Reading v. Attorney-General, 1 All E.R. 617 (House of Lords Mar. 1, 1951).

理人が受け取った利益はやはり本人の利益として償還しなければならない。
(4) 仮想空間における財産
　おそらく、仮想空間には新たな財産が現れてくるだろう。仮想空間はゲーム開発者によって作られる。このような世界のなかでは、現実世界から来た多数の参加者が交流する。ゲームは、現実世界と並行する第2の人生を作り出す。ゲームの参加者は、「アバター」というオンライン上のアイデンティティを通じてロールプレイする。これらのプレーヤーは、交流し、共に「戦闘」し、ゲーム上の「貨幣」や「アイテム」という「仮想財産」の形式をとる「報酬」を勝ち取ろうとする。ゲームは子供の想像の世界のようである。しかし、この想像は現実の世界に現実の衝撃を与えていて、それはゲームを提供する会社に儲けをもたらすだけにはとどまらない。

　MMORPGはインターネットで行なうゲームである。そこにはレアな仮想の武器がある。2005年3月、あるプレーヤーがその武器を獲得した。もう1人のプレーヤーがその武器を借りて、返すと約束した。にもかかわらず彼は1000ドル以上の現実の金銭で武器を第三者に売却してしまった。武器の「所有者」は当局に盗難を通報したが、当局はその訴えを真剣に受けとらず、何もしなかった。当局はこの事件が窃盗かどうか懐疑的であった。何と言っても、盗まれたアイテムは仮想の武器なのである。そこで持ち主は自らの手で法を執行することとし、「泥棒」に会いに行き、「左胸を何度も刺して殺してしまった」のである。これは特に異様な事件なのかもしれないが、同様の紛争や訴訟が将来起こることは容易に想像できる。

(5) 権限を託すことの例
　代理は、古くから認められてきた信認関係で、本人に法的義務を負わせる権限を代理人に託すものである。同じように、権限を託すことは医師と患者の関係にも見られる。たとえば、ムーア対カリフォルニア大学理事会の事件[37]は、医師が患者に手術を行い、患者の特殊な細胞を科学的でかつ利益もあがる目的で使用しながら、患者にはその事実を開示していなかった事案であるが、患者に対する信認義務違反があると判示された。その理由は、医師が、患者の受認

---

[37] Moore v. Regents of Univ. of Cal., 793 P.2d 479 (Cal. 1990).

者でありながら、手術と検査が患者の利益になるか、医師の利益と収入のためか（そして場合によっては公共の利益にもなるか）を決める時に、強い利益相反があることを開示しなかったからである。手術をするかどうかを決定するということは、患者に対する権限を託されているということである。決定権限が信認関係を導き、そこから医師がこのような治療をすることについて患者の同意を得る義務が導かれたのである。

5　託すことは託す人にリスクをもたらす

　信認関係は託す人にリスクをもたらす。確かに、他者との関係はどのようなものでもリスクをもたらす（そして利益ももたらす）。しかしながら、信認関係のリスクは特殊であり、そのリスクの程度は、受認者が提供するサービスの種類、託される財産や権限の性質や規模、そして、受認者が信頼を濫用する可能性やサービスの質を効果的にコントロールできるかによって変わってくる。

　受認者がサービスを提供するにあたっては、程度の差こそあれ、価値ある資産や裁量を伴う権限を託されなければならない。受認者が効果的にサービスを提供するには、事前承認に頼らずに、ある程度自由に行動できなければならない。受認者に対し、託された財産や権限の使用、あるいはサービスの提供について、すべてを指図することはできない。サービスの性質によっては、サービス内容を強く特定、制限、コントロールしすぎると、信認関係の意義そのものに悪影響を与えることになる。そのため信認関係は託す人にとって、受認者が託された財産や権限をさまざまな方法で濫用する、注意深くサービスを提供しない、託した人の指示に従わない、などリスクを伴うものになる。指図の特定性のレベルを下げる必要があれば、その分だけ受認者のサービス提供における裁量を大きくしなければならず、託す人にとってのリスクは高くなる。

　本項では、まず託す人が信認関係により負うリスクの発生源と性質を列挙する。続けて、これらのリスクを軽減する防御方法について検討し、託す人や第三者がそうしたリスクをコントロールするか軽減しようとしても限度があることを示していこうと思う。

（1）託すことは、受認者によるサービス提供の前提条件である

　信認関係において、託す人は常に立場の弱い当事者である。信認関係が成立

する前や受認者と交渉する間は、託す人は受認者に対して優位であるか、少なくとも同等の交渉力があるかもしれない。託す人が多くの資産を持っていれば、好みの受認者を選ぶことができるので、多くの受認者が互いに競い合って必死で託す人を求めてくるかもしれない。

　しかしながら、一旦信認関係が築かれると、受認者に財産か権限を託さなければならない。さもなければ受認者は約束したサービスを実行できない。それゆえ、受認者が同意したことを実行する前に、託すことが必要である。この時点から、託す人は信認関係において弱い立場の当事者となる。

　事前に託すことの古典的な例として、発明者が商業的な開発業者に発明に関する情報を伝える場合があげられる。開発業者は、発明についてすべての情報がなければ、発明を商品として開発することはできない。しかし発明者は、情報を一旦開示してしまえば、自分が持っているものをすべて事前に与えることになるのに対し、開発業者は、発明者が与えることのできるすべてを受け取るまでは、発明者に何も与えることがない。

　このように、信認関係の重要な要素は事前に託すことであり、この事前に託すという行為は、ある時点で互いに交換をするのとは対照的な行為である。しかしながら、後でより詳しく論ずるように、シティ・オブ・ホープ対ジェネンテック事件[38]で、裁判所は、発明を事前に開示することは、契約の文言その他の要素から、交換取引にほかならないとした。このように、当事者の合意によっては、託す人が受認者に事前に託すことの重要性が否定される場合もある。

(2) 受認者の行動を事前に特定することはできない

　受認者のサービスは、内容を特定できないことも多い。受認者が裁量を持つことは不可避であるため、託す人はリスクにさらされることになる。確かに、信認関係でない長期間の契約関係でも、一方当事者から相手方に託すことを必要とするものがある。しかし、これらの関係では、一般に託される権限は特定されている。ここで特に重要なのが、託す側の当事者が、取引での自分の取り分を受領する前にサービスの成果を検査できることである。しかし信認関係においては、サービス内容を特定しようとしても、それは曖昧なものにならざる

---

[38] | City of Hope Nat'l Med. Ctr. v. Genentech, Inc., 181 P.3d 142 (Cal. 2008).

をえない。個々に特定された内容が達成されたかを検査しようとしても、サービス全体と区別して検査できないので、託したことが裏切られているリスクは高くなる。弁護士が法廷で個別の質問に正しく応答したかどうかは、訴訟手続全体からその答弁の結果、何が起きたかを検討しなければ判断することは難しい。同じように、資金運用者の決定を評価するには、投資戦略、ポートフォリオ全体、その投資家（投資家が複数の場合もある）の状況を評価しなければならない。それをしたとしても、このような評価が不確かな場合もある。他の同じようなサービスと比較しても、評価が不正確にならざるをえないかもしれない。

　この点において、信認関係と建築請負契約関係を比較することは参考になる。一般的な建築契約は、膨大な仕様明細も含めて１つの契約である。仕様明細の実行状況の確認は、ほとんどの部分が竣工時に行なうことができる。このため、建築中に覆われて見えなくなってしまう部分についても、仕様明細を守っているか検査できなくなる前に、資格のある建築士か技術者が検査して、必ず仕様明細通りにさせるのである。たとえば、専門の建築士が建物の基礎に注がれたセメントの量が仕様通りかを基礎が覆われる前に確かめる。同様の仕様明細は、投資の決定を行なう資金運用者や手術室の外科医に求めることはできない。

　もちろんある程度の制限を課すことはできる。たとえば、弁護士に対しては、訴訟で和解する権限は託されないのが一般的である。和解は、瞬時の決断を要するわけではない。そのため、依頼人が和解についての決定権限を留保しても差し支えない。しかし、それ以外の状況では、決定権限を専門家に与えなければならないし、ときにはサービスの提供中に即座に決定するしかないこともある。これらの受認者は必要な時にはいつでも決定権を行使する権限を持っていなければならない。

　受認者は、最初に財産や権限を託されなければサービスを提供できないので、受認者のサービスに対する評価は託した後でしかできない。それに加えて、受認者の類型によっては、受認者のサービスを交渉期間中に評価したり、短期間で評価したりするのが難しいことも多い。たとえば、会社経営者が才能に富んで献身的に働く人であっても、予期せぬ経済的・政治的な原因によりその会社は破綻するかもしれない。経営者の業績は時間を経てはじめて計測できるのである。弁護士が誤った遺言を起案することがあるが、誤りが発見されるのは、

何年も経って遺言を書いた人が死亡した後かもしれない。対照的に、靴を買ったり車の修理をするような商品やサービスの取引の場合は、取引の時点で評価や検査が可能である。このような関係は、通常信認関係とはみなされない。

(3) 託すことに伴うリスクを軽減すると、受認者のサービスの価値を減ずることになりやすい

受認者に対し、サービスの実行方法を詳細に指図するのは不可能である。受認者が専門家である場合、また投資運用の管理や画期的な特許の開発のように、状況が流動的で未知の要素が多いところでサービスを提供しなければならない場合には、受認者に対する指図は一般的なものにならざるをえないし、サービスの詳細な実行方法は受認者に任せざるをえない。受認者に対し詳細を示してコントロールをしようとすると、サービスの価値を損なうことになりがちである。

だからといって、より特定性のある指図に従う受認者がいないわけではない。制約の程度はサービスの内容によって異なる。実際、受認者の定義がさまざまであることも、サービスの価値を損なうことなく受認者への指図をどの程度特定できるかということと、ある程度関連している。指図が特定されればされるほど、裁量は小さくなり、法的義務も軽くなる。裁量が制限されていれば、託す度合いが小さくなり、託す人が監督するための費用も小さくなると考えられる。

サービスを提供する人が受認者ではないとされる境界線がある。たとえば、一般に、「使用人」は受認者でないとされる。雇用主などの本人が、使用人によるサービスのもたらす利益を損なうことなく、使用人に信頼を裏切られることのないよう自己防衛できるのであれば、それで十分である。しかし、使用人が特定の情報を託されていて、その情報の利用に関して使用人の信頼性を確保する費用が高い（かつ契約しても効果がない）場合には、裁判所はその関係のうちその部分を受認者と見て、使用人に信認義務を課すだろう。

(4) 受認者の実行状況を監督することは託す人にとって高い費用を要する

信認関係が託す人に高いリスクをもたらす理由は、託す人が受認者のサービスの実行を監督するのに費用がかかるからで、その費用も時には信認関係がもたらす利益よりも高くつくことがあるからである。「［信認法の基礎となる］考

え方は、証明という観点から説明できる。……信認法によって予防的な規範を設け、利益を得ることを禁止するのは、まさに、信認関係においてより力のある当事者である受認者が、信認関係に関するすべての証拠を支配し、立場の弱い当事者である託す人や裁判所から悪事をいともたやすく隠せるからである」[39]。

　託された財産や権限の濫用を防ぐために受認者を監督する費用が、信認関係の要素の1つとなるだろう。監督にかかる費用によって信認義務の設計は影響を受ける。ルールの形成において、受認者に制限をかけることによる費用が考慮される一方で、そのような制限をかけることで、受認者が託す人に対して自分が信頼に足るのだと納得させるのにかかる費用が減少するという利益も考慮される。ここでは、託すことによって託す人が負うリスクと、法以外の手段で託す人が自ら防御できる方法に焦点を当てる。防御費用が低いところでは、関係を信認関係とするかどうかの判断が関わってくる。

　託す人自身が専門家で、自分と同じ領域の専門家に託す場合でも、その関係からもたらされるリスクをすべて減らせるわけではない。このような専門家は、よりよい受認者を選ぶことができるが、財産または権限を受認者に託さなければならず、さもなければ信認関係から得られる利益のすべてを諦めざるをえないのは、専門家でないすべての人と同様である。しかしながら、このような専門家は受認者をよりうまく監督できる。そして、専門家が託す権限を少なくできる限りにおいて、受認者に適用される規範は緩和されうる。しかしその関係が信認関係であることには変わりない。たとえば、「経験豊富な投資家」はよりよい資金運用業者を選び、より効率的に監督できるかもしれないが、信頼を害されるリスクがなくなることはない。そのよい例が、マドフによる何十億ドルにのぼる詐欺的な運用商品で、経験豊富な投資家も詐欺の被害にあった事件である。2008年に露見するまで長年にわたり詐欺を犯していた者に対し、その行動を細かく監督・監視することは、経験豊富な投資家にとっても非常に費用がかかったのである。詐欺の疑いがあるとして投資を回避した人々もいたが、多くの人々はそうしなかった。彼らは、受認者を管理・監督する暇があれば、

---

[39] Joshua Getzler, *Rumford Market and the Genesis of Fiduciary Obligations*, in MAPPING THE LAW: ESSAYS IN HONOUR OF PETER BIRKS 577-98 (A. Burrows and A. Roger eds., 2006).

自分の仕事をしていたのである。

　一般的に、託す人が自己防衛できるかといわれると、疑わしい。たとえば、第7巡回区連邦控訴裁判所の判決には、市場に比べて高額な手数料を求める投資運用業者に対し、明示的に信認義務を課している制定法を解釈した事案がある[40]。同裁判所は、信認義務は情報の開示に限定されるべきであるという強い信念を表明した。適切な情報があれば、投資家や金融市場は投資運用業者のサービスの報酬や手数料をきちんと決めることができると考えたのである。第2巡回区連邦控訴裁判所など他の裁判所は、これに反対した。運用会社の取締役に対し、報酬や手数料が過剰かどうかを判断する明示的で詳細なガイドラインを示したのである。連邦最高裁判所はこの不一致を解決すると共に、第2巡回区連邦控訴裁判所の立場に賛成し具体的な考慮要素を認めた[41]。しかしながら、この具体的な考慮要素は厳密なものではない。運用会社の取締役会は、対等な取引者間の交渉においては裁量を用いなければならない。そのうえで手数料が過剰であるとされるのは、「提供されるサービスと合理的関係がなく、対等な当事者間の交渉の産物とはいえないほど、不釣合いなまでに高額」な場合に限られる。

(5) 市場は必ずしも託す人のリスクを軽減しない

　ロベルタ・ロマーノ教授は信認関係の類型を次のように大別した。市場の影響を受けにくい関係（たとえば、後見人―被後見人、労働組合指導者―労働組合員、法廷代理人弁護士―依頼人（この最後の関係は、「訴訟上の請求権は売買できないとされる」からで、市場の影響を受けないわけではない））は、市場の影響を受けやすい関係（たとえば、経営者―株主、ブローカー―投資家、経営者―債権者、支配株主―少数株主）より厳しい責任を伴う。その理由は、市場が託す人を守るインセンティブを提供するからである。そのため、取引費用が高い場合には義務をより重くする必要があるだろう[42]。

　しかし、受認者のサービスについて、市場が託す人のリスクを常に減少させるわけではない。託す人にとって、管理・監督をすることで受認者による着服

---

[40]　Jones v. Harris Assocs. L. P., 527 F.3d 627 (7th Cir. 2008).
[41]　Jones v. Harris Assocs. L. P., No. 08-586, 2010 U.S.LEXIS 2926 (U.S. Mar. 30, 2010).
[42]　Roberta Romano, *Comment on Easterbrook and Fischel: Contract and Fiduciary Duty*, 36 J. L. & ECON. 447, 449-50 (1993).

のリスクを減らそうとすれば、費用が高くなりすぎる場合もあるし、そうでなくても受認者によるサービスの価値が減少したり、まったくなくなったりしかねない。受認者にしてみれば、たとえば保証を付すことで相手の信頼を得ようとすると、その費用が信認関係から得る報酬よりも高くつくことがある。受認者があまりに強い誘惑にさらされることもある。公開されている情報が、場合によっては、乏しく、ひとりよがりで、歪んでいるかもしれない。専門家の業績が守秘義務の対象になっている場合もある。格付けが間違っているかもしれない。このような状況では、市場は託す人のリスクを減らすことはできない。

　受認者は、託す人のリスクを限定するために、自己抑制を効かせるか、自らリスクを負担するかもしれない。売主と買主に何の関係もないときに契約当事者がするように、受認者は託す人にとってリスクが低いことを具体的に説明することで、自らの信頼性を示そうとするかもしれない。たとえば、市場での売主は、買主に対し、一定の場合には売った商品の返品を受け付ける。そのような申し出は、売主が自分の商品の品質の高さを信じていることのシグナルとなる。商店は、同様の商品について他店での価格がより低ければ、自分も同等の価格にしますと申し出る場合がある。この申し出は、売主がこの店で本当に最低価格を提示しているのだと請け合うことのシグナルとなる。

　しかしながら、この方法は受認者が信頼を確立するにはそれほど役立たない。買主にとって価格が主要な誘因でないときには特にそうである。たとえば、心臓手術を受けなければならない患者は一番安い外科医を選ばないだろう。外科医の実績も、よい外科医であるという証拠にならないかもしれない。結局、手術の成功は外科医の技術だけでなく、患者の身体の状態や、その他の状況に左右される。第三者の品質保証のようなその他の保証も高くついてしまうだろう。

　受認者が同業者団体を作る場合もあり、加入員の行動を制限したり、仕事を監督したりする。その代わりに、こうした団体は加入員の信頼性を保証する。アメリカ法律家協会やアメリカ医師会のような専門家組織はこのような目的のために存在する。このような仕組みがあれば、託す人のリスクが減少する。

　託す人が受認者との関係を解消できることによって、受認者に「規律を与える」ことができるだろうか。それができれば信認法はいらないであろう。結局、経営のうまくいっていない会社の株価は、同様の企業でも経営陣が正直で説明

責任を果たしている場合に比べて、低くなる可能性が高いだろう。株価は、経営者の義務のレベルが低いところでそのリスクを市場が評価したものである。経営陣はおそらく株価の維持・上昇に関心があるだろう。経営陣は、信認義務を軽減するため定款変更をしようとするかもしれないが、株価の低下に実質的な影響のない範囲にとどめるだろう。株価が存在するので、経営陣は説明責任を問われ続けるだろうし、説明責任の質が低ければ、投資家は、株価がその事実を反映して低くなったところで株式を買う選択肢を持つことになる。この市場と契約を組み合わせた仕組みは、裁判所による強制を必要とせず、そのための費用もかからずに、自動的に実行される枠組みである。

　それでも、株主や経験豊富な投資家が経営陣の信認義務違反のリスクを正しく価格で評価できるかは、疑わしい。さらに、経営陣が一旦説明責任を免除されたときに、不正直さや注意の欠如のレベルが適切なところにとどまるか疑問である。小さな不正も蕾のうちに摘み取らなければ、習慣になってより大きな不正につながりうる。そして露見したときには、失われた財産のほとんどは回収しようにも手遅れとなっているかもしれない。

　それに加えて、株主が株式を売却したとしても、それは不正直な受認者から託した財産を取り戻すことにはならない（投資会社が償還権付き証券を募集した場合を除く）。これらの資産は依然として受認者の手元にあって、彼らは託された資産をコントロールし続ける。確かに、不正直な経営陣に率いられた会社は、資金を調達できなくなって倒産するかもしれない。そのような場合は株主も損失を被る。市場は、経営陣の身分を守る方向に働き、それは少なくとも株主の怒りが「熱く」なって、議会も無視できなくなるまで続く。会社の受認者を、その他の託す人や裁判所のコントロール下にある受認者と比べてみても、会社の受認者に「市場の規律」が働いているとはいい難い。むしろ、市場に任せると、経営陣の身分と高額報酬が維持されることが明らかになるかもしれない。株主が「退出」する選択肢を持つことに何らかの効果や可能性があると信じられているがゆえに、法的な監視や託す人が受認者を解任するインセンティブが、私的な受認者の場合よりも低くなっている。それゆえ、市場の存在によって、信認法上のルールの縮減や排除が正当化されるという考え方は誤りである。

さらに、経営陣の不正の影響は、その経営陣が就任している特定の会社に限定されないかもしれない。投資家は、経営陣の説明責任が欠落ないし欠如しており、自己取引も多発していると知れば、その会社から手を引くだけでなく、市場からも手を引くかもしれない。実際に、2008年から2009年にかけての出来事からわかるように、株主が金融システムから手を引くこともある。株式を売られたのは、過度にリスクをとることを主張した不正直な経営陣に率いられた会社にとどまらず、正直で激務に耐えた経営陣の会社も同様であった。特定のサービスや業種の会社だけでなく、誰が発行主体であろうとすべての株や金融資産が売られたのである。

　会社の買収、モノ言う機関投資家や大企業のモノ言う独立取締役の存在は、会社の経営陣がより柔軟で創造的になり、ひとりよがりでなく、変化する環境により敏感になるようにする代替手段が機能していると示しているようにも見える。おそらく、それが注意義務の免除がより受け入れられやすくなっている理由だろう。しかしながら、市場による受認者の実績の監視や評価は、信頼の濫用をコントロールする手段としては、往々にして実効性を欠いている。もし会社の経営陣が実績をあげられなければ、投資家は「ウォールストリート・ルール」により株式を売却するだけであって、経営陣を交替させたり経営陣の報酬を減らしたりするために闘う「声」をあげることはあまりない。

　2000年以降、株主がモノを言うことが多くなってきたこともあり、2006年に証券取引委員会は経営陣の報酬を減らせという株主の圧力に応えて、会社の経営陣が受ける利益や報酬をより詳細に開示するよう義務付けるルールを制定した。しかし、立法府の議員、規制当局（監督機関）、そして裁判所は、アメリカの哲学に忠実なままで、手数料や報酬に影響を及ぼすのをためらいがちで、まして自ら額を設定することもない。判断は、市場と、託す人である株主にゆだねられている。そして、大企業が2008年から2009年の経済危機の際に政府の救済を求めたときに、議会は気前のよい援助を会社経営陣の報酬を制限することに結びつけた。社会がこれらの会社の投資家になったことによって、社会が投資家のように会社経営陣の報酬に条件をつけることを要求できるというわけである。

　おそらく政府の圧力と怒れる投資家の声が、経営陣の耳に届き始めたのだろ

う。ゴールドマン・サックスは、2009年に経営トップが莫大な賞与を得たことに対する世論の反応に「動揺」した。役員報酬問題の激震はヘッジファンドの役員にも達した。2009年12月28日のウォールストリートジャーナルは、ヘッジファンドの設定者が、「投資家が出資金を引き出さない期間に応じて手数料の引き下げを申し出ることを検討している。……これらの手数料は年ごとの実績による通常の算定方法ではなく、投資継続期間の実績に基づいて算定されることになる」と報じた[43]。この基準は運用者の手数料を投資家の基準に沿ったものにする。翌日、同紙はモルガン・スタンレーにおける改革の提案を掲載した。報酬の多くの部分について長期間にわたって支払を延長し、ライバル会社の実績を基準として支払われるものとされたのである。経営陣の2009年分の賞与は株式のみを受け取るとし、金銭による報酬の支払は4分の1にとどめ、残りは劣後株式とされた。ウォールストリートは外からの批判を最小限にし、「そこで働く者を喜ばせようと」していた。モルガンの「トップ30の役員の大半は給料の65％以上の支払延期または『取り返し（clawback）』、すなわち将来の損失時には返還の可能性ありとする取り決めを受け入れた。加えて、報酬の20％は株式で支払われ、その評価はモルガンの株価を同業他社の株価と比較して与えることとした」。役員報酬は、「モルガンの過去3年間の自己資本利益率を一定のベンチマークと比較した」結果で支払われる。重要な点としては、「トレーダーに対する報酬の支払方式が変更され、彼らが会社に代わってどれだけのリスクをとったかに応じて調整するものとされ」たことである。2009年にモルガンは従業員に対し全体で140億ドルの報酬を支払うとされており、これはゴールドマンの200億ドルと比較すれば少額である。しかし、2009年はゴールドマンが111億ドルの利益を得るのに対しモルガンは赤字になると予測されている。モルガンの最高経営責任者は3年連続でボーナスを受け取らないこととなった。

　ゴールドマン・サックスとモルガン・スタンレーは顧客である投資家の圧力に応え、「役員報酬に対する発言（say on pay）」の投票権を与えることにした。全米教職員年金・保険基金は、モルガンが株主による役員報酬に関する諮問的

---

[43] Cassell Bryan-Low, *Easier Terms Aid Hedge-Fund Rally*, WALL ST. J., Dec. 28, 2009, at C1, LEXIS, News Library, Wsj File.

投票を検討することを提案した。アメリカ労働総同盟・産業別組合会議は、経営陣と従業員の格差の増大について研究することを申し入れた。ある大口顧客は、投資銀行が顧客に多額の損失を与えた年の賞与について返還する予定があるかについて問いただした。

確かに受認者を監視しやすくする市場参加者は存在し、担保付や無担保の債権者、社外取締役、株主代表訴訟を行なう裁判所がそれにあたる。しかしながら、これらの監視する側の目的は託す人の利益と常に一致するわけではない。これらの監視者は、受認者の行動のある側面に焦点を当てるだろうが、他の側面は見えていないこともある。実際、法と市場による監視は相互に作用する。もしそうした監視が効果的であれば、法は退く。監視が効果的でなければ、法は介入することになるだろう。法が介入しなければ、いずれ（必ずではないとしても）金融経済制度に危機が訪れるかもしれない。

託す人がどのようなリスクを負担するかは、個々の信認関係の類型により異なる。受認者によるサービスの利用で託す人が負うリスクは、使い込みや不正直な行動のようなものから実績があがらないことまでさまざまである。託す人がいかなるリスクを負い、そのリスクをいかに防ぐかは、信認関係の成立の判断や分類の根幹に関わる。つまり、代理関係においては本人がコントロールする。組合員は共同でコントロールする。信託受益者はまったくコントロールしないかほとんどしない。閉鎖会社ではコントロールは少ししかなくかつその関係から逃れられない。これに対し公開企業の株主は、株式を売却すれば退出できるので、間接的に影響を与える程度のコントロールにとどまる。このように、コントロールにもさまざまな違いがある。当事者がある関係を選ぶと、いずれかの法的カテゴリーに入り、これには託すこととその濫用を防ぐためのコントロールがすでに反映されているのである。これらのカテゴリーに適用されるルールは、受認者に対する厳しさによって区別される。コントロールの度合いが低いほどルールはより厳しくなる。

6　託すことの境界線
(1) 託すことが必要でない場合

　法によって信認関係の存在が認められるのは、託すことが必要な場合のみに

限定される。そのため、医師は患者の健康に関するすべての面で受認者となるわけではなく、託された程度や性質の範囲で受認者となる。骨折患者を治療する医師が、喘息やヒステリー傾向についてまで受認者と判断されることはまずない。それでもなお、曖昧なところがあって、医師がある特定の医療分野については専門家でないとしても、患者よりは専門性が当然あると思われる場合には、受認者として、たとえばその患者に専門医に行くよう助言することが求められる。

同様に、教師は成績を評価するという点において受認者である。成績を評価する権限が教師に与えられるのは、学校や大学、将来の雇い主、そして学生のすべての利益となるからである。それゆえ、教師は自分自身の利益のためにその権限を悪用（たとえば高価な「贈り物」をもらったり要求したり）してはならない。しかし、教師が特定の生徒の成果を評価した後で贈り物を受け取ることは許される。

また、「代理人」という名称でありながら、普通の代理人よりもはるかに広い義務を負う受認者がいる。たとえば1940年投資会社法[44]17条(e)は、投資会社と関係する者に（いくつかの例外を除き）会社の財産に関係する取引に関して代理人として報酬を受け取ることを禁止している。アメリカ合衆国対ドイッチュ事件[45]では、第2巡回区連邦控訴裁判所は「代理人」という用語の意味を非常に広く解釈し、投資会社と信認関係にあり、投資会社と取引関係のある第三者から利益を得た者を、この取引に関して何の権限もなく、かつ取引に何の影響も与えなかったにもかかわらず「代理人」であるとした。

(2) 託す人に分類される限界

専門的なサービスの場合、託す人としては特定の人や集団だけでなく、一般市民や社会も含まれることがある。専門家集団に属する者は、託された権限を使って特定の個人や他の専門家の必要を満たすだけでなく、社会の必要を満たすことが期待されている。私立病院とその医療従事者は、その地域に他の病院がないのであれば、その地域に住む治療が必要な患者と信認関係があるだろう。

---

44 Investment Company Act of 1940. 投資会社の活動や取引を規制する連邦法。投資会社に登録を義務付け、無登録での投資業務を禁じ、投資会社の取締役や執行役、従業員が関係する先を規制するなどして、投資会社による不正取引を防止することを目的としている。

45 United States v. Deutsch, 451 F.2d 98 (2d Cir. 1971).

しかし、外科医が自分の患者に臓器を提供する人に対しどのような義務を負うかはそれほど明確でない。もし、外科医が提供者のことをよく知っていて手術するのであれば、提供者は託す人であり、外科医は受認者である。しかし、提供者が誰なのか知らされておらず外科医も摘出手術をしないのであれば、これらの匿名の提供者はその外科医に臓器を託しているのか、また外科医は信認義務に服するのかどうかということが疑問になる。これに対する答えは、特に提供者が外国で「臓器を提供せよ」と強制されているときには特に難しくなる。このような状況では、問題は法の領域から倫理の領域に移るのかもしれない。

　会社に対する取締役の信認関係は、ときには会社の活動する地域社会との関係にまで及ぶ。金融仲介機関の信認関係は、ときには金融制度との関係にまで及ぶ。ただし、信認関係はともかく、信認義務についてまでこの論理を適用してしまうのは広すぎるのではないかという議論はありうる。しかし、それほど直接的な関係でなくとも、特定の託す人ではなく、地域社会や社会一般への義務を課すのに十分な場合もありうる。

(3) 受認者のサービスが託す人に与える影響

　託すことに入るか否かは、特定の託す人への影響力にも左右される。職業的専門家に託すということは、個々のサービスにとどまらない範囲で託す人に対して影響が及ぶ場合がある。「市場での交換は、『単なる』取引である（transactional）。すなわち、サービスは、顧客自らが望むと考え、そう言った通りに提供されるに過ぎない。専門家による交換は、質的変換を伴う（transformational）。すなわち、サービスは依頼人の『深いニーズ』への奉仕である」[46]。この依頼人の「深いニーズ」に影響を及ぼすことが、信認関係という考え方をもたらし、その結果として受認者は重大な義務を負うことになる。たとえば判例は、精神科医は、外科医よりも広い意味で患者の受認者であるとしてきた。外科医は患者の身体に影響を及ぼす。精神科医は患者の「より深いニーズ」に影響を及ぼす。この区別はいつも正しいとは限らないが、原則はこうである。受認者のサービスが託す人に及ぼす影響は、信認義務の範囲を決定するのに、一定の役割を果たす。

46　David P. Schmidt, *Quilting Professional Identities in Business,* in Religion, Morality and the Professions in America 27, 27, 36-37 (1998).

(4) 法的なシグナル

　信認関係か否かは、託す人が託した財産や権限を濫用から守ることができるかどうかに影響される。たとえば、投資家がリスクを知っていて、リスクを理解できるだけの経験を有し、「単に……判断を誤った」だけであれば、被った損失について助言者や証券ブローカーを非難できない。このような場合には信認関係は認められない。しかし、もし証券ブローカーが、自分を信頼した顧客に間違った助言をしたことによって、自身が利益を得ていたとしたら、信認関係があると認められるだろう。ラングヴォールト教授の見解では、裁判所が証券ブローカーとの信認関係が存在するというためには、「それぞれの事件の実質について、問題発見的な考え方をする傾向がある。彼らは、証券ブローカーが通常どのように顧客と取引し、顧客が通常どのように投資対象を選ぶかについて、自らの経験や想像を用いつつ社会的に事象を構成していく」[47]。

　「信頼が存在したのかという問題は、中心的課題となってくる」。もし証券ブローカーが顧客の信頼を得たのであれば、顧客が経験豊富だからといって、証券ブローカー側は保護されないだろう、とラングヴォールト教授は述べている。「広い信頼」は、経験の乏しい投資家だけに適用されるのではない。経験豊富な投資家も証券ブローカーに頼る必要があるだろう。そのため、証券ブローカーの顧客との間に信認関係とそれに伴う義務が存在するか否かを判断する際には、顧客の証券ブローカーに対する信頼の程度が基準となり、顧客の経験の度合いが基準となることははるかに少ない。

　しかしながら、顧客の信頼は合理的なものでなければならない。明らかに警告となるような事実がありながら、証券ブローカーを信じた愚かな顧客は保護されるべきではない。法は信頼と自己防衛や自己責任との均衡を保つようにできている。しかしながら、自己防衛とは不信の態度であることに注意すべきである。不信を信頼に変えるためには、調査や保証などの費用がかかるだろう。対照的に、人々が証券ブローカーを信頼できるようにすることは社会的目的としてありうるのであって、それは信認関係を支える目的と同じものである。信頼は効率的である。信頼があれば、人の言明が真実か、約束を信頼してよいか

---

47 | Donald C. Langevoort, *Selling Hope, Selling Risk: Some Lessons for Law from Behavioral Economics About Stockbrokers and Sophisticated Customers*, 84 Cal. L. Rev. 627, 627-31 (1996).

を証明する必要がなくなる。託す人の自己防衛にかかる調査や保証の費用が、その関係のもたらす利益より高くなるときに、信認関係が認められうる。費用が利益に対して不釣合いであることは、信頼を確実なものにするために法的な制約を導入するのに、十分な理由だといえよう。

(5) 自己防衛による託す人のリスクの限定

　当事者が相手方当事者による濫用から合理的に自身を守ることができるとき、法が信認法による保護を加えることはあまりない。たとえば、合衆国対ヨーク事件[48]では、政府はジニーメイに対する信認義務違反でヨークを訴えた。ヨークはジニーメイの組成したモーゲージ証券の購入者であった[49]。ヨークはこれらのローンのサービサーであり、債務者による支払を集めて、モーゲージ証券の投資家へ支払っていた。

　担保権付貸出は連邦政府が元利金の支払保証をしており、貸出の債務者が債務不履行になりそうかどうかという情報は、投資家にとって価値あるものであった。というのは、債務者が債務不履行になれば、投資家は信用力の低い担保権付貸出の債務者から期限ごとに支払を受ける代わりに、ジニーメイから保証に基づいて貸金の全額を受け取ることができるからである。ヨークは、サービサーとして、担保権付貸出の債務者が債務不履行になる（そしてジニーメイの保証金が支払われることになる）ことを知り、モーゲージ証券を購入した。購入は、債務不履行の情報が公知になる前に行なわれた。そのため、債権のモーゲージ証券の価格は、債権に対し期限よりも早く全額の支払がなされることが明らかにされた後の価格よりも低かったことであろう。ヨークは投資家を選んではしばしばこの情報を有料で提供した。

　ジニーメイはヨークを訴え、ヨークはジニーメイに対する信認義務に違反し、サービサーとして託された情報を悪用し、自らについて利益相反を生じさせたと主張した。上訴裁判所は、ヨークがジニーメイに対する受認者だとする法的

---

48 ｜ United States v. York, 112 F.3d 1218 (D. C. Cir. 1997).
49 ｜ モーゲージとは、不動産購入代金の担保として財産権を債権者に移転するもので、日本の譲渡担保にあたる。モーゲージのついたローン（mortgage loan）を本書では担保権付貸出と訳す。銀行などの保有する多数の担保権付貸出債権を信託財産としてまとめて受託者に移転し、その信託受益権を証券化して投資家に販売したものが、モーゲージ証券（mortgage-backed securities）である。証券化された債権の回収などの業務を行なうのをサービサー（servicer）という。

な根拠はないとした。それゆえ、ヨークはサービサーとしてもモーゲージ証券の購入者としても、受け取った情報を悪用していなかったことになる。

　実際、この問題に関しては信認関係を認める必要がない。ジニーメイはサービサーとの契約に適切な条件を入れれば、ヨークその他のサービサーが、サービサーとして得た情報を使うことを防げた。そのような禁止はサービサー業務以外の目的での情報利用に及ぼすことができたし、そうした情報に基づいた取引や情報を他者に与えたり売ったりすることを制限することもできた。明確な禁止条項とすることもできたし、契約違反による訴えは効果的な抑止となりえた。このため、信認関係であると判断する必要はなかったのである。

　他の例として、会社の取締役と会社に対する債権者の関係がある。「会社の取締役と執行役は、カリフォルニア州法のもとでは会社が支払不能になるまで債権者に信認義務を負わない。『取締役の債権者に対する信認義務は会社が支払不能になるまで発生しないので、支払不能の時期が決定的である』。カリフォルニア州法のもとでは、支払不能の時期は、会社が『債務の期限に……債務を支払う』ことができなくなりそうな時点である」[50]。会社の取締役は株主に信認義務を負うが、債権者には負わない。しかし、会社が破産手続を申請すると、その時点で取締役は債権者に信認義務を負う。破産手続は債権者の利益のためである。一旦破産手続が申請されれば義務は開始するが、それ以前には義務はない。会社の取締役は、会社が支払不能になる瀬戸際では会社の債権者に信認義務を負わない。取締役の債権者に対する信認義務が発生するのは会社が実際に支払不能になった時である。このとき取締役は、会社の資産を浪費したり不当に危険にさらしたりするような信認義務違反を犯すことがあれば責任を負う。

　債権者は信認法の保護を受けられない。裁判所は一貫して、破産の瀬戸際にある会社の取締役に対するコモン・ロー上の訴訟原因を会社の債権者に認めていない。この立場は、取締役が会社の財産を違法に配当することを承認した場合でさえ適用される。ただし、取締役が会社の経費を使って自分自身や友人の利益を図った場合は例外である。しかしながら、破産手続においては、多くの

50　Carramerica Realty Corp. v. NVIDIA Corp., No. C 05-00428 JW, 2006 U.S. Dist.LEXIS 75399 (D. Cal. Sept. 29, 2006).

裁判所において、取締役は債権者を受益者とする受託者だとされている。取締役が会社に対する利益相反行為をしない限り、取締役自身が会社の株主で、その利益が債権者の利益と相反していることは問題でないとされた。この判示の理論的根拠は、第1に債権者は自らを特定の契約条項で守ることができることで、第2に銀行のような債権者はそうした保護を求める交渉に際して強い立場にあることである。実際に、これらの債権者は、会社に継続的な情報を請求でき、銀行に会社口座を開設するよう要求できる。これらの口座は会社の入出金の移動を確認するためにしばしば見られ、会社の財務状況についてかなり正確な情報を提供する。

このように、会社が破産の瀬戸際にある場合でさえも、取締役は会社が破産手続の申請をするまで会社の債権者に信認義務を負わない。しかしながら、債権者が破産申請をすることができるので、もし会社の総負債額が一定額を超え、12以上の債権者がいる場合にはそのうち少なくとも3以上の債権者が申請に参加するなら、会社を破産させることができる。さらに、会社が破産の瀬戸際にあるときは、債権者は会社財産を確実に保全し、負債の支払に充当できるようにするための委員会を組成できる。実際、委員会の構成員である債権者は破産手続においては株主となるのである。

受認者が託す人から投資に関する一定の権限を託されているが、託す人が投資対象の決定に関して一定の権限を留保しているときは難しい問題が起きる。ヘッカー対ディール事件[51]で問題となったのは、401Kプランの加入者が、[年金]プランの受認者に対して訴えを提起し、加入者のプランのために選任した助言者から利益を得ていると主張する権利があるかであった。その加入者は、これらの利益は加入者が間接的に負担していると主張した。プランの加入者の自由と責務は、プランの受認者が加入者のために選任した助言者との関係におけるプランの受認者の行動にまで及ぶのだろうか。第7巡回区連邦控訴裁判所は、加入者はプランの受認者が自ら選んだ助言者との関係に介入する権利はないと判示した。

51 | Hecker v. Deere & Co., 556 F.3d 575 (7th Cir. 2009).

Ⅳ　信認関係の具体例と限界事例

1　伝統的な受認者

　保守的な裁判所は、これまでにない新たな状況下で信認関係が成立したと認めることを、拒んだり制限することが多い。そのような裁判所でも、信託の受託者、会社の取締役と執行役、パートナーおよび代理人が受認者であることについては、異論がない。これらに弁護士、医師、資金運用者および投資助言者といった専門家を加えることも可能かもしれない。しかし、異論がないといっても、このような伝統的な受認者の機能に限られたものである。個人のための信託の受託者が受認者であることに疑いはないが、信託証書に基づき銀行が受託者となる場合には、やや異なる考慮が働き、特定の機能に関し1939年信託証書法[52]による規制のみを受ける場合が多い。

　今日のパートナーや代理人は、以前に比べ、自らの負う義務の多くについて、相当程度まで合意によって特定することが認められている。そして投資助言者は、1940年投資顧問法[53]のような制定法における特定の規定に服する。したがって、伝統的受認者の類型に入る者も、任務を行なう際の役割や託された時の指図の内容によっては、たとえ出発点は一般的な受認者であったとしても、その義務を制限したり拡張したりすることができるということになる。

　どの伝統的な受認者も、これまで概略を述べてきた信認関係の要素を備えている。たとえば、取締役は、重要な公的サービスを行なうと共に、他人の金銭に対するコントロールを託されている。彼らが託された権限をどのように行使するかを詳しく規定することはできない。金銭を託されながら、託した金銭の持ち主からコントロールを受けることはできないし、他人からのコントロールにも服させることはできず、そのようなことをしたら、サービスの価値が損なわれざるをえない。

---

[52] Trust Indenture Act of 1939.
[53] Investment Advisers Act of 1940. 報酬を得て他人のために投資助言や証券分析などを業として行う者（investment adviser: 投資顧問または投資助言者：本書では文脈により訳し分けている）を規制する連邦法。1940年に投資会社法（前注44参照）と共に成立した。これに該当する者に対し、証券取引委員会への登録と年次報告書の提出を義務付け、詐欺的行為等を禁止すると共に、証券取引委員会に対し規則制定権限を与えている。

(1) 専門家：医師と弁護士

　医師や弁護士といった専門家には、託す人の多くが持っていない専門性がある。その提供するサービスには、財産を託すことが含まれ、多くの場合、権限を託すことも伴う。たとえば、外科医であれば、患者の身体に対するコントロールを託されていなければならない。弁護士であれば、法廷で依頼人を代理する権限を託されていなければならない。

　別の受認者と比べ、医師や弁護士などの専門家にはいくつかの特徴がある。第1に、彼らの提供するサービスには専門性がある。しかし、この特徴は資金運用者のような他の受認者にも当てはまる面もある。第2に、これら専門家は伝統的に公的なサービスを提供してきた。しかし、後述するように、ここ数十年のところサービスの公的な側面を強調する傾向は弱まってきており、受認者によるサービスの商業的側面を強調する声がより喧しくなってきている。そうはいっても、専門家としての受認者に対する社会のイメージや期待はまだ消えていない。こういった専門家のサービスは社会にとって不可欠であり、託した人と社会に対して専門家が大きな権限を有していることは、いくら誇張しても誇張されすぎることはない。他の受認者の場合と異なり、託した人がこの信認関係から「離脱」することは難しいし、権限の濫用から身を守ることはさらにずっと難しいことだからである。

　訴訟において弁護士は、依頼人に対して受認者の立場につき、またクラス・アクション[54]の場合は知らない依頼人に対しても受認者の立場になる。さらに、他の弁護士の依頼人や裁判手続の遂行についても、受認者の立場に立つ場合がある。このようなとき弁護士には副大法官レオ・ストラインが述べたようなプレッシャーがかかる。彼は次のように述べている[55]。「代表訴訟においては、原告側弁護士についてエージェンシー・コストが生ずる懸念が生じる。そうした場合に、裁判所としては、その判断が誠実性を促進するインセンティブをもたらすように、特に気を配らなければならない。また、判例法理によって、何

54　アメリカの民事訴訟における多数当事者訴訟。日本にはない訴訟形態である。1人または少数の原告が、同様の利害関係を有する多数の人々（クラス）の利益を代表して訴えを提起できる。クラスに属する個々人は、自ら訴訟手続をしなくても、クラスから離脱する選択をしない限り、代表原告による訴訟手続上の行為や和解、判決による法的効果に拘束される。
55　*In re* Cox Commc'ns, Inc. S'holders Litig., 879 A.2d 604, 643 (Del. Ct. Ch. 2005).

らの不正行為もしていない被告が、他にどうしようもなく原告の要求に応じて和解に同意せざるをえなくなることのないよう細心の注意を払わねばならない。なぜかかる細心の注意が求められるかというと、会社法が受認者の不正に対する有効な株主保護を与えるにあたって代表訴訟の手続が重要でないからではなく、むしろ極めて重要だからである。裁判所としては、この代表訴訟の手続が、適正に機能していないと批判され、廃止論に押されてしまうことを看過できない」。「主任原告に対して訴訟遂行に責任を持つよう義務付けることによって、裁判所と議会は嫌がらせ的な請求を減らすことができる。こうして裁判所が正当な訴えにエネルギーを注ぐことができれば、将来に向けて会社の不正を抑止することにつながる」。

(2) 信託受託者

　受託者は、信託関係において受認者である。信託とは、リステイトメントの用法によれば、「財産に関する信認関係であって、その関係を生じさせたいとの意図を表明することによって成立し、当該財産に対する権原を保持する者に対し、慈善目的のためかまたは1人もしくはそれ以上の人のために当該財産を取り扱うための義務を課すものであり、かつ唯一の受託者でない受益者が少なくとも1人はいること」[56]である。歴史的に見れば大部分の信託は個人のためのものであった。たとえば、銀行または弁護士に、自分の死後家族の面倒を見るといった、特定の目的のために財産を託すような信託である。しかし、受託者は、たとえば社債権者のような多数の人々の利益のためや、債務者が倒産した時に債務者から財産を回収して債権者に分配する任務を担う倒産受託者のごとく特定集団の利益のために、といった特定の目的を達成するためにも利用されてきた。したがって受託者はさまざまな形で利用されている。しかし、伝統的な受託者で、そのなかで法律家にとってなじみのある信託の形式であっても、受託者への信託の仕方や指図の仕方が時代に応じて変化すると共に、新たな論点が生じてきている。また受託者だけでなく、規制当局や受益者も変化している。したがって、受託者の地位が受認者であることに疑問が呈されることはまずないものの、受託者は多様であって、それに伴い規制当局の体制や裁判所の

---

56 | Restatement (Third) of Trusts §2, at 17 (2003).

判断も、状況に応じて絶えず変動し、変化し続けている。この最後の点は、次章でさらに検討する。

(3) 資金運用者

　資金運用者は、信託の受託者や会社の取締役、執行役に似ている。多くの受託者と同様、資金運用者は、通常は金融資産に投資するために、投資家の金銭を託される。しかし会社の取締役とは異なり、資金運用者がどのような投資をするかを決定する際の自由度はそれほど大きくない。通常は資金を託す人の指図と法律の制約を受けるからである。たとえば、1940年投資会社法は、投資会社の届出書には当該会社の投資方針の概要を記載するよう義務付けている。また会社の名称に「株式」などの投資タイプを掲げるときは、当該会社の資産のかなりの割合がそのタイプに投資されていなければならない。資金運用者の裁量は、大部分の受託者の裁量が限定されたものであることに比べればさほど狭くはないが、大部分の会社の取締役ほど広くもない。私的な信託の受託者に与えられる指図は委託者の要望やニーズにより異なるものの、投資会社の運用者に与えられる指図は運用のための裁量として、より広範なものとなっている。しかしやはり、会社の取締役の裁量ほど広くはない。

　投資家から多額の資金を集めて運用する運用者には、厳格な規制があるにもかかわらず、常に利益相反がつきまとう。利益相反が生ずる理由の1つは運用者の報酬構造である。彼らは、運用資産の一定割合を報酬として受け取るため、投資対象の実績からだけでなくファンドを販売することで運用資産を増やそうとする。ファンドを販売すれば、運用実績をあげるだけよりも確実に資産を増やすことができるのである。最近の分析によれば、証券ブローカーや運用の依頼者（たとえば、年金の受認者が資金運用者を選任する場合）に対する報酬は、直接・間接に投資家が負担していることがわかっている。

(4) 仲介者：ブローカーとディーラー

　ブローカーというのは、特定の目的のために取引相手を求める人々を引き合わせる者である。目的は異なってもブローカーの機能は本質的に同じで、そのなかには株式ブローカーや不動産ブローカー、モーゲージ・ブローカー、事業売買のブローカー、結婚ブローカーなどが含まれる。ブローカーはディーラー、すなわち、取引の相手方となることがある。証券ブローカーなどのブローカー

は、顧客の資金や資産を預かる受寄者でもある。ブローカーはまた、顧客に法的責任を帰属させる権限を有する代理人にもなりうる。また不動産ブローカーのように、売買の両当事者のための受託者（escrow agent[57]）にもなるが、顧客の間に法的責任を生じさせる権限のない者もある。モーゲージ・ブローカーのように両当事者の「間を行き来して」、両当事者に対し取引に関する助言をするブローカーもある。これらのブローカーは、自分が引き合わせた取引当事者双方にとって「独立した契約相手」であって、いずれの当事者の受認者にもならないと主張する。

このようにブローカーは多種多様であって、託される程度も、寄託（顧客資産の保有）から代理（顧客に法的債務を負わせる権限）、さらに合意に至ることを念頭に当事者に情報を伝える伝達者までさまざまである。いずれのブローカーであっても、その期待される役割を果たすためには、取引当事者自身や求めている取引内容などの情報をあらかじめ託されている必要がある。これらの情報が提供されないと、ブローカーはサービスを提供することができない。したがっていわゆる「独立した契約相手」であっても受認者となりうる。最後に、ブローカーは提供するサービス分野の専門家であることが多い。結局のところ、彼らは専門家として市場の条件と最近の取引実態に関する情報を集めている。ブローカーは、その専門性と情報源を頼ってくる顧客がいることを期待して広告宣伝をし、引き付ける。つまり、ブローカーは、(1)託された資産を保持しておく必要があること、(2)本人に代わって取引を執行すること、(3)その助言が信頼されていること、(4)サービスを提供する相手方から託された情報を利用していること、に関して受認者である。

たとえば、結婚仲介の代理人が女性を外国からアメリカに呼び寄せて乱暴癖のある男性と結婚させた事件で、その代理人は女性の受認者とみなされた。推薦する男性の性格を知っていた以上、その代理人は当該女性に対する信認義務に違反したとされ、損害賠償責任を負わされた。また証券ブローカーが他人と証券を売買した場合でも、裁判所は、状況如何によっては、証券ブローカーに証券売買の手数料を払った者に対してだけでなく、売買の相手方との関係でも

---

57 ｜ 売手と買手双方から決済する資金とモノを預かって条件が整ったところで決済を行なう者。

受認者であると判示する場合がある。

　2008年と2009年は、証券ブローカーについて熱い議論が戦わされた年である。証券ブローカーは、受認者と分類されるのを拒否する（おそらくサービスの提供については例外だとしても、利益相反についてはあくまで拒否するだろう）。証券のブローカー・ディーラーは、証券取引委員会による監督のもとで、自主規制団体によって取り締まられていると主張する。そこでは伝統的に彼らは販売員とみなされ、あくまで顧客を公平に取り扱うという高度の義務に服するものとされてきた。2010年前半の時点では、ブローカーは、法に基づき投資助言者およびファイナンシャル・プランナーとして、顧客に対して受認者とされる場合もあるが必ずしも受認者とされるとは限らない。しかし、問題はまだ決着していない。

　証券ブローカーは複数の役割を担っている。ブローカーは、代理人として顧客に代わって取引をするが、本人として顧客と取引することもある。彼らは、トレーダー[58]の立場では、顧客に流動性を提供すると共に特定証券の市場を形成する。このように証券ブローカーが複数の役割を兼ねることは、経済的な意義があるものの、行為者と顧客の関係が契約関係と信認関係を兼ね、深刻な利益相反となる場合には、難しい法的問題が発生する。

　ブローカーがディーラー[59]となる場合、彼らはもはや受認者ではなく、売手または買手となる。ディーラーが受け取った証券や金銭は託されたものではなく、取引によって彼らのものとなる。代理人としては、ブローカーは顧客の金銭または資産を託されることになる。彼らは買手と売手または発行者の双方を代理する場合がある。ブローカーのなかには投資助言やファイナンシャル・プラニングのサービスを提供する者がいるが、この助言やプラニングは、セールストークや「無料ランチ」のような、無料を売り物にした客寄せの場合もあって、ブローカー自身や彼に売買手数料を払う人にとって利益となるように、特定の証券を取引するよう顧客に働きかける手段であることもある。このような利益相反を抱えながらも、ブローカーは自分たちを販売員、独立の契約当事者、

58　証券市場の会員として、市場でブローカーの代理として、または自らの勘定によって証券を売買する者。
59　本人として自己の勘定で証券を売買し、顧客に証券を売る者。

顧客の取引相手方だと考えている。

　ブローカー・ディーラーの報酬構造は、提供するサービスと共に多様化していった。伝統的に彼らは取引によって生計を立てており、取引された資産から一定割合を手数料として受け取っていた。こういった手数料体系は、売買当事者に取引させようとする動機付けとなる。1990年代以降は、ブローカー・ディーラーのなかには、取引の有無にかかわらず、顧客が保有する資産の一定割合を手数料として受け取る者が出てきた。また、ブローカーは、投資会社の助言者から、助言報酬の一部を受け取ることもあって、その額は、投資会社の持分を顧客に売ることによって投資会社の資産が増加したことへの貢献割合に応じて決まる。かかる手数料体系はブローカーのイメージを曖昧なものにし、販売員の持つ動機に対して疑念の影が投げかけられることになる。

　ブローカー・ディーラーがブローカーとしてだけでなく、投資助言やファイナンシャル・プラニングなどのサービスも提供するようになると、その立場はますます不明確となる。彼らは顧客に助言を与え、ファイナンシャル・プラニングをしましょうと持ちかけながら、自らを証券販売員と考えている。顧客のなかには、ブローカー・ディーラーに助言を求める者もいるし、その助言に全面的に頼る者もいる。さらに資産の運用を託す者もいる。しかしブローカー・ディーラーたちは、これらの役割を果たしながら、同時に本業、すなわち、証券販売も行なっている。つまり、ブローカー・ディーラーは、顧客に対する販売員、第三者に代わって顧客と取引するトレーダーであると共に、顧客の代理人であり、助言者であり、ファイナンシャル・プランナーでもあるのである。

　ブローカー・ディーラーに適用されるルールは、その曖昧な立場を表している。たとえば、証券取引委員会は、ブローカー・ディーラーに信認法よりも契約法に由来すると思われる義務を課した。具体的には、証券取引委員会が定める「看板理論」によれば、ブローカー・ディーラーが看板を掲げ、不特定多数にサービスを提供するときは、不特定多数の人を公正に扱うことを約束しているとされている。つまり、ブローカー・ディーラーに課される義務は、信認法を根拠とするのではなく不実表示を根拠としているのである。不実表示とされた例としては、ブローカーであることを開示せず助言者であると主張したブローカー、登録不動産ブローカーであると不実表示した不動産投資助言者、自分

をコンサルタントであると不実表示したが実際にはある者の代弁者として報酬を得ていたラジオ番組の司会者、自分は投資助言者であると不実表示したが実際にはそういった登録は一切されていなかった新聞記者などがある。

　しかしながら、ブローカーの信認義務の免除が許されず、開示だけでは義務を免除するに足りないとされる場合がある。たとえば、言うことを聞かないギャンブラーのような顧客が、ブローカーに「経済的な自殺行為」のような取引の執行を求めた場合、ブローカーは顧客に従うことをやめ、顧客の取引をやめさせなければならない。このような場合のブローカーは、車を運転しようとする酔客にお酒を出すのをやめなければならないバーテンダーと似ている。

　顧客から資産と金銭を預かるブローカー・ディーラーは、信託受託者のような分別管理は要求されていない。しかし、彼らは、財務的に健全であることと強制保険に加入することが義務付けられている。顧客が取引内容を特定して執行を依頼しない限り、ブローカー・ディーラーは「適合性の原則」に服する。すなわち、彼らは顧客の状況に応じ、顧客に適合した投資助言をしなければならない。

　ブローカー・ディーラーが顧客に無料で助言する場合、1940年投資顧問法上は助言者の定義に入らない。しかし、無料で「ファイナンシャル・プランニング」を提供したが、そのプランを実行する証券仲介が有料の場合、ブローカーの立場は複雑になる。ファイナンシャル・プランナーは1940年投資顧問法の適用を受けるが、ブローカーは同法の適用を受けない。つまり、ブローカー・ディーラーと顧客の関係は、規制の適用において契約法と信認法とが混合した関係となる。さらにブローカー・ディーラー兼助言者兼ファイナンシャル・プランナーは、受認者としてのサービスは無料と宣伝しながら、（販売員か助言者かいずれかの資格で）助言した取引の執行で手数料を取るのである。

　どの法に分類されるかは規制構造に反映される。たとえば、ヘッジファンドは1940年投資会社法の規制対象ではない。ヘッジファンドの助言者は顧客が15人未満である限り証券取引委員会に登録する必要がない。しかし、かかる登録されていない助言者も1940年投資顧問法206条の詐欺禁止条項の適用は受ける[60]。そしてこの条項は、いくつか条件付きではあるものの証券取引委員

---

60 ｜ 1940年投資会社法と1940年投資顧問法については、各々前注44・53を参照。

会に規則制定権限を与えている。

　証券取引委員会は、かかる助言者が投資家に対し詐欺行為をするのを禁ずる規則を採用した。この規則では助言者は受認者に分類されてはいないが、違反者が州法上の信認義務違反を犯した助言者を訴追する権限を委員会に与えている。この場合、連邦法はコモン・ローを取り込んだわけではないが、違反者が連邦法上の定義により助言者とされれば、コモン・ロー上の信認義務を連邦政府として強制する規定を置いたことになる。このように、現在の法が混乱しているという点においては、ブローカー兼ディーラー兼助言者兼ファイナンシャル・プランナーがさまざまなサービスを提供していることと同じような状態にある。

(5) 組織の取締役・執行役

　会社の取締役と執行役が受認者の立場に立つということは、会社が法主体として認められるようになった時から認識されていた。当初、取締役と執行役は信託受託者を類推して理解されていた。その後、会社法のもとでは、信託の受託者と会社の取締役との違いが認識されるようになり、会社の債権者や株主の権利が確立すると共に、裁判所が考えるモデルも変わっていった。たとえば、初期の判例では「信託基金」の法理が適用され、株主と会社が会社財産をリスクにさらす自由について、会社債権者に対して優越する地位を与えた。この法理は19世紀の終わり頃になると拡張していった。その頃の諸州の判例法は「すべての資本金（額面で考えられていたため）が払い込まれるまでは、株主はその株式に対して二重の責任を負う」[61]とするのが一般的であった。また「株主は会社が従業員に対して負う債務に関しても責任を負う」[62]とされることが多かった。株主の有限責任が広まっていったのは、後にいくつかの州が会社と投資家を自分の州に引き付けるために会社法の規定を緩めるようになってからである。

　裁判所による債権者保護が弱まっていったため、信認法は規制と立法により発展を遂げることとなった。しかしながら、ロバート・E・ハミルトンは裁判所の影響力を無視すべきではないと述べている。カードーゾ裁判官がマインハ

---

61 | 額面に満つるまで資本金を払い込む責任と会社債権者に債務を弁済する責任。
62 | HENRY WINTHROP BALLANTINE, BALLANTINE ON CORPORATIONS §355 (rev. ed. 1946).

ード対サルモン事件で述べた以下の言葉は影響を与え続け、いろいろなところで引用されている。

> ジョンイト・ベンチャー参加者は、共同経営者と同様に互いに対して……最善の忠実義務を負っている。独立当事者間で行なわれる日常世界において許される行動様式であっても、信認関係で結ばれた者の間では禁じられることも少なくない。受託者は市場の道徳より厳しい責任を負うことを期待されるのである。単に正直であるというだけでなく、名誉の機微に関わる特に細かなところにまで気を配るという態度が、受託者の行動基準となる。この点に関しては、頑ななまでに揺るぎのない伝統が発達してきた。受益者に対して不可分の忠実義務を負うべしというルールに対し、特別な事情があるので例外を認めてほしいとの申立てによって「法全体を崩壊させかねない浸食」のおそれに脅かされたときにあっても、エクイティ裁判所の態度は、妥協の余地を許さぬ厳格なものだった。そのようにすることによってのみ、受認者の行動基準は大衆一般の行動基準より高い水準で維持されてきたのである。この水準は、当裁判所のいかなる判断によっても不用意に引き下げてはならない[63]。

この言葉の影響力はまだ残っているものの、かなり弱まっている。事実、デラウェア州の裁判所は、取締役と執行役の不正行為に対する介入を弱め、経営者に対する裁きの場を世論にゆだねている。裁判所が経営判断に介入することに慎重な理由として、ビジネスに関する専門的知識がないことと、公開会社に関しては株主が株式を売却できると説明がつくことがあげられる。裁判所の介入は弱まっているものの、取締役と執行役が受認者であることについて疑問が呈されることはなかった。

1900年代初頭以来の懸案は、会社の経営陣は誰に対して信認義務を負うかという疑問である。会社と株主を分離する考え方は、株主（異なる種類の株を有している場合もある）は多様であるという認識から始まった。会社の規模が

---

63 | Meinhard v. Salmon, 164 N.E. 545, 546 (N. Y. 1928).

大きくなり、アメリカ社会に対する影響力を増すなか、経営者は従業員に対して、さらには国や会社が事業を行なっている地域社会に対しても信認関係に立つのだという議論がなされた。しかし投資家が一斉に株式所有から手を引き、証券市場が干上がるという状況において、裁判所は会社経営に対する監視を強化していくのではないかと思われる。

(6) 破産財産の占有を継続する債務者

信認関係は状況の変化によって発生する場合がある[64]。企業が破産すると、それまでの株主はもはや会社財産に対する所有権（エクイティ）を失う。事実、債権者がエクイティの所有者となる。そこで元所有者たる債務者は、債権者の利益のために受認者として財産を保持し続けることになる。「破産財産の占有を継続する債務者とそれをコントロールする者は、破産財団に対して信認義務を負う。破産したパートナーシップで占有を継続するパートナーは、破産財団の代理人として事業を継続するのであって、自分たちの個人的利益のためではない。受認者としての義務は2つからなる。すなわち、注意義務と忠実義務である」。信認法の忠実義務が前面に出てくるのは、受認者の利益と受認者が忠実義務を負う主体の利益とが相反しているように見える状況が発生した場合である。占有を継続する債務者の場合には、「自己取引を差し控え、利益相反や人に不正行為ととられる行為を回避し、すべての当事者を公平に扱い、破産財団の価値を最大にすること」がこの忠実義務に含まれる。したがって、債務者が企業の財産を託されたままでいながら、所有者としてのリスクが元所有者である当該債務者から債権者に移ることにより、以前の所有者と経営者が信認義務を負うことになる。「裁判所は、占有を続ける債務者の経営者が、［破産財団の］財産の競売において非開示の買付け者として参加することは、［新たな所有者たる債権者に対する受認者としての］忠実義務に反すると判示した」のである。この場合、占有が移転する前に所有権に変更が生じた結果として、託すという状態が生じたことになる。

---

64 ｜ Lange v. Schropp (*In re* Brook Valley VII), 496 F.3d 892, 900 (8th Cir. 2007).

2　新たに登場してきた信認関係

　新たに信認関係を認知するプロセスは今日も発展しつつあり、それは、サービスを提供する条件、託される財産または権限、そこで直面する誘惑、そして権限を持つ人、およびその人が信頼を濫用する誘惑を、市場や関係する個人または法人がどこまでコントロールできるか、といった要因により変わってくる。信認関係は必ずしもある一時点で発生するわけではないが、法によってゆっくりと認知される場合もある。以下は信認関係が発生するいくつかの場合を例としてあげたものである。

(1) 配偶者

　伝統的に、家族関係は多くの場合、法の領域の範囲外とされてきた。結婚は、強い情動など「感情に基づく」関係と考えられていて、主に経済取引や市場取引などの論理や経験の産物である「理性的な認識に基づく」関係とは対極にあると考えられている。アメリカ法においては、感情に基づく関係で信認義務が問題となることは滅多にない。婚姻関係や家族関係は国の文化の中核であるとしても、感情は規制することが難しい。したがって法が感情の領域で役割を果たすことはほとんどない。しかしそれと同時に、社会および家族における女性の地位確立に関しては、法が家族の問題に介入してきた。したがって政府は「民主政治のもとで人が個人としての自己統治能力を高める」ために一定の役割を果たしたし、今も役割を果たしている[65]。

　歴史的には夫と妻は1つの人格と扱われ、その人格は夫によって体現されていた。独身の女性と異なり、結婚した女性は法的に財産を持つことができず、訴えることも、訴えられることもできなかった。婚姻の開始時点での女性の個人的財産は、婚姻が続く限り絶対的に夫に移転したのである。結婚関係は、同意に基づくものというより法律に基づくものだったのである。

　このような結婚に対する見方は、徐々にではあるが信認関係的な構造に移行してきている。女性が財産を保有する権利を得ると、婚姻中の財産関係に関する問題が浮上してきた。離婚が増加するなかで、法は、夫婦が「離婚の瀬戸際」にあった時点で夫婦の財産を支配していた配偶者に対し、受認者としての

---

65 | Linda C. McClain, The Place of Families: Fostering Capacity, Equality, and Responsibility (2006).

義務を課した。カリフォルニア州の裁判所は、早い時期から、離婚の瀬戸際にある配偶者は互いに不公平な行動をとる可能性があることを認識し、配偶者の信認義務という考え方を確立した。このような高い基準はカリフォルニア州控訴裁判所によって、財産関係の紛争解決に限定され、この分野で判例法理の発展が見られたのはビジネス関係での信認義務の問題だった。他の州も、配偶者が法律上は取引に拘束されるが、事実上は無関係であった場合のように、ビジネス関連の文脈で、カリフォルニア州と同様の信認関係の変容を認めた。つまり裁判所は、婚姻終了の直前の段階で、婚姻関係に介入してきたのである。しかし最近の判例は、婚姻関係にあるときでも配偶者に信認義務ありとするようになってきている。たとえば、一方の配偶者が夫婦の資産を不当に運用し、それが他方の配偶者を騙したり、その利益をまったく無視したりといったやり方だった場合などがあげられる。

　この法分野は発展中である。婚姻を信認関係と認めるには、誰が誰に対して何を託したかが問題となる。配偶者の一方が夫婦の財産を支配するとき、支配された財産をその配偶者に託されたものと捉え、信認関係が発生したものと考えることが、離婚手続中だけでなく婚姻の継続している間についても、今後は可能かもしれない。

(2) 調停人

　調停人は、ブローカーと似ている。ブローカーが、関係当事者に働きかけて取引や関係を結ぶ合意に至るようにするのに対して、調停人は、異なるタイプの取引――すなわち紛争解決――に合意するよう関係当事者に働きかけるという点が違うだけである。調停は「拘束力のない紛争解決方法」である。調停人は、紛争当事者が紛争を解決するのを助ける中立的な第三者であることが期待されている。和解するかどうか、どのような条件で和解をするかを決めるのは調停人ではなく、当事者である。以前は調停人が訴えられることは滅多になかった。調停という紛争解決形式は、法廷の場を含め、さまざまな分野の紛争において発展してきた。それに伴い、調停人の資格認定も増えていった。そうした拡大と共に規制も行なわれるようになってきた。1990年、連邦議会は調停を促進するための2つの法律を成立させた。その1つである民事司法改革法[66]は、地方裁判所に対して、紛争解決費用を節約し審理の遅れを減らすプログラ

ムを策定し、これを実施することを義務付けた。議会の意図は、「民事裁判における熟慮に基づいた実体判断を促進し、開示手続を監視し、訴訟管理を向上させると共に、民事紛争が公正で迅速かつ費用をかけずに解決されるようにする」ことだとされた。調停は、ほどなくして連邦裁判所で用いられる ADR（裁判によらない代替的紛争解決手段）の主要な手段となった。1996 年までに、連邦裁判所の半数以上で調停プログラムが用意された。また議会は 1990 年に、行政紛争解決法も成立させている。同法は、政府の執行部に対し、紛争解決にあたって ADR 手続に従うよう義務付けている。

　調停人は、調停のプロセスのなかで重要な判断を下していく。これは、訴訟の過程で裁判所が判断を下していくのと同様である。調停人は、誰が出席して、誰がはじめに話すか、また調停の対象となる問題として何を議論することが許されるかを判断する。これらは調停人に託された権限であり、調整の結果を左右することもありうる。

　調停人のなかには誤りを犯す者もあれば、信頼を裏切る者もある。しかし調停人が訴えられることは滅多にないし、責任ありとされることはさらに少ない。「調停人の責任、特に受認者としての責任について検討した裁判所はほとんどなく、検討した裁判所でも、そうした責任の存在を否定している」[67]。調停人が依頼人に対して信認関係に立つという考えを受け入れた裁判所はまだない。調停人が遵守することが期待される受け入れ可能な基準がほとんどないなかでは、かかる法的関係を成立させることは難しい。調停人はどのようなアプローチをとるのも自由であるし、調停契約で調停人の義務を詳細に定めることはほとんどない。おまけに調停人の義務違反による損害は証明が極めて難しい。また調停人の行動を監視するには費用がかかる。当然のことながら調停人の権限濫用から依頼人を守るには信認法は貧弱な手段となろう。

　しかしながら、将来的には、信認法が調停人に適用されることはありうる。調停人には受認者としての基本的特徴が備わっている。彼らは社会的に価値あるサービスを提供している。そのサービスの必要性が増すにつれ、サービス提

---

[66] Civil Justice Reform Act（CJRA）, 28 U.S.C. § 471.
[67] Richard Birke & Louise E. Teitz, *U. S. Mediation in 2001: The Path that Brought America to Uniform Laws and Mediation in Cyberspace*, 50 Am. J. Comp. L. 182, 193（2001）.

供をするにふさわしくない者の数も増えてくるかもしれない。「調停人に責任保険に加入することを要求する州の数が増えており」[68]、裁判所が調停人の受認者としての地位を検討することが以前より多くなってきている。結局のところ、当事者は調停手続中に詳細な事項を決定する重要な権限を調停人にゆだねている。当事者は、調停人による利益相反、不適切な権限行使、誠実さに欠けた行為などのリスクにさらされる。今後問題が生ずれば、調停人に託された権限という観点から、調停人の受認者としての地位が認知されるところとなるかもしれない。

(3) 友人

　友人関係は、信認関係という地位にまで高められることがありうる社会的な関係である。このことは、ビジネスを通じた長期にわたる友人関係で信頼を裏切られることになるとすれば、特にそうである。たとえば、ある女性が自分の開発したアイデアを友人に秘密で打ち明けた事件がある[69]。打ち明けられた友人はそのアイデアを第三者に売却したうえ、そのビジネスから秘密を打ち明けた友人を排除した。この事件で裁判所は、アイデアの利用が発明者の利益になるだろうという理解のもと開示が行なわれたという意味で、託す行為があったと認定したように思われる。信認関係ありと判断された他の場合と同様、この事件における判断も個別の事実に即して行なわれている。しかしテキサス州の裁判所で、これと異なる見方をしたものがある。契約に基づき共同事業をしていたということがあるにしても、当事者は「4年間にわたる友人関係で、頻繁にディナーを共にする仲であった」という事実では信認関係を正当化することはできないとしたのである[70]。また別のテキサス州の裁判所では、「『道徳、社会生活、家庭における、純粋に個人的な信頼と信用の関係』から、非公式の信認義務が認められる」とした事例がある[71]。しかしそうした非公式な義務でも、当事者の関係が実際には契約関係で、友人関係も交じってはいたもののそれ以上には発展しなかった場合には制限された。このように裁判所は信認関係として

---

68 | Michael Moffitt, *Ten Ways to Get Sued: A Guide for Mediators*, 8 Harv. Negotiation L. Rev. 81, 83 (2003).
69 | Holmes v. Lerner, 74 Cal.App.4th 442 (Ct. App. 1999).
70 | Crim Truck & Tractor Co. v. Navistar Int'l Transp. Corp., 823 S.W.2d 591, 595 (Tex. 1992).
71 | Associated Indem. Corp. v. CAT Contracting, Inc., 964 S.W.2d 276, 287 (Tex. 1998).

明確に受け入れられていない事件では、明確な線引きをするのに苦心している。

(4) モーゲージ・ブローカー

2000年中頃に登場した特殊なブローカーがある。モーゲージ・ブローカーである。モーゲージ・ブローカーが受認者の地位にあるかに関しては議論のあるところである。彼らは、住宅の購入を検討中で資金調達を必要とする人と資金の貸手とをつなぐ者である。「裁判所のなかには、抵当権設定取引は独立した当事者間で行なわれるのであり」金銭の借手と貸手の関係と同様「モーゲージ・ブローカーが一般に借手に対して信認義務を負うものではないと判示した例がある」[72]。ブローカーが貸手の側に立ち、貸手が借手の受認者ではないというのなら、ブローカーの地位もまた同じというわけである。

それでも、裁判所がブローカーに対して信認義務を課した例も存在する。モーゲージ・ブローカーが借手にローン条件やその手数料について開示を怠った場合や、最も有利なローン条件や最も低い手数料を提示することを怠った場合である。カリフォルニア州最高裁判所によれば、モーゲージ・ブローカーが「借手の代理人として受け入れ可能なローン条件の交渉」を日常的にしてきた場合には、受認者と認められるとされた[73]。この事例では、借手は、自らに法的義務を生じさせる権限をブローカーに託したのである。ブローカーが担保付貸出の条件の意味する内容について借手に情報提供するのを怠った場合（極めて小さなフォントの契約条項しかなかった場合も含む）、ブローカーは借手に対して責任を負うことになる。しかしブローカーが貸手の代理人で、貸手が借手に対して信認義務を負わない場合には、責任を免れる場合がある。ただしこの場合も、貸手のブローカーが、詐欺や不実表示をしたり、質問に対して正しく回答しなかったり、借手との契約に一般的な違反をしたり、ということがないことが前提である。

(5) 小切手両替商（Check-Cashing Institutions）

小切手両替の主たる業務は、政府保証小切手や給与支払小切手を現金に換えることである。州によっては、将来給与支払小切手が入ってくる人に対する貸

---

72 | David Unseth, Note, *What Level of Fiduciary Duty Should Mortgage Brokers Owe Their Borrowers?*, 75 WASH. U. L. Q. 1737, 1741 (1997).
73 | *Id.* at 1742, citing Wyatt v. Union Mortg. Co., 598 P.2d 45, 50 (Cal. 1979).

付けとして、個人小切手の現金化を取り扱っている場合もある。こういったサービスは短期のローンまたは小切手の現金化と考えられている。しかし、かかる業務は消費者金融の手数料を制限する法律にかからない。手数料には小切手を現金化する業務の費用と利益が含まれている。ATM が普及するまでは、小切手現金化のサービスは、営業時間やロケーションの点で消費者にとって便利だったので、消費者はそうした手数料を喜んで支払った。しかし昨今は、消費者が小切手両替商に支払う手数料には、小切手に対する不払いという銀行がとりたがらないリスクをとるという意味合いがある。そうなると消費者が払う法外な利息が正当化できるかどうか微妙になってくる。しかし、消費者と小切手両替商との関係が信認関係とされるとは考えにくい。なぜなら、そこにはどこにも託す行為というものが含まれていないからである。両替商が、計算づくで 785％ という法外な年利率になるような貸付けをしていたかはわからないが、いずれにせよ、取引そのものはあくまで単純明快だったのである。

　Ｈ＆Ｒブロック社による納税準備という業務[74]は、この小切手現金化サービスと似ているが、自動的に小切手を現金化するというサービスより、さらに「助言的色彩」を含んでいるという点が異なる。そして、この助言的色彩が顧客との関係に若干信認関係的な要素をもたらすことになる。しかし、助言といっても顧客に還付される税金の投資に関わるものではなく、確定申告の準備に関係するものである。2つのサービスは、関係はあるものの根本的に異なる。また小切手現金化との比較でいえば、Ｈ＆Ｒブロック社のサービスは、タイミングという点でも異なる。小切手の現金化は月次といった高い頻度で行なわれるのに対し、同社のサービスは年１回だけ行なわれるのである。

　消費者保護法というものがあり、消費者から不当に高額なサービス手数料を取ることを禁じると共に、関連する情報を消費者に開示することを義務付けている。たとえば、車を分割払いで販売するカーディーラーは、年利率を「明確かつ目立つように」、たとえば太字で開示しなければならない。Ｈ＆Ｒの顧客を必要に応じて保護するには、信認義務よりもこうした立法の方が適している。

---

[74] Ｈ＆Ｒブロック社は、顧客の確定申告の電子申請を代行し、予想される還付金額に対してローンをつけていた。1人あたりの融資額は平均 916 ドルで、電子申請の代行手数料として 20 ドル、融資手数料として 30 ドルを受け取っており、年利換算すると平均 85％ の利息を取っていた。

(6) 発明家と発明を商業化する開発業者

　発明家は価値ある資産を持っているが、これには高いリスクを伴うことが多い。その発明は、とてつもない金銭的価値を持つこともあるし、多大な費用をかけても何の利益ももたらさないこともある。発明家は、自らの発明を利益を生み出す事業としていく経験も乏しく、発明を開発していくための資源や経営に関する専門知識も持っていない。発明の商業化を図る開発業者やベンチャー資本家は、発明を商業的に開発するための金融に関する知識を持っており、開発するための発明を捜している。両者が出会って交渉に入る時点では、発明家は利益があがるかわからないものの彼オリジナルの資産を持っているのに対し、開発業者はほかにも誰かが提供できるような金銭を持っているに過ぎない。両者が発明の商業化に向けて協力する際には、双方の交渉上の力関係からして、まさに互いの協力が不可欠になる。

　しかし、発明家が発明を手渡した瞬間（あるいは発明から利益をあげるために商業化開発業者と共に時間と資源を費やしてしまったら最後）、当事者の利益と力のバランスは大きく変わってしまう。発明家はもはや価値ある資産を提供できない。発明家はすでにすべてを手渡してしまっており、開発業者にとって発明家はもはや必要ではないのである。

　こういった当事者間の典型的な取引では、発明家は商業化された発明から得られる利益の一定割合に対して権利を取得するが、発明の利用や発明に関する開発業者の帳簿をコントロールする権利はない。当然のことながら、開発業者の心情も同様に変化していく。彼らが利益の源泉を作ったのは自分たちだと感じるのは自然であり、時と共に、受け取った発明の価値は減少し、利益に対する自分たちの貢献が高まってくると感じるようになるのも自然なことである。このような価値のバランスの変化は、特許権をとった発明からもたらされた利益が極めて大きく、発明が大成功といえるときに特に起こりうる。

　シティ・オブ・ホープ対ジェネンテック社事件[75]は、発明家が開発業者兼資本家に発明を渡し、その業者が何年にもわたる発明家との共同開発の末、ヒトの細胞の成長をコントロールするのに役立つ画期的な特許を開発した事案であ

---

75 ｜ City of Hope Nat'l Med. Ctr. v. Genentech, Inc., 181 P.3d 142 (Cal. 2008).

る。当事者の合意事項には曖昧な部分があるものの、発明家に2％が与えられることになっていた。両者の理解に齟齬があったのは、何に対しての2％かであった。そして開発業者は、特許をとった発明品をライセンスすることで膨大な利益があがったにもかかわらず、これに関する情報を発明家に十分に提供しなかったのである。発明家に支払われるべき2％は開発業者の手元に残っていたようで、3億ドル以上にものぼっていた。

　開発業者らは、自分たちの契約解釈（彼らの考えでは、自分たちに解釈権があるというのであるが）によれば、2％にはライセンス料の支払は含まれていないと主張したのである。発明家は開発業者に対し訴えを提起し、陪審は両者の関係が信認関係であることを根拠に、発明家に3億ドルを超える損害賠償と2億ドルの懲罰的賠償を認めた。しかしカリフォルニア州最高裁判所は、この信認関係の論点について第一審・第二審の判断を覆した。

　カリフォルニア州最高裁判所は、両者の関係は契約関係であると判示した。発明を開示しただけでは、託すという状況があったとするには不十分だとした。当事者間の契約では、両者がパートナー関係にないことが明記されていた。契約によれば、この関係は、契約に基づき徴収された諸々に対する2％と発明との交換とされていた。そこで、裁判所は発明家に支払われるべきであったが支払われていない金銭の賠償は認めたものの、懲罰的賠償に関しては下級審の判断を覆したのである。

　裁判所は、ウォルフ対ロサンゼルス郡上級裁判所事件[76]に依拠し、この関係を信認関係というより契約関係であると特徴付け、発明家と発明の商業化開発業者との関係を信認関係と認めた少し似通った事件（スティーブンス対マルコ事件[77]）の影響を限定したのである。シティ・オブ・ホープ事件は、発明やアイデアを商業化する事業者や出版社の間で大きな関心を呼んだ。彼らと発明家との契約のすべてではないにしても、その多くにおいて、契約がパートナーシップ契約ではないとするのは、商業化事業者が発明家に対して信認義務を負うのを回避するためである。商業化事業者は、いずれかの時点で、発明家に支払うべき金額を記した帳簿だけでなく、発明そのものや発明の商業的利用方法まで

76　Wolf v. Superior Court, 130 Cal.Rptr.2d 860 (Ct. App. 2003).
77　Stevens v. Marco, 305 P.2d 669 (Cal. Dist. Ct. App. 1957).

コントロールするが、そうした信認義務は回避したいのである。託すということに焦点を当てた議論は、この事件では部分的にしか役に立たなかった。当事者関係のイメージとして、その１つは、裁判所が考えたように、アイデアや発明とその利用から得られたものの２％との交換の関係と捉えることができる。もう１つのイメージは、発明を託したことによって、それが得られる収益２％を託したことに転換されたと見る考え方である。そして、ウォルフ事件では商業化事業者（ディズニー）は商業化の約束をまったくしていないが、シティ・オブ・ホープ事件では、当事者の合意のなかに一定年数の間に商業化がされない場合、発明はシティ・オブ・ホープ側に戻ると書かれていたのである。またウォルフ事件の場合もシティ・オブ・ホープ事件の場合も同じように、商業化事業者は、発明の商業利用から得られた受取額の一定割合を支払うことを約束する一方で、いつ、どのように誰に対して利用権を与え、いくら徴収するかを決定する一切の権限を持っていたのである。最も高い額を徴収することは両者の利益となるであろう。しかし発明家に金額を開示するのは開発業者にとって利益とならないのである。

　発明家と商業化事業者は、徴収された金銭に共通の利益があるが、発明家に支払われる金銭に関しては明らかに利益が相反している。発明家は、受け取った額が正しいかどうかを検証できない。シティ・オブ・ホープのような事件で問題となるのは、発明家に受け取る権利のある２％に関して、商業化事業者が発明家の受認者かどうかである。

　当然のことながら、発明家は契約に基づき会計の説明を求めることができる。シティ・オブ・ホープ事件は、「この法分野に求められる十分に必要な明確さを提供する重要な判例である。信認義務が『忍び込む』のをくい止め、おそらくより広い意味では『契約法の不法行為化』をくい止めた」ものであると語られている。そこでは、「経験豊富な当事者間で契約により自由に関係を決めることができ」、契約違反をしたときに「懲罰的な手段」を回避できるようになったことに、大きな価値が認められるのである。この議論は市場における契約の効率性も根拠としている。ここには、当事者は、信認法に求められるように他人のために働くことを引き受けなかったので、信認義務が発生することはなかった。さらに、当事者間の合意がないところで、商業化事業者に対して、誰

も知らない予測不可能な法的帰結を新たに課してしまうと、技術や企業の商業化に依存する（カリフォルニア）州の利益も危険にさらすことになる。シティ・オブ・ホープは、非営利団体であるが、その資産が減少すれば運営が難しくなるかもしれない。

　しかし、商業化事業者に信認義務を負わせるべきだという議論はありうる。次のような理由があげられる。商事化事業者は、発明家に支払うべき金額を十分コントロールしているうえに精算を求められることもない。彼らは、まさにシティ・オブ・ホープの場合がそうであったように、発明家に支払うべき金銭を減らすために、情報を隠したり、契約条項を解釈したりする誘惑にさらされているのである。シティ・オブ・ホープ事件では、商業化事業者側証人が過去何年かにわたって発明家に支払うべき額を3億ドル減らしてきた理由を説明したが、陪審はまったく信用しなかった。それは支払を減らそうとしたのが1回限りでなく組織的なものであったことを示している。実際に徴収された金銭より少ない額に対し、2％だったのを0.5％にして買い取ろうというところから当事者間の交渉は始まったのである。ここに、商業化事業者に信認義務を課す理由がある。商業化事業者にとって、欺罔と詐欺の機会は極めて大きく、彼らが発明家に支払う額を削ろうとするのを抑止するため、さらなる手段が必要である。

　お金というのは、発明を促すうえで重要なものである。しかし商業化事業者は発明なしには何も事業化できないのに対し、発明家はそうした大きな金銭的寄与を受けなくとも発明することは可能だし、実際に発明をしている。したがって、社会の利益としては、商業化事業者の保護より発明家の保護を強化すべきなのかもしれない。確かに資本家は、自分が信頼できると示すことによって、互いに競争して発明を獲得しようとするかもしれない。そしてそのような場合、託すことと契約することとの違いは、当事者間の合意内容によることになるかもしれない。したがって、もし発明家がカリフォルニア州より他のずっと発明家に好意的で保護の手厚い州や国に流出するようなことになれば、シティ・オブ・ホープ事件の判断を再検討する機運が出てくるかもしれない。そして発明家が自分の権利に対してより強い保護を求めるのに対し、資金調達がなされないかもしれないというおそれを抱かせると、それが裏目に出ることもありうる。

V　裁判所はどのようにして信認関係があると判断するのか

1　総　論

　裁判所は、信認関係ありと認める際、さまざまな方法をとってきた。すなわち、「前提事実に争いのない場合、信認義務が存在するかどうかと義務違反があったかどうかの判断は、裁判所が独占的に判断を下せる法律問題」だとされる。弁護士と依頼人の関係や信託受託者の関係などのような「一定の外形的な関係があるとき、信認義務は法律問題として当然に発生する」というのである。

(1) 信認関係の原則を適用する

　裁判所のなかには、信認関係を根拠付ける原則に立ち戻りつつ、信頼するという関係が公共の利益の観点から重要であることを強調し、若干新しい状況に信認関係を拡張するものがある。たとえば、ラッシュ対チェシャー郡貯蓄銀行事件[78]では、ある銀行が原告であるラッシュに融資をした。ラッシュは融資金の一部を受け取ったが、残りはラッシュの了解もなしに第三者パパスに対するラッシュの債務弁済に充当された。パパスが同銀行から金銭を借りていたからである。つまり、銀行はラッシュの融資金の残りでパパスの債務のいくらかをカバーしたのである。自分の融資金に対して何が行なわれたかを知ったラッシュは、信認義務違反があったとして銀行を訴えた。

　裁判所は、信認関係とは「影響力を行使できる関係が成立しそれが濫用された場合、または信頼が置かれたがそれが裏切られた場合には必ず成立する包括的なもの」であるとした。そして、多くの銀行の名前には、「信託（Trust 一般用語で信頼を意味する）」「担保（Security 一般用語で安全を意味する）」「保証（Guarantee 一般用語で請け合うという意味を持つ）」といった言葉が含まれているが、それは「人々の金銭を託してもらう安全で責任のある場所であることを自ら示そうとしている」からであると指摘した。さらに続けて、「立法府は、1895年以降、貯蓄銀行に対して詳細かつ広範囲にわたる規制を行なってきている。……何百頁にも及ぶ法律や規則がそうした銀行に対して適用されること

---

78 | Lash v. Cheshire County Sav. Bank, Inc., 474 A.2d 980 (N. H. 1984).

が何を示すかというと、銀行に対しては、そこまで高いレベルの行動を期待されない一般の企業とは、明らかに異なるカテゴリーとしての扱いがなされる、ということである」。裁判所はこのように述べて、銀行業務に対する一般市民の信頼の重要性を強調し、銀行員を信頼し、機密情報を託した銀行の顧客に対して信認法による保護を広く適用したのである。

裁判所は法が一切の規定を置いていない場合に適用する原則について、次のように述べている。

> 信認関係は、法によって創設され、定義された技術的な関係によって決まるのではない。それは、さまざまな状況下で存在しうるのであり、公平と良心に基づき、信頼した人の利益のために誠実に行動することが求められている人に特別な信頼が置かれた場合には、確実に存在するのである。本件では、銀行は原告から資金を預かり、了解なしに支払をしたうえ、原告に融資金の返済を求めている。本裁判所は、陪審が本件において信認義務違反があったとしたのは合理的であると判断する。陪審員は、ラッシュが契約違反を立証できなくとも、信認義務に基づく訴因について勝訴すると判断した場合には、その訴因だけで損害賠償を認めることができると説示されていた。また陪審員は、契約違反に基づく訴因、信認義務に基づく訴因のいずれについても、同様に損害賠償額を決めることができると説示されていた。契約違反に関する訴因については被告勝訴の評決が出されており、二重に損害賠償は与えられないので、この２つの評決には何の矛盾もないと判断する[79]。

また別の裁判所は、次のように述べている[80]。「ある人が受認者かどうかを決める尺度は、その人が形式的に受認者と定められたかどうかではない。その人が、年金プランとどのような関係にあるかを問わず、法に定める役割のうち何らかの役割を担っているかどうかが重要なのである」。当該契約が、そうした役割について特定した規定を置いていたとしても、そこでの判断の下し方が

---

79 | Id.
80 | Ruiz v. Cont'l Cas. Co., 400 F.3d 986, 990 (7th Cir. 2005).

特定されていなければ、そのサービスに関する契約に基づき、信認義務が発生しうる。

同様のアプローチがとられたものに、マルチネリ対ブリッジポート・ローマカトリック教区事件[81]がある。この事件は、教区民が未成年の時に牧師から性的虐待を受けた事案であるが、そこで新しいタイプの信認関係が認定された。原告の教区民は、成人してから約25年経過した後に教会が性的不正行為を知りながら実態の調査や警告、救済措置を講じなかったとして提訴したのである。裁判所は、中立的法理を適用して、教会の行動と未成年者への対応について検討したうえで、陪審が、教会の義務の存在と義務違反、相当因果関係、そして最終的な損害賠償額について下した判断は、合理的だったと判示した。

裁判所は、著者がある論文のなかで「裁判所に対し、信認法を典型的な受認者からの類推によって信認法を発展させたいという衝動に駆られないでほしい」と望んでいたことを、指摘した。「むしろ、力の差がある関係と、それが濫用される可能性を問題とするアプローチをとるよう示唆されていた。この考えを適用すると、その立場ゆえに他に誰も利用できないような重要な情報を利用できる者にとっては、……それを伏せたまま開示しないことによって力関係を濫用できる機会に満ちていることになる」[82]。

ロバーツ対シアーズ・ローバック事件[83]は、これと異なる事案ではあったが、同様の結論となった。この事件では、シアーズ・ローバックが、販売員が業務時間外に新しいタイプのソケットレンチ[84]を発明したのを、詐欺によりそこから得られる利益を」取得したとされた。この店員は18歳で、特殊なつめ車について工夫を重ね、極めて使いやすい道具を発明し、当局に特許の申請をした。高校を卒業してビジネスの経験もなかった彼が、シアーズストアーの上司に発明品を見せたところ、「その発明品をシアーズ社に商品提案として提出するよう説得された」ので、これに従った。その後彼は両親とテネシー州に転居した。

陪審は「シアーズは詐欺的な手段を用いて原告の発明の価値を盗んだ」とし

81　Martinelli v. Bridgeport Roman Catholic Diocesan Corp., 10 F.Supp.2d 138 (D. Conn. 1998).
82　*Id.* at 156, citing Tamar Frankel, *Fiduciary Law*, 71 CAL. L. REV. 795, 836 (1983).
83　Roberts v. Sears, Roebuck & Co., 573 F.2d 976 (7th Cir. 1978).
84　ソケットはボルトやナットの頭にはめる工具で、レンチはそれを回すハンドルとして使う工具。レンチの先にボルトやナットの形状や大きさに応じてソケットを交換できるようになっている。

た。会社は、発明家に、その発明では特許を受けられないから1万ドル払って買い取ろうと説得し、その後、彼が作った原型から製品を作り出した。「契約書に署名された数日後には、シアーズは原告のレンチを週あたり4万4千個製作し（そこにはすべて原告の特許番号が目立つように刻印されていた）、3か月以内に、画期的発明品として市場に販売した。9か月以内にシアーズは50万個を販売し、最大限の特許使用料を支払って原告の権利を取得した。1965年から1975年の間に、シアーズは1900万個を超えるレンチを売った。数年間にわたり競合製品を販売するライバルもいなかったため、シアーズは通常より1個あたり1ドルないし2ドル高い利益をあげた。控えめに言っても、原告の発明は商業的成功であった」。

　これに対しシアーズは、本件において信頼関係は成立しえない、と主張した。原告は、(1)シアーズ側が、原告との間に信頼して秘密を打ち明ける関係があったことを認識していたことを証明しておらず、(2)原告には相談するための弁護士が付いており、したがってシアーズに依存していたわけではなかったというのである。これに対し裁判所は、いずれの議論も「陪審の評決を覆すのを正当化するには不十分だ」として退けた。「信頼関係は、それを信頼関係と知らない人に押し付けることはできないが、だからといって、被告が信頼関係の存在を現実に知っていたという直接的な証拠を原告が示さなければならないわけではない。立証されなければならないのは、当事者が信頼関係を成立させる状況において行動していたことと、被告がその信頼関係を破ったということ」であり、原告が弁護士を利用していたかどうかは関係ない、とした。裁判所は、独立した当事者間で行なわれる取引と本件の事実とを峻別し、原告の訴状にあげられた3つの訴因について、すべて請求を認める判断を下した。

　裁判所は、この法分野における考慮要素として、当事者間に年齢、教育およびビジネス経験において格差があること、雇用関係が存在すること、一方から他方に秘密の情報の伝達があったことなどをあげた。本件ではこれら5つの要素のいずれも存在する。そのうえ詐欺があった様子もうかがえる。「シアーズ側の証人は、原告が会社からいわれたことを『信じ』その内容に『依存する』であろうことを、会社側も期待していたことを認めている」。

(2) 伝統的な信認関係との類似性を適用する

　もう1つのやり方は、いくつかの裁判所で採用されているやり方であるが、伝統的な信認関係に類似する場合に信認関係であると認定するというやり方である。そういった場合、裁判所は、そうした新しい状況のもとで信認関係が存在するというためには、より重い証明責任を求めている。

　ウォルフ対ロサンゼルス郡上級裁判所事件[85]では、ある小説（『誰がロジャー・ラビットを検閲したか』）の作家が、小説とそこに登場するキャラクターに対する権利を、ディズニー社に譲渡し、「一定額に加えて、小説に基づいて制作された映画から得られる純利益のうち、当事者の定める一定割合を支払うものとした。さらに『ロジャー・ラビット』のキャラクターを使って商品化したものからディズニーが得られる将来の総収入の5％を付随報酬として支払うこととした」。しかし、ディズニー社は「著作権やキャラクターに関する権利を行使する」義務を負っておらず、同社の裁量により、それをさらに譲渡または使用許諾できるとされた。映画が製作され、新たに別の契約が締結された。作家は、ディズニー社を契約違反および信認義務違反で訴えた。原告は、契約に基づき、収入に関する情報を受け取る権利があるにもかかわらず、被告がそれを提供しなかったというのである。

　原告は、ディズニー社が「ロジャー・ラビットのキャラクター利用およびそこから生ずる収入と印税の総受取額に関する帳簿、記録ならびに情報を独占的にコントロール」しており、これにより信認関係が成立したと主張した。控訴審は、当該契約では法律問題として信認関係があるとはいえないとした原審の判断を是認した。そこでは、「信認関係」とは「当事者の一方が相手方の利益のために最善の誠実さを持って行動する義務を負うこととなる取引がある場合に、その当事者の間に存在する関係」であると定義された。「そのような関係は、第三者の誠実さに関してある者が信頼を置く場合に発生するのであり、かかる関係で、信頼を置かれた側がそれを自発的に引き受けまたは引き受けたと推定されるとき、その信頼を置かれた者は、相手の知らないうちに、または了解なしに、その者の利益に関わるような行為から自ら利益を得ることはできな

---

85 ｜ Wolf v. Superior Court, 130 Cal.Rptr.2d 860 (Ct. App. 2003).

い」とされたのである。

　この事件で作家は、「伝統的に受認者の関係にあるとされる代理、信託、ジョイント・ベンチャー、パートナーシップあるいはその他『伝統的に受認者とされる関係』であるとの主張をしなかった。このため、裁判所は、条件次第で報酬を受けられるという契約上の権利から、原告としては、必然的に、受け取った収入の計算についてディズニー社を『信頼、信用』せざるをえなかった、という主張を認めなかった。そして、その収入および収入源をディズニー社だけが知っており、独占的にコントロールしているのであるから、両者の関係は本質的に『秘密の』関係であり、その結果ディズニー社は信認義務を負う、少なくとも、受け取った総収入を計算するという点に関しては信認義務を負うとした主張」も退けた。すなわち、「将来発生する報酬に対する条件付の権利を持っているだけでは、信認関係は発生しない。……第三者が支配する付随報酬に対する契約上の権利だけでは、他の事情により信認関係が発生しない限り、信認関係が発生したとするに十分ではない」と。また、ディズニー社が契約で定められた条件付報酬を「計算して、報酬を支払う」だろうと「信頼、信用」する必要があったから、信認義務が発生するのでもない。いかなる契約であっても、何らかの信頼が必要となる。これは契約法における誠実性（good faith）義務に対応する。利益を分け合い、それを清算してもらえる権利から、信認関係が発生するものではない。その清算を受ける権利は債権債務関係から生ずる場合もある。しかし、裁判所は、記録をディズニー社が独占的に保持していることに照らし、公共の利益を考慮して挙証責任を転換し、ディズニー社に記録の完全性につき証明を求めたのである。

　反対意見にまわった裁判官は、ディズニーは法律問題として受認者ではないという点に反対した。たとえば、作家とディズニーの間にはジョイント・ベンチャーの関係があったとの事実を示すことができれば、帳簿を正直かつ正確に維持するという点に関してディズニーは受認者たりえた。「本契約関係が、ジョイント・ベンチャーの関係ではなく債権債務関係であるとする免責文言がいくらあったとしても、本関係を本来そうではない関係とすることはできない。……当事者の行動からジョイント・ベンチャーと認められる場合には、これを否定する明示の条項があったとしても、ジョイント・ベンチャーの関係が成立

しうる」。作家への報酬は、知的財産権から得られた収益をもとに計算されるが、ディズニーが作家に対して、これを正確に計算して説明することを引き受けた場合には、ディズニーは受認者とされうる。ディズニーには会計士と帳簿管理者がおり、事実と数字を完全にコントロールしていた。ディズニーには、そうしたコントロールに加え、作家を欺く機会と誘惑があったのである。これこそが「受託者・受益者、パートナーシップその他の伝統的信認関係に見られる」要素である。

　したがって、誠実義務は、それだけでは信認関係を基礎付けることはできないかもしれないが、信認法の領域と近接したものである。「閉鎖会社に対して誠実かつ公正な取扱義務を適用するとき、裁判所はこの義務の手続面と実体面とをしばしば区別する。……裁判所は、誠実かつ公正な取扱義務違反すべてに対して不法行為法に基づく損害賠償を認めるものではないと述べながら、本件では特別な関係が存在し、いわゆる『準受認者』にあたるとして、不法行為法の救済を認める判断を下した」[86]。誠実性の概念は、信認義務を満たすと主張する論者もいるが、この問題を契約法の領域に属すると主張する立場からは疑問が呈されてきた。信認義務は、託すということに根拠付けられるとはいえ、誠実に行為したというだけでは免責されない。他方で、誠実性は受認者の抗弁の一要素ではある。たとえば、誠実性は裁判所が経営判断原則を使う際の１つの要素である。

(3) ルールの類推が常にうまくいくとは限らない

　状況が異なるため、すでに存在する受認者に適用されるルールを類推することが効果的な結果をもたらさないことがある。１つの例は、取締役の職務解任に関する裁判所の態度である。裁判所は信託のルールと代理のルールを混合し、その混合ルールが取締役に適用される。信託の受益者が受託者を解任するには、受託者の能力がないことや重大な利益相反があることを裁判所で示す必要がある。これに対し代理法では、いずれの当事者も、（例外はあるものの）契約に違反していても関係を終了できる。これらのルールは、それぞれの関係の目的や構造に合致している。受託者は、委託者によって受益者の支配から独立して信

---

[86] Robert M. Phillips, Comments, *Good Faith and Fair Dealing Under the Revised Uniform Partnership Act,* 64 U. Colo. L. Rev. 1179 (1993).

託財産を管理運営するために選ばれた。これに対し、代理人は本人によって選ばれ、本人のコントロールに服する。会社の取締役は、受託者、代理人いずれのカテゴリーにもすっきり納まらない。会社の取締役は、受託者のように株主からの介入を頻繁に受けることなく会社の事業を運営しなければならない。また取締役は、受託者とは異なり、代理人と同様に株主によって選ばれる。したがって、株主は取締役の任期中であっても、彼を適宜退任させることができて然るべきである。ただし、公開会社の場合、株主の意思決定過程は、裁判所や代理人の本人の場合と異なる。そのため、裁判所による類推はうまく機能しなかった。実際のところ、取締役が任期中に解任されることは、理由のあるなしにかかわらず、滅多にない。むしろ取締役を辞めさせる手段は、非公式の合意、買収（すなわち市場メカニズム）、選任手続（議決権委任状争奪戦）などである。問題の重大さや利用可能な方法、裁判所が利用できる市場による解決策などを評価すれば、裁判所による取締役解任の是非をめぐる問題の解決方法が見つかるのかもしれない。

2 当事者の意図を尊重する

　当事者は、契約や行為その他の手段によって自分たちの関係の内容を決めるが、一般原則としては、その関係がどの法的分類にあたるかを決めるのは裁判所である。当事者が自分たちの関係の法的分類を決めたものに裁判所が従うとなると、結局のところ、裁判所はその機能の重要な部分を放棄し、当事者に権限を譲ることになってしまう。したがって、当事者ではなく裁判所が当事者の関係の法的定義を決めるのである。たとえば、マーチン対ペイトン事件では、当事者間の取引が、融資と性格付けられていたが、これが実際にはパートナーシップといえるかどうかが問題となった。パートナーシップと分類されると、「貸手」がパートナーシップの債務を負担することになる（信認義務を負うか否かが問題とされたわけではない）。しかし、裁判所は、当事者による関係の分類をどの程度まで考慮するかを論じており、その部分はここでの議論にとって興味深い。

　　　当事者間で書面による契約が交わされたとして、この契約によってパー

トナーシップが成立したのかどうかが問題となる可能性がある。その契約が完全なもので、当事者の完全な理解と義務を誠実に記載したものであれば、パートナーシップが成立するかどうかは裁判所の問題である。しかし、その契約が、実際の関係を隠すことを意図した、見せかけに過ぎない場合がある。そうなれば結論は異なる。契約の各条項にはそれぞれの意味が与えられる。文言だけで裁判所が現実を見失うことはない。パートナーシップの意図はないという文言は決定的なものではない。ある契約が、全体として2人またはそれ以上の者が結びつき、共同所有者として利益を追求するビジネスを行なうことを定めているのであれば、そこにはパートナーシップが存在する。他方、もしそうした事情がそろっていなければ、パートナーシップの存在は認められない。契約を全体として見渡して、利益を共有する仕組みについて検討がなされることになる。これが適切に重視されるべきである。しかし、その重要性は残りの部分全体との関係で検討されるべきである。それだけで結論は出ない。債務や賃金、融資に対する利子、その他の理由で支払を行なう手段として用いられたに過ぎなかったかもしれないからである[87]。

　裁判所は、合意とそこで設定された法的関係（たとえば、貸手に権限を与えた信託）だけでなく、それを取り巻く状況も吟味した。時は1929年の大恐慌の直前であり、貸手と借手との長期にわたる友好関係や借手企業のリスクの高い取引などが検討された。その結果、関係は融資関係であるとされた。しかし、別の事情のもとでは、裁判所が、同じ関係内容を信認関係であると宣言する可能性もある。

　裁判所が当事者の決めた関係の法分類を受け入れる場合もある。特に、託す人に経験があって強い交渉力を持っている場合はそうである。信認関係に関わるルールの多くは任意規定である。しかし、当事者が信認関係のルールのうち特定のものを契約により排除できるとしたら、当事者は信認関係法のすべてのルールを契約で排除し、受認者というカテゴリーそのものも回避できてしまう

87 ｜ Martin v. Peyton, 158 N.E. 77, 78 (N. Y. 1927).

のではないだろうか。その場合、信認関係ルールは、当事者が変更できる「方式契約」と考えられることになる。たとえば、オーストラリアの連邦控訴裁判所は、当事者が関係に伴う法的効果を定めることにつき、これまでになく大きな権限を認めた[88]。この事件の一方の当事者、シティグループ・グローバル・マーケッツ・オーストラリアは、シティグループのオーストラリア現地法人であり、他方の顧客はオーストラリアの大手物流企業トールの持株会社であり、共に経験豊富とみなされた。シティは顧客に助言を行なうと共に、契約でシティはトールの受認者ではないと規定していた。このような事案で、オーストラリア政府は、シティはトールの受認者であり、自らの利益のためにインサイダー情報を利用したことにより、インサイダー取引禁止ルールに違反したと主張した。

判決のなかで裁判所は、次のような指摘をした。「信認関係が存在するかどうかという問題と義務の範囲は、現実の状況と、当事者間で結ばれた契約条件の検討によって決まる。……この点についていえることは、これまでに確立したカテゴリーを別にすれば、おそらく限られている。信認関係が成立するのは、ある人が自分の利益のためでなく、他人の利益のために行動することを引き受けた時であるが、その関係が実質において受認者であるか検討するにあたっては、あらゆる事実と状況を注意深く吟味しなければならない。……最終的に肝となるのは、受認者とされた者が、当該関係において引き受けた、あるいは引き受けるべきとされる役割がいかなるものであったかである。その者が相手方当事者の問題に深く関与し、相手方の利益を保護するかまたは増進するように利害を共通にした場合に、『信認関係の期待』の根拠があるといえる」。

裁判所は、契約関係と信認関係が共存しうると指摘しつつも、「信認関係が、ある契約当事者間に存在するとしても、当該信認関係は契約の規定に従わなければならない」と述べた。「信認関係は、契約を正しく解釈すれば当該契約で想定された作用を変更するような形で、契約に付加することはできない」というのである。ある裁判官は、「契約条件が非常に詳細で、一方当事者ができることを正確に規定している場合には、信認関係が成立する余地はない」と述べた。裁判所は、「詐欺や意図的な義務の懈怠に対する責任を除けば」当事者が

---

88 | ASIC v. Citigroup Global Markets Australia Pty. Ltd., [2007] FCA 963 (June 28, 2007).

信認関係の適用を排除してもよいと判示したのである。その結果、「信認関係が契約に基礎を置くとされる場合、契約解釈の一般ルールが適用される。一方当事者が信認義務に服すか否かと信認義務の範囲を決定するにあたっては、当事者が知っている周りの状況、取引の目的と対象に照らして契約全体を解釈することになる」。

しかし、当事者に、自分たちの法的位置付けを決定する権限を全面的にゆだねてしまうと、法制度そのものに関わる、受け入れ難い結果をもたらす可能性がある。当事者が法律上の関係を分類できるとして、これに拘束力を認め、制限できないとしたら、法制度はさまざまな当事者の利益に従うことになり、一貫した法制度を発展させることができなくなる。最も重要なことは、かかる分類が、私人の利益だけに従い、社会の利益を顧みずに発展していくおそれがあることである。このような形での当事者による私的な法創造が許されないのであれば、裁判所が法律関係の分類について判断を下す最終的な権限を持たなければならない。

3 新たに信認関係の定義を拡張することは公平か

新たな状況に対して信認義務を適用していくとなると、受認者に対する公平性という根本的な問題が発生する。アメリカでは、法の支配の理念に基づき、人は自らの行為が禁止されているか否か知らされていなければならない。人には、禁じられていない行為をする自由が認められるべきである。あらかじめ知らされることなく責任を負わされるべきではないし、そのことは受認者の地位および受認者の負う義務についても当てはまる。本章で扱うのは信認関係の定義だが、同様の問題は、明確な前例のないところで裁判所が不法な行為を認定する場合に、常に生ずる。

しかし、法律が成立する前または裁判所の判決が出る前の事実関係に対して新たな法的制約を加えるのは、信認法に限ったことではない。サミュエル・ブエルは、刑法の詐欺罪の定義拡張という同じような問題ではあるが、より深刻な問題を扱っている[89]。市場の参加者は自由に革新していけるので、法は詐欺

---

89 | Samuel W. Buell, *Novel Criminal Fraud*, 81 N. Y. U. L. Rev. 1971 (2006).

の禁止を一般的な形で規定する傾向がある。しかし刑法では、特定性が求められ、刑罰法規の遡及適用を禁じている。ブエルは、「刑法では、このような緊張関係を緩和するため、行為者が自分の行為が不法だと認識していたと認められるかが考慮されるようになった」と指摘している。「このような考え方は、その場しのぎの手段であり、新しい詐欺との終わることのない競争を解決するわけではない。次から次へと出てくる詐欺の手口に終わりはないし、それを有罪にすることに対する疑問も解消することはない」。

受認者の法に関する判決も、2つに分かれており、一致していない。1つが、ある関係に信認関係の特徴が備わっているとき、特別なルールが存在しなくとも問題はない、という考え方である。事実関係そのものが、その関係が受認者か否かを決定するというのである。もう1つは、ある関係が信認関係であると宣言するルールがない場合には、その関係は信認関係ではない、とする考え方である。第3の見方として、その中間をいくものがある。つまり、ある関係が伝統的な信認関係と似ているという証拠があると共に、関係において不正行為があったことを示す証拠がある場合には、新たに信認関係を認めるのである。不正行為があったという事実は、新たに信認関係を認める方向で考慮されうる。

Ⅵ 信認関係の負の側面

信認関係は、よいことにも悪いことにも使うことができる。信託は、たとえば「所有権の承継や検認[90]［にかかる費用］の回避、委託者以外の浪費者の保護[91]、委託者が後に意思能力を失った時のための資産運用管理、節税、専門家による投資運用」などといった正当な目的のために使うことができる。しかし、信託を悪用することも可能で、たとえば、会社を支配する株主が誰かをわからなくしたり、真の所有者が誰かを隠したり、脱税したりするために用いられることもある。

90	英米では、遺言により相続する場合、裁判所が遺言の有効・無効を確認する手続が必要とされており、その手続を検認（probate）という。
91	アメリカでは、浪費癖のある家族等を保護するため、単純に相続させるのではなく、信託を使って生活費等を受け取れるように制度が利用される。これを浪費者信託という。浪費者信託の場合、受益者は受益権を処分することができず、受益者の債権者も強制執行等をすることができないことが判例や制定法で確立している。

この問題に関しては、歴史が教訓を与えてくれる。「ユース」[92]が1535年のユース法で廃止される以前の英国では、特殊な信託（能動信託）と一般的な信託（受動信託または単純信託）の2種類の信託があると考えられていた。特殊な信託は、財産の管理または運用のためといった「一時的な目的」のためのものであった。たとえば、十字軍が聖地に向かって旅立つ時、十字軍のなかには、信頼する人に一時的に土地の権原を譲渡した者がいた。その際、託された受託者の所有権は、真の所有者が家に戻ってきたら終了すると了解されていた。同様に、「ユース」は遺言による土地の移転が法律上禁止されているのを克服するためにも使われた。つまり、土地は信頼できる人すなわち受託者に譲渡され、それはまず委託者の利益のために保持され、委託者の死後は受託者から委託者の相続人に移転された。当時娘は土地を保有する資格がなかったので、父親は「ユース」を使って、娘の利益のために財産を使用すると誓約してくれた信頼する人に財産権を移転し、娘に受益的権利を与えることができた。しかし「ユース」は、税を回避する手段としても有用であった。その意味で、「ユース」は、ローマ法のような厳格な法を回避するための道具と見ることもできる。

　「一時的な信託より広く用いられた一般的な信託は、ユースと呼ばれ、コモン・ロー上の権原をある者（ユース付譲受人）に移転し、その者が別の第三者（ユース受益者）の利益のために財産権を保持する制度であった」[93]。ユースは、イングランドの封建制度に伴う負担を回避する手段の1つでもあった。当時は、土地のコモン・ロー上の権原を保持する者には、さまざまな負担が課されており、所有者が生存している間の財産権の移転は制限され、また死後の財産権の移転は禁止されていた。さらに、財産権を保持する者が何らかの罪を犯した場合、財産を没収されるので、第三者に財産権の権原を移転してそれを免れようとする者がいた。債務者も財産を使用しながら債務の返済を回避するため、他

---

[92] ユースとは、ある人が自分または第三者の利益のために、信頼できる人にその財産を譲渡する制度で、中世イングランドで13世紀ごろから使われ、15世紀初頭から大法官によってエクイティ上の効力を与えられるようになった。イングランド国王ヘンリー8世は、ユースによる封建的負担の潜脱を防ぐため、1535年にユース法を制定し、そこでエクイティ上の権利であった能動ユース以外のユースをコモン・ロー上の権利に転換すると定めた。しかし、ユースで使われた仕組みは、二重ユース（use upon use）を使うことによって復活し、今日の信託（trust）として発展していく。

[93] Mary Szto, *Limited Liability Company Morality: Fiduciary Duties in Historical Context*, 23 QUINNIPIAC L. REV. 61, 92 (2004).

人に土地の権原を譲渡した。加えて、コモン・ロー上の権原を移転するとその事実は公開されたが、ユースによる移転は一般に知られずに済んだ。また、ユースは脱税の手段としても便利だった。人々は、ユースを使って自らの財産権のコモン・ロー上の権原を第三者に移転することで、これらの制限を免れ、負担を回避すると共に、遺言による財産権の移転の禁止も克服することができたのである。土地は、委託者の利益のためとして信頼した人に移転され、託された人から委託者の相続人に移転される。しかしコモン・ロー上はユースの拘束力はない。託された人が土地の返還を拒否したり、土地からの利益を奪ったりした場合、真の所有者には頼りにするものが何もなかった。しかし15世紀のはじめ頃になると、かかる不誠実な受託者に対して大法官裁判所に訴えることができるようになり、約束を果たすようにと命じられるようになったのである。

　しかし1535年、ユース法が「ユース」の終わりを告げた。F・W・メイトランドは、同法の前文について「ユース制度の有害な効果が列挙され、後世の法学者はこの前文の文言を、世間一般で認められた害悪を述べたかのように考えてきた」と指摘したうえで、「歴史的事実としては、これは真実ではない。ユース法は極めて強い意志を持った国王が非常に嫌がる議会に無理やり押し付けたものである。非常に不人気であると共に、カトリックの大反乱の原因ではないにしろ、理由の1つだった。……人々は、この立法が遺贈をする権限を奪うものだとたちどころに理解した。この権利は、魂の安息を買い求める権限ともいうべきもので、人々が長い間享受してきたものだった。国王だけがユースの廃止によりすべてを手に入れ、何も失わなかったのである。ユース法は人々がこれまで享受してきたユースを利用する権限を廃止したのである」と述べている[94]。ユース法の結果、ユースはコモン・ロー上の不動産権に転換され、こうしてユースが古い秩序に強制的に組み込まれることになった。遺言を作成する権利も、不動産権と同様に制約されることになった。ユース法はまた、移転を拘束力のある移転とみなすことによって違法なユースを合法化した。これにより、受託者は財産権の真の受取人となった。真の所有者を隠匿することはもはやできなくなったのである。

---

94 | F. W. MAITLAND, EQUITY: A COURSE OF LECTURES 34 (1936).

「ユース」をどう評価するかは、我々がその利用をどう見るかによって決まる。「よい理由」のために利用されたのか、それとも法（その法がよい法か悪い法かは関係ない）を免れるために利用されたのか。最も重要なことは、「ユース」によって、真の行為者と外部の世界との間に第三者を介在させれば、法を回避できることが明らかになったことである。これが今日の少なからぬ信認関係の特徴でもある。所有者は、信託や代理を、税の支払を回避することや、会社を本当に支配する議決権者が誰か（まっとうな市民か、マフィアの一味か）をわからなくすることに利用することができる。信認関係は、まさに1500年代によいことにも悪いことにも利用できたように、今日、よいことにも悪いことにも利用できる。しかし現代の信認法による問題解決は、ユース法のような激烈なものではなく、「悪用」事例があれば、その影響に応じ、これを制限したり、排除したりしているのである。

　現代の信認法は、これまでユース法のような激烈な剣を振るってはこなかった。その代わり、その濫用を抑制しながら、信認関係が盛んに利用されるのを認めることを目指してきた。1892年のある判例が、真の所有者を隠すために信認関係を用いた例を示している。ワトー対フェンウィック事件[95]では、ホテルの1人のマネージャーがホテルの所有者のような外観を与えられた。彼の名前がホテルの玄関の扉に掲示され、バーに掲示されたアルコール販売免許にも記載されていた。実は、彼は所有者の代理人に過ぎなかった。所有者は一定の酒類を購入する権限を彼に与えていた。しかし彼は、その指図に違反してそれ以外の物品も購入し、代金を支払わず、そのままにしていたため、納入業者がホテルの代理人であるマネージャーに代金を払えと訴えた。彼が実は真の所有者は別にいると明かしたため、納入業者は所有者も訴えた。裁判所は、本人である所有者は、無権限で購入された物品の代金についても、代金を支払う義務を負う、とする判断を下した。裁判所は、代理人の行為に対する隠れた本人の責任に、パートナーの債務に対する匿名の（隠れた）パートナーの責任の法理を類推したのである。パートナーは、債権者がパートナーの存在を知っているか否かにかかわらず、こうした債務に対して責任を負う。同様のルールは、隠

---

95 ｜ Watteau v. Fenwick, 1 QB 346 (1892).

れた本人にも適用されるべきである。債権者である納入業者にとっては、債権を回収するためにかかっていける債務者が増える（しかもよりよい債務者）というたなぼたを得ることになるが、本人は、代理人に所有者として見せかけることを可能にした以上、債務を支払わなければならない。同様に、議決権信託を用いれば、信認関係を利用することによって真の株主を隠すことができる。議決権信託は、通常、少数の株主によって利用され、一体として議決権を行使し、彼らの合意内容を確実に実現したり、よい理由であれ悪い理由であれ自分が誰であるかをわからなくする時に利用される。

　裁判所と立法者は議決権信託を好ましくないものと見ていたが、全面的に禁止はしなかった。むしろ負の効果を減らすよう規制をしたのである。デラウェア州の立法では、10年の制限や公開性などの条件を議決権信託に課したのであった。また信託を使って独占的地位を確立しようとする者がいた時、議会は独占禁止法を制定したのであった。

　租税回避のための信託利用には、これまでも対処がなされてきた。合衆国対シャーピン事件[96]において、政府は、納税者が２つのビジネス・トラストに移転した財産に対する差押えを求めた。この事件で裁判所は、この信託は納税者の「分身」または「見せかけ」であり、移転は詐欺的であるという政府の主張を認めた。そこで、この信託は唯一の受益者の納税義務を負うとされた。この判決の政策的な理由は、詐欺を回避し、滞納された連邦税を回収することであった。信託が全面的に禁止されたわけではない。いずれの事例においても、信託の利用と悪用が指摘され、人のためになる利用を維持しつつ、濫用を回避する努力がされている。したがって、信認関係を利用することが正当化されるかどうかをテストする際には、その形式よりも、利用することが経済その他の目的に照らし正当なものかどうかに焦点が当てられるのである。

Ⅶ　議　論

　この章でとりあげた議論や題材はいささか混乱している。登場人物が多すぎ、

---

[96] United States v. Scherping, 187 F.3d 796 (8th Cir. 1999).

状況や議論も多すぎる。ある関係が信認関係か否か、明確な答えを見つけることはできない。むしろ、信認関係をひとまとめにすることは、ほとんど明確な指示のないままさまざまな事実関係を「福袋」に入れることと変わらないように見える。

　このような見方は、「ボトムアップ」、すなわち明確な分類から明確な答えを探し出すのであれば、理解できる。しかし、すべての受認者に共通する特徴に焦点を当て、受認者間の差異が、根本的なものか、程度問題なのかと考えてみると、かなりはっきりとした見通しを描くことができ、有益な分類を提示することができる。

　要約するとその特徴とは、(1)サービスの提供、(2)財産または権限を託すこと、(3)託す人が受認者の権限を特定してしまうと、関係の有用性が失われてしまうこと、(4)託す人が受認者を細かく監視して、託した内容通りに受認者が行動していることを確認することができないこと、である。さらにいうならば、信認法が直面する問題は、他の法分野が直面する問題とは異なり、その問題に照らして事実を吟味すれば克服できるのである。

　確かに、信認法の個々の特徴は、どれをとっても、裁判所や実務に携わる弁護士の間でも意見の一致を見ていないグレーな領域に囲まれている。また信認関係が社会にとって有益であるとしても、そうした関係には醜い面もあるかもしれない。いずれの場合においても、これらグレーな領域や負の側面が表面に出るたびに、立法者と裁判所がこれに対処している。さらに、信認法は、境界線が曖昧で厳格さに欠けるところがあるため、かえって「信認法に関わる問題」を生じさせる新しい状況に順応することができる。最も重要なことは、信認関係が、人が誰かに依存し誰かを信頼する際の基礎となるものであり、その基礎の上に社会制度も築かれているということである。信認法は、人間の本質に合わせてできている。その人間の本質によって、よき社会関係と制度の土台が掘り崩されることがあれば、法による介入が必要となる。

第2章 信認法はどこから来たか

I　はじめに

　信認法の歴史は古い。以下でとりあげるのは、極めて簡単にまとめたもので、決して完全なものではないが、信認関係とそれを過去3000年以上にわたり規律してきたルールを概観したものである。本章の目的は、信認義務を生じさせた問題やそうした問題を解決するための法、およびそうした法的解決の拠って立つ基盤となる社会のルールや文化に光を当てることである。きっと驚かれることだろうが、古代の信認法は、今日の我々の法とそれほど違わない。違いは、その時々の経済環境と社会的な文化の違いから来ているに過ぎない。しかし、これらの法が何世紀にもわたって解決しようとした問題は、永遠の問題であって、人間の本質に刻み込まれたものであると共に、人間が必要としたものに由来している。そしてまた、人間のさまざまな活動に組み込まれているものなのである。

　他人とのやり取りを経験すると、人は、不信というものを学ぶかもしれない。すべての人ではないにせよ、多くの人間は常に信頼に値するとは限らないからである。信頼を濫用できる機会や誘惑があったり、信頼に基づいた行為をさせる術(すべ)や教育が施されていなかったりする場合には、人は信頼を濫用しようという側に傾きがちになる。信頼と不信のバランス、あるいは人が信頼に応えて行動するか、信頼を濫用するかのバランスは、当事者の個人的な関係だけでなく、その時代、その社会の文化や社会的規範によって決まってくる。そしてそのバランスは、時に一方の側に大きく傾くことがある。

　しかし、我々が生きていくためには人に頼らなければならない。1人だけで生きていける人は極めて稀である。発達した社会は専門化と相互依存の上に成り立っている。したがって、戦時であれ平時であれ、また商売においてであれ

私生活においてであれ、我々は、他者とのやり取りを通じて自らのニーズを満たそうとする。今日、信認関係と信認法を反映する関係は数多くあるが、以下では、そのうちのいくつかの関係を概観していく。これらの関係は、それに関わる当事者に利益をもたらすと同時にリスクをもたらす。これらの関係を規律する法的ルールは、社会において、そうした利益を維持しつつ、リスクを根絶はできなくとも減らそうとする試みだと説明することができる。

　基本的に、我々は他人を信頼する。そこには選択肢がない場合がしばしばある。たとえば子供の時は、両親やその他の大人の助けなしに生きていくことはできない。生きていくためには他人に頼らざるをえない。長期間にわたって1人で生きていける人は極めて稀である。事実、感情的な性向だけが信頼を生じさせるわけではない。最近の研究によれば、我々の体のなかには信頼を生じさせるホルモンがあるという。我々は、たとえば、商売上の関係、戦争や何らかの苦難のなかで育まれる友情、家族内など、社会生活上やむをえないプレッシャーのなかで、相互依存の持ちつ持たれつの関係を信頼している。あるいは、経済学者が指摘しているように、我々は、他人の言葉が真実かどうか、約束が信頼できるかどうかをいちいち検証するより、信頼した方が効率的である場合に、他人を信頼するのである。こうした背景を踏まえると、信認関係と信認法は、社会や時代を問わず不可欠であるように思われる。

Ⅱ　ハンムラビとエシュヌンナの法律

1　代　理

　古代メソポタミア（現在のイラク）で代理法は、交易と共に発展した。その代理法には、それが発展を遂げた社会環境が反映されている。そこでは、本人たる商人タムカルム[1]が、代理人サマラムに、旅行や投資のための資金や交易のための商品を預けるということが行なわれた。代理人に対する本人のコントロールが弱かったことは、法規範に表れている。ハンムラビ法典では、代理人に重い責任を課しており、これは保証人の負う義務と同じように厳格であった。

---

[1]　古代のメソポタミア領域に存在した交易者を指す。

代理人は、本人のために、託された元本の少なくとも倍の利益をあげることが求められた。代理人は、代理期間中、託された資産に対する利息を本人に支払わなければならなかった。それでも、代理人が自らの過失なく損失を被った場合は、託された元本だけは払い戻す必要があったが、それ以上は免責された。さらに、ハンムラビ法典では、代理人が襲撃を受け、本人から託された商品を放棄しなければならなかった場合にも、代理人の免責を定めていた。基本的に、代理人の過誤によらずに成果があげられなかったり、損失が発生しても、免責されていたのである。加えて同法典のルールでは、取引を行なった場合に書面による受領書を保持し、期限の到来した貸付金を一覧表にし、そうした文書を代理人が帰着した際に本人に提示することを求めていた。こうした会計に関するルールは、現代の代理法や受認者の説明義務に極めて近いものとなっている。

2　寄　託

　ハンムラビ法典のもとでは、寄託は通常、「動産の保有者（寄託者）が他人（受寄者）に一時的に財産を移転する時」[2]に発生した。有効な寄託契約を締結するためには、「合意は書面によらなければならず、また［寄託する財産を］、証人に提示しなければならなかった」[3]。そして、寄託者が、他人の占有している財産を、自分の財産であると主張した場合、それを証明する責任は主張する側（寄託者）にあった。ハンムラビ法典では、受寄者の責任は過誤や過失のある場合に生じる。過失または肉体的虐待によって預かっている動物を死なせてしまった受寄者は、代わりの動物を差し出すことが法で義務付けられていた。雄牛を預かった者は、預かった雄牛を傷つけた場合、その補償をしなければならなかった。その補償の金額は、傷の重さによって決まった。しかし、仮に預かった雄牛が殺されても、たとえばライオンに襲われるなどの「不可抗力」によるものであったならば、受寄者は免責された。

　アンドリュー・シモンズは、ハンムラビ法典やモーセの法に先行する、エシュヌンナ法典[4]について述べている。エシュヌンナ法典の雄牛の清算ルール

---

[2]　Russ VerSteeg, *Early Mesopotamian Commercial Law*, 30 U. Tol. L. Rev. 183, 196 (1999).
[3]　Id.
[4]　古代メソポタミアの都市王国エシュヌンナで制定された法典。

(goring ox rule[5]）は、「聖書法やもう1つの古代中近東のルール（であるハンムラビ法典）に最も近い」[6]。エシュヌンナ法のもとでは、受寄者は、家に保管されていた品物が失われた場合、家に何者かが押し入り、保管していた品物を盗まれたことを受寄者が証明できない限り、賠償の責任を免れることができなかった。しかし、受寄者が、泥棒に入られたことを証明し、自分の財産の一部も同様に盗まれたことを明らかにできたならば、寄託者に対し免責された。このルールはハンムラビ法典で変更され、穀物の受寄者は寄託者に対して厳格な責任を負うこととなった。おそらく、穀物は代替可能な物であるという事実が変更の理由であろう。あるいは、こういった窃盗事件があまりに多く起こったからかもしれない。他人の家に居住するという不注意な受寄者には別のルールが適用された。このような受寄者は、保管のために渡された財産を失った場合に、原状を回復することが求められた。さらに、現在の法律と同様に、ハンムラビ法典は懲罰的賠償を含んでいた。

3 救　　済

　ハンムラビ法典における過失責任に関するルールは、現代のルールと似ている。たとえば、仮にある人が船に衣服やトウモロコシのような品物を詰め込み、ある目的地へ船を送り届けるために船乗りを雇ったところ、その船乗りが過失により船と品物に損害を与えてしまった場合、その船乗りはすべての損害を彼に補償しなければならない。

　受託者の忠実義務もまた、古代からある概念であった。横領の禁止も現代のルールと似ている。古代バビロニアのハンムラビ法典では、他人の農場を管理するために雇われた者が穀物の種や飼料を盗んだ場合、その者の手は切り落とされることとされていた。しかしながら、所有者の立証責任も重かった。盗まれた品物は、管理のために雇われた者の手元で発見されることが必要であったのである。もし、牛や羊の世話をするために雇われた牧夫が家畜の数が出産で

5　牛が生じさせた損害について、所有者の責任を定めたルール。ある所有者の雄牛が別の所有者の雄牛を角で突いて殺してしまった場合に、その清算として2人の所有者で2頭の牛の価値を等分する、などと定められている。

6　Andrew R. Simmonds, *Indirect Causation: A Reminder from the Biblical Goring Ox Rule for Fraud on the Market Securities Litigation*, 88 Ky. L. J. 641, 644-46（2000）.

増加したことについて誤った報告をしたり、新たに生まれた牛や羊を不正に売ったりしたなら、牧夫は所有者に対して、新たに生まれた牛や羊の損害額の10倍を支払わなければならなかった。この場合、もし所有者が新たに生まれる牛や羊に関する情報が必要ということになれば、そのコストは非常に高くなったであろう。実際問題として、管理人を雇うことによる利便性が失われてしまったのではないか。それゆえ、信頼を濫用した管理人への罰則はかなり高くなる。

　原状回復による救済は古代に遡る。「原状回復は、『ものごとを旧に復する行為であり、正当な権利保有者へ戻すことであり、損失・損害および損傷を償うかまたはそれと同等のものを与えることであり、そして補償することである』」[7]。そして、「不正行為に対して原状回復の形式で被害者に支払をする行為には長い歴史がある。この歴史には、常に罰則と正義の概念とが密接に絡み合っている。モーセの法では、盗まれた羊はその4倍、雄牛はより役に立つためその5倍の賠償が必要とされた。中東のハンムラビ法典（紀元前1700年）は、財産に関する犯罪に対して厳格で残酷な刑罰と原状回復を課すことで抑止することを重視し、違反に対して生じた損害の30倍まで要求できた」[8]。今日においては非常に残酷と思えるそれらのルールは、古代においては公平性を目指したものであるといえよう。たとえば、「ハンムラビ法典の『目には目を、歯には歯を』の方式」は緩やかな刑罰だった。「その目的は、やられた分と同等の刑罰基準を定めることで、復讐を抑止すること」[9]にあったからである。攻撃により損害を発生させるとその部族全体が消滅することになるような、血の報復（血讐）を知る人なら、誰でもこれに賛成するだろう。

III　新約聖書

　新約聖書は、貧しい使用人だけでなく、富める者の義務も強調する。ヤコブ

---

7 | United States v. Ferranti, 928 F.Supp. 206, 220（E. D. N. Y. 1996）.
8 | *Id.* at 219-20, citing Charles F. Abel & Frank H. Marsh, Punishment and Restitution, A Restitutionary Approach to Crime and the Criminal 25-30（1984）.
9 | Robert E. Scott & Paul B. Stephan, *Self-Enforcing International Agreements and the Limits of Coercion,* 2004 Wis. L. Rev. 551, 569 n. 48（2004）.

の手紙では、「畑を刈り入れた労働者にあなた方が支払わなかった賃金が、叫び声をあげている」と書かれていて、富める者は善行においても豊かであるべきで、寛大にして進んで分け合うことが勧められ、それによって後世のために宝を蓄えることになるとされている。

　新約聖書に出てくる多くの例は信認関係を反映するものである。管理人は受認者である。もし、管理人が、雇い主の有している債権をできるだけ回収することが役目であるのに、債務者が支払える金額を回収しようとせず、その一部を免除したならば、管理人の行為は不適切だったということになる。さらに、管理人が債務者の好意を得るためにそうしたのであれば、「受益者の利益のためだけに信託の管理を行なう」[10]ことを求める今日の信託法のもとでの信認義務に違反したことになる。信認関係に対する態度についてイエスも以下のように述べている。「ごく小さなことに誠実な者は、大きなことにも誠実である。ごく小さなことに誠実でない者は、大きなことにも誠実でない。だから、あなたが世俗の富について誠実でなかったとしたら、誰があなたに真実の富を託せるというのか。また、あなたが他人のものを誠実に扱わなかったとしたら、誰があなたに与えてくれるというのか」[11]。

Ⅳ　イスラム法（シャリーア）

　イスラム法（シャリーア[12]）には受認者の概念が認められ、規制も存在する。シャリーアは「イスラム法」の一部であり、「聖典」であるコーランはイスラム法で最も重要な法源で、他の法規範はこれと一貫していなければならない。シャリーアの解釈は学派によってさまざまであるが、細かな解釈は違っていても、その基礎にあるのは、信認関係というほぼ同じ原則である。

1　代　理

　シャリーアには、代理（ワカラ wakalat）に関係する部分がある。シャリー

10　Austin W. Scott, *The Fiduciary Principle*, 37 Cal. L. Rev. 539-40 (1949).
11　*Id.*
12　コーランとスンナ（預言者の言行）を中心とした法源から導かれるイスラムの教義・思想。

アのもとでは[13]、「財産管理について過失がなく、認められていない方法で裁量を行使したのではない」場合には、代理人は託された財産に生じた損害について責任を負わない。ただし、代理人の「財産管理について過失があった場合」や、あるいは「本人の認めた方法とは違った方法で財産を取り扱った場合」（たとえば、代理人がある衣類を売る権限を与えられている時に、それを売らずに自分で着てしまう場合など）には、代理人に責任があるとされた。それゆえ、代理人に過失があったり、たとえば、自分自身の利益のために使うなど、財産を許可されていない方法で扱ったりした場合のみ、代理人に責任が生じることになる。

2 信　託

信託（ワクフ waqf）はイスラム法において重要な制度で、会社制度に代替可能なものとして存在する。ティムール・クーランの述べたところによると[14]、モスクや学校、その他のものを建てるために、イスラム世界には会社型の長期的な法構造が必要なのである。ヨーロッパが会社という制度を採用したのに対し、イスラムはワクフを採用した。その選択は成功したところもあったが、商業およびビジネスの活動に適合させることは容易ではなかった。

「驚くほどたくさんの種類のワクフ」がさまざまな用途のために供された。ワクフはローマ法における信託の概念がベースになっている。イスラム教徒が会社の代わりに信託を選択した理由は、おそらく「ワクフがイスラムの共同体ビジョン」に合致し、さらに「設定者とその家族」へと金銭が提供されるという利己的な利益だけでなく、「寛大さと威信」を示すことができたからである。設定者自身を「ムタワリ mutawalli（管理者＝受託者）」に指名し、自分自身と親戚に給料の形で還元し、また後継者を指名することによって、ワクフは「イスラムの相続法制を回避し」、信託財産を没収されないようにするために用いることができた。

「ワクフは柔軟性の低い制度として設計されたが、それは、設定者が自らの

---

13 | Islamic Laws ¶ ¶ 2265–2280, http://www.al-islam.org/laws/transactions3.html.
14 | Timur Kuran, *The Absence of the Corporation in Islamic Law: Origin and Persistence*, 53 Am. J. Comp. L. 785 (2005).

指示の実行を代々の後継者に委任する一方で、彼らはその資産を自らのために利用しがちであるという、そうした代理問題を軽減することを目的としていた。そうして、ワクフの『安定した永続性』の法理が、統治者と私的財産所有者との間で暗黙に交わした社会的取り決めとして現れたのである」。しかしながら、このようなことを目標とした結果、商業や資産取引にワクフを利用するのを制限することとなった。そのため、ワクフは、取引において効率性に欠けるメカニズムとなってしまった。

「パリ大学（1180年）やオックスフォード大学（1249年）のような初期のヨーロッパの大学はワクフと類似した信託として創設された」。しかし、そういった大学はすぐに法人組織となることを通じて独立した自己革新し続ける組織となった。本書との関係では、信託という制度が古代に起源を有すること、神や共同社会に対する明確な約束があったこと、またその裏の面、すなわち世俗の統治者と法の助けを得て、受益者を犠牲にして受託者が利益を得ることを可能にしたことなどを重要な点として確認しておくにとどめる。

3　救　　済

イスラム法は託すということ（預金）を取り扱っているようである。託された人は過失や、託された財産の横領などの忠実義務違反（使い込み）をしない限り、託された財産の損害に対して責任を負わない。しかし結局のところ、イスラム法に反する条項を含んだ信認関係は認められないし、おそらくそれを執行することもできない。その意味でこのルールは、法に反する合意に強制執行力がないのと似ている。

V　ユダヤ法

1　代理と事業組織

「聖書の伝承における信認義務は、創世記の天地創造の記述に遡る。この世の人間の使命は、受認者であること、すなわち神と人間の地上における財産の管理人となることである。イスラエルの民は受認者であり、イエス・キリストもそうである。神は、世界を創造した後、男と女を代理人に任命した。彼らが

世界を管理し、支配権を行使し、子孫を増やしてゆく」[15]。

　代理法の起源は、忠実義務や注意義務といった信認義務を定義する「ユース」や「信託」にあるといわれてきた。ビジネスに関わる法人において、従業員、パートナーや執行役、そして時に取締役も、代理人とみなされる。「1800年代の多くの判例や学者の見解では、代理人は、『信託に類似した』エクイティ上の信認義務を負うものであるとされていた」[16]（たとえば、忠実義務や注意義務）。

　代理には、あらゆる信認関係と同様に、代理人に権限を託す一方で、権限濫用の防止のためにコントロールを維持しなければならないという問題がある。営利法人の代理人は、本人の利益を最大にする義務を負う。この考え方はハンムラビ法典を想起させる。代理人は、本人が明確に代理人に指図した場合に限り、利益最大化と異なることをすることが許される。それゆえ、代理人は一般に、社会的に望ましい目的のために行動しようとしても、それが同時に本人の利益を最大化するものでない限り許されない。さらに、法は代理人の利益と本人の利益が合致することを求める。「ある人の代理人は本人と同じである」。一般的に本人は代理人を通じ、本人が自ら行なうすべてのことをすることができる。これらのルールは、現在のアメリカ代理法のルールにかなり似ている。

　パートナーシップと会社については、ほとんどのユダヤ法の権威者[17]が、「会社はパートナーシップであると性格付けている」。会社のために行為する者はパートナーの代理人として行為する。代理人はパートナーまたは本人の「望む方法で行為しなければならない」。これらのルールもまた現在のアメリカのルールに似ている。

2　助言とその他の信認関係

　旧約聖書には、「耳の聞こえぬ者を悪く言ったり、目の見えぬ者の前に障害物を置いてはならない。あなたの神を畏れなさい。わたしは主である」と記さ

15　Mary Szto, *Limited Liability Company Morality: Fiduciary Duties in Historical Context*, 23 QUINNIPIAC L. REV. 61, 87（2004）.
16　*Id.* at 100-01.
17　Steven H. Resnicoff, *Jewish Law and Socially Responsible Corporate Conduct*, 11 FORDHAM J. CORP. & FIN. L. 681, 691（2006）.

れている。「目の見えぬ者には、無学な者や無知な者を含むという意味に解釈されていた。……よって人は、他人に助言する際に、本心では自分自身が相手の畑を買いたいという意図があるにもかかわらず、畑を売ってロバを買えばあなたの利益になりますと助言してはならない。助言に秘められた動機を隠すことはこの原則に違反する……」。「会計士や監査人が財務諸表について注意を欠いたことによって、投資家や債権者などの人々を誤導した場合も、この原則に対する違反となる」[18]。彼らは、投資家に対する開示を怠ったとして信認義務違反の責任を負うことになるかもしれない。

VI 道徳と宗教の影響

1 道徳について

　ハンムラビ法典は、借手に対する貸出金利を規制していた。イスラムや中世カトリックの世界と異なり、この法典では利息をとること自体は禁じられていなかった。むしろ、紀元前1750年当時は、「銀の貸付は年利約20％、穀物は33％」を限度とするというルールがあった。銀や穀物は商品であるが、その当時は現金とみなされていたようで、法定の上限金利の対象になっていた。

　放棄された土地の所有権に関するルールもあった。ハンムラビ法典には、放棄された土地を他人が使用した場合に関するルールがある。土地所有者が戦争捕虜になるなどの不運により土地を放棄した場合、帰還した時に、土地の返還を求めることができた。このルールは、土地の対価を支払っていない者が、土地所有者の不運に乗じて利益を得ることは許されないという公平の原則に基づいている。

　ハンムラビ法典は、贈賄も禁止している。そもそもハンムラビ王は、偉大な統治者として、配下の家臣や管理人の職務上の不正とも戦ったようである。さらに、メソポタミアの商人たちは倫理上の原則に敏感だった。ウルで発見されたメソポタミア商人の書簡には、「実直であれ（mar awelim）とする義務——すなわち、商取引における一定の倫理的・社会的な基準を守る義務」について

---

[18] Hershey H. Friedman, PhD, *Placing a Stumbling Block Before the Blind Person: An In-Depth Analysis*, 2002, http://www.jlaw.com/Articles/placingstumbling.html.

念を押す記述が見られる。「これと非常に似た文章が古代アッシリア商人の書簡にも見受けられる。そこには、たとえば『紳士的に振舞え！』『紳士たる地位にふさわしい行動をとれ！』と記されていた」[19]のである。

ほとんどの古代法と同様に、ハンムラビ法典は事例に対する考え方を連ねたもので、必ずしも原則に基づくものではない。この構造は、コモン・ロー体系が裁判所の判例を重視し、類推により発展したことと似ており、大陸法体系が立法を重視し、法典によって形成されるのと対照的である。しかし、ハンムラビ法典の序文や前文にはバビロニア神殿の神について言及があり、善と悪、是と非の概念が認識されている。ハンムラビ法典には、弱者や虐げられた者を守りたいという欲求と、「人類をさらに繁栄させる」という使命が反映されている[20]。この古代における信認法には、公平であること、職務上の不正を禁止すること、倫理にかなった行動をとること、そして公益を考慮すべきことなどといったテーマが繰り返し述べられている。

2　宗教による影響

マリー・ツェトは[21]、信認義務は、「宗教と世俗の双方にルーツ」を持つという。人間の使命は、受認者——すなわち「神の下僕」として仕えることである。「この創造—原罪—完成の枠組みのなかで、聖書に登場する職業人は、神と人間に対して信認義務を負っている」。キリスト教の神学理論において、キリストは完全なる受認者である。キリストは他者のために自らの命を投げうつ、無私の下僕（管理人）なのである。

イスラム法では、当事者間で望ましいと考える関係を築く自由が認められているが、コーランの規範には従わなければならない。たとえば、契約においてコーランの禁止する借入利息の支払を定めることは許されない。コーランの規範が定める禁止事項は免除できないのである。

ユダヤ法における主要なテーマは、行動に道徳が求められるところである。

---

19 | A. L. Oppenheim, *The Seafaring Merchants of Ur*, 74 J. AM. ORIENTAL SOC. 6, 12（1954）.
20 | Nelson P. Miller, *The Nobility of the American Lawyer: The Ennobling History, Philosophy, and Morality of a Maligned Profession*, 22 T. M. COOLEY L. REV. 209, 275-77（2005）.
21 | Mary Szto, *Limited Liability Company Morality: Fiduciary Duties in Historical Context*, 23 QUINNIPIAC L. REV. 61（2004）.

ユダヤ法は他者を直接的にも間接的にも傷つけることを禁じている。加えて、人は、自分も他人も人に損害を与えないことを確保する手立てを講ずることが求められる。他人がユダヤ法違反を犯すのに手を貸したり、これを許容したりすることは禁じられ、他人が法を破らないよう積極的な行動をとらなければならない。

　このようなルールは、専門家に適用されるが、世俗の法のもとではそれとは異なる道徳によっても判断されうる。たとえば、弁護士は依頼人の不正行為に加担してはならない。もし依頼人に不正行為があった場合には、弁護士は依頼人の秘密を明らかにする義務を負っており、依頼人に対する責任がそれに勝ることはない。なぜなら、弁護士には被害者になるかもしれない人を守るという義務がすでにあるからである。議論のあるところではあるが、ユダヤ法は、企業が、腐敗した政府と商売することを禁じている。このような取引が行なわれることで、企業は政府の腐敗を助長し、新たな腐敗を発生させてしまうと考えられているからである。代理人もこのルールから逃れられない。他人の代理人として行動していると主張したとしても、ユダヤ法を侵害したことを正当化することはできない。

　このように、ハンムラビ法典、キリスト教の諸規範、イスラム法、そしてユダヤ法は、いずれも他者にサービスを提供する人、そして、サービスの提供に伴って、他者の資産や資金を管理し、他者に大きな影響を与える人について、定めを置いている。いずれの法体系も、受認者の過失や不誠実を防ぐための防御壁の役目を果たすと共に、道徳や倫理、信頼や信託といったテーマへとつながっているのである。

Ⅶ　ローマ法

1　代　理

　ローマ法には、信認法のルールの別の側面を見出すことができる。ローマ法では、不公平な法的ルールや、新たな環境の進展に対応しない厳しい法規制を回避するために信認法のルールが利用された。ローマの奴隷法は、奴隷の主人が、奴隷の商売や取引をする能力を活用したいときに問題となった。奴隷は、

ローマの奴隷法のもとで人ではなく財産とみなされていたため、商売や取引の契約関係に入ることができなかった。では、奴隷は主人の不在時に、どのようにして主人のために取引や契約の締結をすることができたのだろうか？ この問題の解決として、奴隷が、自らは契約関係に入れないものの、自分を通じて行なわれた行為について主人に法的義務を負わせるのを認めることで、奴隷をいわば透明化してしまったのである。

現代の代理法にもローマ法と同様の側面がある。今日、代理は「ある者が、相手方が自分に代わってある行為をするとともに、自分のコントロールに服することに合意し、相手方が、そのように行為することに合意する、共同の意思表示により生じる信認関係」[22]と定義される。代理人は、一般に代理人自身が法的義務を負うことなしに他者に法的義務を負わせる権限をもっている。代理人が引き受けた義務は本人が責任を負うのであって、その責任を代理人が負わされるのは特別な事情のある場合のみである。代理人は、交渉相手と本人の双方に法的義務を負わせるが、代理人自身は（いくつかの例外的場合を除いて）これらの義務に対し責任を負わない。

2 信　託

ローマの信認法は、財産法と相続法への対応として生まれてきたようである[23]。「ローマ法は、受認者が［他者のために］財産を保有することを認めるフィデイコミッスム（*fideicommissum*）またはフィデュキア（*fiducia*）を発展させた。フィデイコミッスム、すなわち信託を用いれば、ローマ人の遺言者は、犯罪者や外国人など本来は遺産を相続できない受益者に、遺産を遺すことができた。まず、遺言者は受益者となる法的な資格のある者に遺産を遺す。その法的な受益者となった者が遺言者の要請に従うことは、道徳的な義務であった。このように、ローマ法は所有権がいわば「仮死状態」に置かれることになる状況を認めていたのである。これは、所有者であるように見えて、所有者として行動もするが、実はその人は真の所有者ではない、そういった者の手に所有権

---

22 | Nelson v. Serwold, 687 F.2d 278, 282 (9th Cir. 1982).
23 | Mary Szto, *Limited Liability Company Morality: Fiduciary Duties in Historical Context*, 23 QUINNIPIAC L. REV. 61, 89 (2004).

をゆだねるのである。下記に述べる代理人と同様、こうした者は、特定の財産を扱うことができるものの、過去の（そして将来の）真の所有者の要求に従って行動しなければならなかった。担保を保有する債権者の権利・義務は現代の受託者のそれに似ていたといえる。

3　事業組織

　ヘンリー・ハンスマンとレイニア・クラークマン、リチャード・スクワイアの３人の学者がローマで発展した商業組織の形態について議論している[24]。１つ目の組織形態は、利益と損失を分け合うことを合意する、ソシエタス（*societas* パートナーシップ）であった。しかし、現代と異なり、ローマ法のパートナーは互いを代理するものではなく、またパートナーシップが負う債務全体について連帯責任を負うものではなかった。パートナーはパートナーシップの損失に対して、出資比率に応じた責任のみを負ったのである。さらに、ソシエタスの財産は、構成員の固有財産と区別されていなかった。

　ローマ法の組織形態の２つ目は、ファミリア（*familia* 家族）で、「一族における男系の最年長者」（家長）、その子供と奴隷、および血族の成人男性とその家族と奴隷で構成された。公式には家長が「家族」の財産を所有するが、その財産に関する債務は構成員全員が責任を負っていた。

　３つ目のペキュリウム（*peculium*）とは、事業のために主人が奴隷に提供した資産からなる組織形態である。主人は資産の正式な所有者であり、ペキュリウムの負債に対し所有者として責任を負ったが、ペキュリウムの資産価値および彼が受け取った分配金を上限とするものであった。しかしながら、ペキュリウムの資産は、主人の債権者から守られておらず、その責任財産とされたと考えられている。

　ソシエタス・ププリカノルム（*societas publicanorum*）と呼ばれる組織形態も存在した。この組織は、公共的な契約に投資した。主導的立場の投資家は個人財産を担保に提供した。無限責任パートナーは、事業をコントロールし、組織の負う債務に対し個人的責任を負った。一方、有限責任パートナーは事業をコ

---

[24]　Henry Hansmann, Reinier Kraakman & Richard Squire, *Law and the Rise of the Firm,* 119 HARV. L. REV. 1333, 1356-61（2006）.

ントロールすることはできないが、有限責任しか負わなかった。巨大な（組織である）ソシエタス・ププリカノルムにおける有限責任パートナーは、その利益を受け取る権利を取引し、組織の資産は有限責任パートナーの債権者から守られていたといわれている。

　これらの古代の組織形態とルールからは、現代の数ある組織形態や信認法のルールのルーツを見出すことができる。これらの古い組織形態とルールの目的は、現代の組織形態やルールの目的とよく似ている。その目的とはすなわち、高度な信頼が求められる商業や金融を、その時代に合ったルールによって活性化することであった。

Ⅷ　中世盛期

1　代　理

　歴史的には、代理法は、「代理人がサービスを提供する間に、これをいかにコントロールし、また及ぼし続けるか」という問題を解決する方法の１つである。代理人が不正を働いた場合の本人の責任の範囲を決めるルールや、代理人が権限を越えて行動した場合の裁判例は、遠い昔から今日に至るまで、その時代その時代に合わせて存在してきた。たとえば、初期の頃のイングランドにおいては、

> 使用人は家族の一員、または商家の一員であった……一家の父は、当然のこととして、未成年の子どもを含む者たちすべての主人として、その家族からサービスの提供を受けた。しかしイングランドが商業的な国家になるにつれ、家族やその他の組織の結束は次々と失われていった。仕事に従事したすべての人に対して「他人を通じて行為した者は、自ら行為したものとみなす」という基本的なフィクションを、適用することがますます困難になった……第三者に対する使用者の責任という概念は、使用者は、サービスが提供されている間、被用者の身体的行動をコントロールできると考えた結果であるように思われる[25]。

その結果、代理に関するルールは変化し、本人が代理人の行為に対して責任を負う場合や、代理人が自分のとった行為に対して負う責任の範囲が詳細に決められた。

2　パートナーシップ

　中世盛期のヨーロッパは、「はじめは荘園制であったのが、急速な都市化へと向かう圧力と、地元の村を越えて広がっていく世界に対応して、商業的な取引市場と組織を発展させた」[26]。しかし、村ごとの慣習法は村人のためのものであった。同時に、中世の間を通じて、カトリック教会が大きな影響力を持っており、社会と法のための規範を生み出すことに貢献していた。「カノン法[27]は、教会法学者や神学者に規範的な枠組みを提供し、包括的なローマ法と共に」新しく、独立した法体系の「土台を築いた」。教会裁判所は、「事実上無制限」の裁判権を主張したから、商人の裁判所にもなっていった。

　貿易商が協力し合う必要があったことから、パートナーシップ法ができた。中世ヨーロッパのパートナーシップ法はローマ法に基づいている。しかしながら、教会はローマ法のパートナーシップ形態（ソシエタス）の受け入れに躊躇した。その理由は、ソシエタスは高利貸し禁止の抜け道に使えたからである。パートナーシップには、資本のみを拠出して、労務を提供せずに利益を受け取る投資パートナー、つまり貸主同様の「マネーパートナー」もありえたのである。

　ローマ法では、ソシエタスは同業者組合の構成員の持つ一定の権利を定めるために作られた。パートナーシップは、パートナー全員が等しく損失を負担し、そのリスクを負うことなしにはありえなかった。パートナーシップの構成員になれば、パートナー間で信認義務を負うことになった。パートナーは「各人の寄与分に応じて損失と利益を分け合わなければならなかった」。彼らは、パートナーシップのビジネス上発生した損害に、共同して責任を負った。パートナ

25　RESTATEMENT (SECOND) OF AGENCY §219 comment a (1958).
26　Dennis J. Callahan, *Medieval Church Norms and Fiduciary Duties in Partnership,* 26 CARDOZO L. REV. 215, 229 (2004). 以下、本項の引用は同論文からのものである。
27　ローマ・カトリック教会の法体系。基本的にはローマ法に基礎を置くが、教父の教説、公会議決定、教皇勅書等からなる。

ーは互いに「将来の損失・利益を共有する義務を負った」。また、あるパートナーが、パートナーシップの利益を自分のもとに留保し、「共同基金に戻す前に」自分の利益のためにそれを使った場合には、「他のパートナーに遅延損害金を支払わなければ」ならなかった。最後に、ローマ法では「[パートナーの]金銭負担が出資金額に限定されていたのに対し、教会法のパートナーシップ形態のもとでは、パートナーは互いに契約責任を負わせることができた(受認者モデル)。

　教会はその歴史的な共同体的価値観を市場経済型組織に強制した。たとえば、教会法の利息を禁止する規定に従って、教会はビジネスパートナーが彼らの義務を破ることを禁じ、国際的な取引コミュニティに正義・公正という共同体の価値観を押し付け、「不均等なリスク・利益配分」を禁じた。そして、「他のパートナーの負担によって自身の責任を限定すること、パートナーシップの利益を配分する際に自己取引をすること、パートナーシップの範囲を越えて他のパートナーに契約責任を負わせること」を制限した。これらのすべてのルールやその背景にある価値観は、今日の信認法においてもよく見られるものである。しかし、後に検討するように、もはやこれらは無視すべき時期が来ているとする論者もいる。

3 「サリカ法」[28]のもとで規制される「信頼できる」あるいは「信頼された人」の関係性

　先に述べた以外にも、非常に早い段階から発展した信認関係の形態はあり、使い勝手のよいルールを持っていた[29]。「女性による土地の相続を認めないサリカ法は、イングランドのユースの発展に影響を与えた」。6世紀に成立したサリカ法に基づいて、信頼された人(ザールマン[30]またはトロイハント[31])は、

---

28 | フランク人サリー族の部族法典で、6世紀初頭に成立したとされている。不動産法定相続順位則における女性および女系排除に特徴がある。

29 | Mary Szto, *Limited Liability Company Morality: Fiduciary Duties in Historical Context*, 23 QUINNIPIAC L. REV. 61, 93-94 (2004).

30 | 中世ゲルマン社会における遺言執行制度の1つ。ザールマンは、土地譲与者の指示に従って土地を譲り渡された者も指す。譲与者は、生存中は土地の使用権を留保するが、譲与者が死亡すると、土地に対する管理はザールマンに移り、ザールマンは指示に従って当該土地を指示された者に再譲渡する。

受益者のために譲与者から財産を受け取ることによって、受託者となることができた。通常の場合、譲与者は死ぬまで財産を保有し、譲与者の死後はザールマンが譲与者の財産を移転した」が、ザールマンはそうすることを法的に求められているわけではなかった。

4　中世イングランドにおける「ユース」と「信託」

「ユース」は9世紀頃まで遡り、教会ユース（*utilitas ecclesiae*[32]）の教義の影響を受けていた。「ユース」とそれに伴う信認法のルールは、具体的な問題に対応することを通じて、中世イングランドで発展を遂げた。たとえば、フランシスコ修道会の修道士は清貧の誓いを立てていたために、土地を所有することができなかった。それゆえに、慈善行為をしたいと思った人は、家屋を信頼の置ける人に譲渡して、修道士が使えるようにした。信頼された人は、良心に従い、法的には自分が所有している家屋を、受益者である修道士が独占的に使用できるようにしなければならなかった。信頼された人の義務は社会的慣習となり、エクイティ裁判所は、その慣習を良心に関わる信頼と信用に基づいて守らせた。中世の教会ユースの教会法理は、聖職者が私的利用のために教会の財産管理をしたり、利益を享受する実質的所有者（beneficial ownership）になることを認めた。しかし、聖職者の死後、その血縁者に財産を移転することは許されなかった。

「ユース」は所有者が法的負担を回避することを可能にした。たとえば、土地所有者は、法的所有権を移転することで、「領主」に賦課金を支払うのを免れることができた。同様に、土地保有者が何らかの違反をした場合、第三者に所有権を移転することで財産の没収を免れることもあった。債務者も、同様の方法を使って、財産の使用を継続しながら債務の返済を回避することができた。

---

[31]　ドイツにおける信託類似制度。信託と同様、受託者が委託者から指示された目的に従って、受益者のために当該財産を管理・処分する制度で、対象の財産も受託者の責任財産から除外されるなどの独立性を持つ。他方で、受託者は委託者から移転された財産につき完全な所有権を取得し、また信託財産における物上代位が否定され、第三者に不当に譲渡された財産についての追及権もないなど、信託と違う点もある。

[32]　教会の利用という意味のラテン語。この教義は、教会に譲渡された土地等の財産につき、聖職者に所有権を認めず、教会のために利用、占有、管理するものとした。聖職者の血縁者からの請求からも隔離する意味もあった。

加えて、法的に所有権を移転する際には公開で行なうことが求められていたのであるが、「ユース」は公開しなくても移転することができた。1535年のユース法の制定により、この「ユース」は終わりを迎え、すべての「ユース」はコモン・ロー上の不動産権になった。真の所有者（受益者）が財産に対する権利を失ったのである。

Ⅸ　アメリカ合衆国の近年の歴史

会社法

19世紀末までに、アメリカ経済において民間の会社がより支配的になるにつれ、会社法が発展し、会社とその経営陣が全般的により自由な活動ができるようになっていった。いくつかの州では民間の会社に州の資産を投資することが禁止されていたので、会社は民間に資本の拡大を求めた。民間の資本市場は概して規制されておらず、会社の発起人のなかには株主を騙す者もいたため、彼らに対する訴訟によって、新しい法理が生まれた。会社法の判例法は、信託法を参考にして作られている。執行役や取締役は、受託者との類推により、自己取引を禁じられ、不正な利益は吐き出しが命じられたのである。

会社法は信託法に由来する信認法の諸原則を採用した。しかしながら、会社は信託とは異なる。会社経営陣は会社資産の使用を指図する権限を有するものの、資産の法的所有権は持っていない。さらに、信託の目的は、通常、会社の目的より特定されており、信託証書に記載することができるのに対して、会社の目的は無制限であるため、経営陣は受託者よりも会社資産の扱いに関して幅広い裁量を持っている。

たとえば、1891年の判例では、取締役と執行役が自社株式の価値が額面よりはるかに高いと知りながら、額面価格で株式を購入した。カンザス州最高裁判所は、「企業の執行役と取締役は株主の受託者なのであり、彼らが株主全員は享受できないような有利な立場を自らの利益となるように扱ったことは、明らかな義務違反である」[33]とした。1889年の判例では、銀行が、銀行の執行役

---

33 | Ark. Valley Agric. Soc'y v. Eichholtz, 25 P. 613, 613 (Kan. 1891).

と取締役らが銀行業務の監督を怠っている間に、銀行は詐欺や不注意な融資によって損失を被った。この事件で、バージニア州最高裁判所は、銀行の執行役と取締役が損失に対して個人的責任を負うとしつつ、次のように判示した。「会社の取締役にゆだねられた高度な信頼と責任に基づき、裁判所はたびたび彼らを株主の受託者とみなしてきたし、彼らと株主との関係は、それぞれ受託者と信託受益者（託す人）の関係に等しいと宣言してきた」[34]。しかし、会社法に信認義務を採用しただけでは、濫用を防止するにはまだ十分でなかったのかもしれない。訴訟には高い費用がかかり、時に会社や取締役、執行役は、判決で認められた損害賠償を支払うに足る十分な資産を持ち合わせていなかった。それゆえ、州は会社法をより厳格化し始め、連邦議会は証券法を通過させた。しかし、法理としてはほとんど変化はなかった。ウィリアム・E・ネルソンの論文「1920～1980年のニューヨークにおける信認義務に関する法」[35]によれば、1980年代の信認法は、法の内容が公序良俗を考慮することにまで広がったという違いはあるものの、1920年代のそれと大きな差がなかったと結論付けられている。

X　議　論

　古代の法を現代の社会に復活させるべきではない、との議論もあるだろう。たとえ人間にとってのニーズは同じであっても、古代社会の構造は現代とは異なる。意味のわかりにくい過去の規範が今日においても生き続ける必要はない。今日我々が利用できる輸送手段、市場、自動化・高速化した情報伝達手段、そして世界とのつながりは、ハンムラビ王の時代には存在しなかった。今日の我々が宗教の教えに従っているとしても、今や宗教は中世で果たしてきたような役割を果たしてはいない。

　古代では、代理人と本人は、今日の本人―代理人関係とは異なったやり方で、双方の関係における利益と損失のバランスをとっていたのかもしれない。しか

34　Marshall v. Farmers' & Mechs.' Sav. Bank, 8 S.E. 586, 589 (Va. 1889).
35　William E. Nelson, *The Law of Fiduciary Duty in New York 1920–1980,* 53 SMU L. Rev. 285, 285 (2000).

し、いつの時代も、同じようなニーズやインセンティブに従い、バランスがとられてきた。そして法もまた、同様の目的を反映しながら、同様の指針を提供してきた。法は、受認者がサービスを提供するために必要な裁量や自由と、託された財産や裁量と信頼を濫用しようとする受認者の誘惑に対抗するために必要な信頼とのバランスをとってきた。これら2つの相反関係が信認法を形成する原動力となってきたのである。たとえば、古代の法のもとでは、代理人が本人の利益を保証する義務を負う一方で、代理人が無過失で損失が生じた場合にはすべての責任を免除された。イスラム法は商業的要素が少なく、権限、責任および信頼の分配割合が他の法規範におけるそれとは異なっていた。しかし、すべての規範に共通しているのは道徳と公平というテーマ、すなわち、託す人が関係から重大な侵害を被らないように保護するということである。そして、古代の法および宗教法は、融通がきかず、厳格で特定領域に限られたものではあったが、その根は信認法の至るところに張りめぐらされており、今日においてもなお土台をしっかりつかんで放さないのである。

　ローマ法からは、真の当事者の「代役として第三者を据える」ことによって厳格な法を回避することを可能にするという信認法のもう1つの側面を見出すことができる。イングランドとローマにおける信認法のルールは共に、厳格な相続法を回避するために使われた。信認関係は、たとえば娘の身の安全を（時には娘の夫から）守るため、また、土地の所有者が聖戦に出征する際の土地の管理を行なうため、といった気高い目的に利用された。信認関係はまた、税法やその他の法の回避といったあまり賞賛されない目的でも利用された。この二面性は今日でも存在している。イングランド国王は信認関係を全面的に禁止することで、法の回避という問題を解決したが、現代の解決法はそこまで思い切ったものではない。裁判所はしばしば、信認関係が公序良俗違反や詐欺行為ではないかを判定し、事案ごとに信認関係に法的効力を認めたり、信認関係を否定したりしている。

　文化と社会的規範は、法の内容と分類の双方に影響を与える。論者のなかには[36]、標準的な契約実務を比較してみると、「ある社会に備わっている信頼の

---

[36] Rubén Kraiem, *Leaving Money on the Table: Contract Practice in a Low-Trust Environment*, 42 COLUM. J. TRANSNAT'L L. 715 (2004).

度合い」を観察できる、という見解がある。この信頼の度合いとは、「社会的な資本の蓄積にほかならず、これが商取引の当事者が互いにどう振舞うかをかなりの程度規定する」のだという。規模の大きな取引であっても、「信頼が弱い環境で結ばれる契約条件は、相対的にコストが高く、効率性が低い」。たとえば、アメリカ合衆国と南米諸国の契約条項には、「法的伝統が異なる社会における信頼、社会資本、また規範や行動に関わる前提条件といったものの相互関係が反映されている場合がある。これらの諸要素が、いくつかありうる契約実務のうち1つを選択されやすくしたり、契約実務の合理性を高めたりするのに寄与している」。

同様のことが、「日本人同士の義務のあり方にもいえる。日本人は、互いにパートナーの弱みを利用することを自制する義務を負う。このような自制を互いに期待するということは、信頼があるということであり、このような信頼の文化がたまたま歴史的に存在する数少ない幸運な地では、その文化に属する人同士の取引において、他の文化でよくあるような取引当事者が互いの弱みにつけ込もうとするあこぎなやり方が暗い影を落とすということがない」[37]のである。

このごく短い議論を締めくくるにあたり、この章の冒頭で述べたことを繰り返しておきたい。人間性、人間同士のやり取り、人を信頼することや信頼に値することが必要となる諸状況、そして社会への害を防ぐための社会規範の介入、こういったものは時代を問わず似たようなパターンをたどる。信認法は、現代の特異な発明ではない。それは、古代にルーツがあり、社会を維持するために必要な、道徳的、倫理的、法的、そして社会的要素を反映しており、人間はそれに支えられながら、互いを信頼しつつ生きていくのである。

---

37 | Michael C. Dorf & Charles F. Sabel, *A Constitution of Democratic Experimentalism*, 98 Colum. L. Rev. 267, 306 (1998).

第3章　受認者の義務

I　はじめに

1　人間の本質との深い関わり

　信認義務は、多くの法的ルールと同様に、人間の本質や人間が経験した行動パターンを前提として成り立っている。他人にサービスを提供したり、利益をもたらすことを目的として何らかの財産や権限を託された人は、自らの利益のために使いたいとか、託した人以外の利益を図りたいという誘惑に駆られることがあり、特に、誰も監視していないときにその傾向がある。さらに、受認者によっては、約束したサービスを合理的に期待されるやり方で履行できなかったり、託された財産や権限を利用する時に受けた指図に従わなかったりすることもある。

　他人を害したり、騙したりして利益を得ようとする誘惑に駆られることを抑える仕組みには、大きく分けて3つある。1つ目は倫理や道徳で、自己を律することを求めるというものである。これにより社会の定義する正しいことをするように受認者を導く。2つ目の仕組みは、法によって求められ、強制されることを、取り締まるというものである。これにより、受認者は、罰を恐れて、信頼を濫用しようとすることを思いとどまる。3つ目の仕組みは、信認関係の相手方である託す人が、受認者が誘惑に屈することがないよう自己防衛策を講じるというもので、それは託す人が個人で行なう場合や、組織や市場を通じて複数で行なう場合がある。これら3つの仕組みのバランスをどうとるか、「正しいこと」の定義は何かということは、その社会の文化や制度、価値観によって大きく変わってくる。したがって、信認関係に法が介入する程度も、1つ目の道徳が、あるいは3つ目の託す人自身や市場が、受認者の信認義務違反を抑制するかどうか、またどの程度抑制するかによって、ある程度変わってくる。

この抑制の仕組みが効果的であればあるほど、法の介入は少なくなる。逆に、抑制の仕組みが効果的でなければ、法の介入がより大きくなって然るべきである。
　ここ30年の間で、道徳、法、託す人による自己防衛、の3者間のバランスが変わってきた。この間、道徳の役割は減少し、アメリカの文化は受認者と託す人のそれぞれが自らの利益を優先するという方向に向かった。誰もが自分自身の利益のために行動すれば、社会全体も豊かな利益を享受できると信じる人が増えたのである。加えて、一人ひとりの追求すべき利益はとどまるところがない。一人ひとりが自らの利益を追求すればするほど、一人ひとりも社会も豊かになるだろうとして、卑しむべき貪欲で飢えた人に対して使われていた「強欲」という言葉にあったはずの、否定的な雰囲気の大部分が失われてしまった。「強欲は善である」と冗談半分に言われ、そう言った人の価値が下がることもなくなった。このような流れによって、法の価値が下がり、自己防衛に任されることになったのである。もし、誰もが自らの利益を追求するべきだということになれば、自らの利益を追求しようとするすべての他人から自らを守らなければならないということになる。そして、信頼を保証してくれた人がいたとしても、その保証が破られるかもしれないと警戒しなければならなくなる。したがって、託す人や市場は、法的に開示が求められる情報の助けを得て、託した信頼が濫用されないよう自分の力で抑止しなければならなくなった。法や政府に再び焦点が当たるまでには、相当な規模の金融経済危機が発生するまで待たなければならなかった。しかし、道徳はまだ目立たない存在のままである。お金こそが人々を動かす主な動機であると思われており、特に会社の取締役、医師や発明家といった、能力があって権力やお金を求める人々にとってはそのことがいえる。
　他の法分野と同様に、信認法を設計し、さらには信認法の存在を認めるかを考えるにあたっても、政策的な考慮や、さまざまな学問分野の異なった見方、社会の文化などを総合的に検討しなければならない。ある社会においてどの程度、信頼すること（あるいは信頼しないこと）が容認されているのだろうか。託す人は、どのような条件のもとで、受認者に対し信頼を補強する保証を求め、そのような保証なしには受認者とは取引しない、というのだろうか。法的なル

ールを設けて、それを実現することで取引当事者や納税者が負担する費用はどれほどなのか。託された信頼を濫用することが、経済、金融、あるいは健康のような公共の利益、といった社会システムにどのような影響を与えるのだろうか。そして、法は、託す人の自己防衛を支援する一方で、受認者が道徳的な行動をするよう推奨するが、これが可能な範囲や対応すべき範囲はどこまでなのだろうか。受認者のさまざまなルールに関する議論の大半は、これらの問題に関係している。そして、こういった議論は信認法に特有のものではないにしても、他の法分野に比べてより顕著なのである。

2　信認法と他の学問分野

　他の法と同様に、信認法も、たとえば論理学、経済学、行動経済学、心理学、歴史学、哲学などといった異なる学問分野を通して見ることができる。しかし、他の学問分野に頼ると、その学問分野の価値観に基づいた法的ルールとなってしまうかもしれない。経済学から見た信認法は、費用と便益、効率性、市場価値といったことによって規律されることになるかもしれない。取り巻く環境はすべて1つの市場として、サービスはすべて商品として、当事者はすべて取引をする者として見られることになる。しかし、これらだけが法を規律すべき価値基準ではない。

　弁護士が精神障害の疑いのある被告人を弁護する時、弁護士が判断する際の価値基準は、その被告人がどの程度自分の行動に責任を持てるかによって決まる。すなわち、彼はよいことと悪いことを区別することができるか、あるいは、被告人は自分ではコントロールできない衝動によって行動していたのか、である。精神医学の専門家が判断する際の価値基準は、被告人を治癒することにある。経済学者の価値基準は、被告人を治療しない場合や別の治療方法と比べて、その治療にどのくらいの費用がかかるかである。社会学者は、被告人の病気が社会に与える影響に焦点を当てるかもしれない。また薬剤師は被告人が必要とする薬の種類と分量について尋ねるだろう。法的責任の問題と、被告人の人権と社会の安全とのバランスをとるルールが、弁護士の関心事である。しかし、弁護士は被告人の法的責任を判断するために役立つ情報を求めて、専門の医師に頼る。加えて、立法者は被告人の病気の社会的、文化的なコストを考慮する

かもしれない。立法者は社会全体の利益を最大化し、不利益を最小化するためのルールを求めることであろう。

　学際的なアプローチは、社会にとって最適な解決策に至るために、さまざまな観点から、受認者のルールを評価することに役立つ。しかし、法のさまざまな目的のうち、どこに優先順位をつけ、どのようにバランスをとるかを決定するための指針なしに、ルールを作ることはできない。現実を直視しよう。個人と社会にとって最善のルールとは、大抵の場合、1つの学問分野（たとえば、経済学や論理学）や1つの社会的価値観に基づく1つの規範と直接結びついた、明確な拠り所のあるものではなく、むしろ、不明確であってもバランスのとれた判断が求められるものなのである。私は、信認法について明確で包括的な指針にたどりつくなどというほぼ不可能なことをしようとは考えていない。この点は、信認法以外の法についても同じである。以下の議論の目的は、信認法が、すべてとはいわなくとも他の多くの法と同様に、不完全で不明確なものであることに気付いてもらうことにある。それでも、信認法は、他のすべてとはいわなくとも多くの法と同様に、不明確ながらも問題点を示している。そして信認法は、到達できそうになくとも、いくつかのゴールを指し示すと共に、それを達成するための道筋に向けられているのである。

II　基　本

1　信認義務はいつ発生するのか？

　信認関係が発生する時は、大抵の場合、信認関係を結ぶという当事者の合意と、託すことが同時に行なわれる。しかし、当事者が明確な関係を結ぶ前あるいは後でも、信認義務が発生することがありうる。このような場合、託すことが、きっかけとなる時点を示すことになる。たとえば、将来に金銭を運用することについて当事者が合意していても、運用を行う当事者に金銭が託されていない間は、この当事者の関係のうち信認関係についてはまだ発生していないとされることがある。しかしながら、信認義務は、当事者がその主要な関係を結ぶことに合意する前であっても、発生しうる。たとえば、合意前の相談で受認者が秘密情報を打ち明けられた場合には、この情報の濫用に関して信認義務が

発生するだろう。そのため、判例法および弁護士行動準則模範規程のもとで、弁護士は、これから依頼人になろうとしている人に対して信認義務を負う。同様に、投資助言者は、判例法および1940年投資顧問法のもと、これから顧客になろうとしている人に信認義務を負う。秘密情報を託すだけでは、信認関係が生じるとは限らず、その秘密情報を濫用しても法的責任が発生するとは限らないことに留意すべきである。しかしながら、たとえば弁護士がこれから依頼人になろうとしている人と面談するような場合、弁護士は受領した情報に関して受認者となることがある。

2　信認義務の道徳的な側面

契約違反と対比すると、信認義務違反には道徳的な烙印や、より厳格な法的帰結が伴う。たとえば破産手続において、破産した受認者は、契約上の債権者への支払を免除されるが、託した人（たとえば、投資家やベンチャー事業に出資したパートナー）への負債の返済は免れない。これは、信認義務違反に対し、託された資産の流用（盗用）や託された権限の濫用に伴う道徳的烙印が押されるからである。同様に、アメリカ連邦裁判所で適用される量刑ガイドラインは、裁判所に重大犯罪の量刑を加重する権限を与えているが、私的な出費への支払のために投資家の資金を流用し、長年にわたり投資家を騙した者に対しては、この量刑が加重されたケースがある。

3　抽象的な基準と原則　対　詳細なルール

信認義務の設計や表現にあたっては、他の法的義務についてもいえることだが、抽象的な基準と原則、もしくは詳細なルール、またはその両方を合わせた形式をとることができる。加えて、信認義務は、信認関係から当事者にもたらされる利益だけでなく、社会にもたらす利益にも関わるものである。制定法に定められた義務は、字義通りに解釈される場合もあれば、立法の根底にある社会政策の背景に照らして解釈される場合もある。明確に線引きされたルールにも、一般抽象的な原則にも、共に正当化する余地があり、かつ批判される余地もある。明確に線引きされたルールは「法の支配」に則ったものである。この原則は、法が周知されていることを要求し、法が公表されていない、あるいは

推測するしかない状況を許さない。それでも、ルールが明確に線引きされていると、法律回避を誘発したり、可能にしたりするおそれがある。加えて、明確なルールは、禁止行為を細かく規定するあまり非常に膨大なものになる場合もあり、そうすると規制される側にとっても、規制する当局にとっても負担になりうる。

　基準や原則として示されるルールが曖昧な場合、「法の支配」に関わる問題を惹起することがある。曖昧なルールは、法律違反とされるリスクを伴うグレーゾーンを残してしまうし、「非公開の法」になりかねない。しかし、社会的に許容されず害悪をもたらすことが明らかであるような不正行為に対しては、曖昧なルールの実質的内容は十分に明確だといえる。たとえば、デラウェア州最高裁判所は、ある事件で、被告とされた後見人に与えられた代理権委任状は、後見人が無償の譲渡を行なうことを明示的に認めていないとした第一審裁判所における判決の結論を支持した。しかし、最高裁判所は、明確な線引き基準を用い（て直ちに信認義務違反と判断し）た第一審の判断を退け、この点について事件を第一審に差し戻した。

　加えて、曖昧なルールによって受認者が法令違反とされるリスクを負うということ自体が、法令違反の抑止となりうる。結局のところ、もし絶対に合法であると明らかなラインが厳密にどこなのかわからなければ、より多くの人がそのラインに近づくことを避けるであろう。信認関係に関わる多くの事例でよくあることだが、法の実現にかかる費用は高くつく。そのような場合に、曖昧なルールを用いれば、託された財産や権限の濫用に対しより強い抑止力となり、法の実現にかかる費用を低減するのに役立つ。そのような場合、信認法の諸ルールが曖昧だということでは必ずしもないのであるが、ルールが適用される受認者が多様であるため、曖昧な所が残るのかもしれない。しかしながら、違反が不道徳的な場合、社会的に受け入れられた基準に反する場合、また法の実現に費用がかかる場合には、信認法を個別の関係に適用することが正当化される。

　法解釈に対し数あるアプローチのどれをとるかは、法の内容によって異なる場合がある。刑事法については被疑者に無罪の推定が働き、税法については課税要件が明白でなければならないので、より狭い解釈が正当化されるだろう。どちらの場合も、人々は強力な政府の権力に対峙する。このようなアプローチ

を正当化することは、信認法の場合には非常に難しい。受認者には正直であるとの推定が働きにくく、彼らは託された財産か権限を保有しており、託す人に対して無力というわけではない。事実、多くの場合、これと逆のことが真実である。なぜなら、託す人は受認者よりさらに一層無力だからである。

　法が具体的であるべきかに関する議論から派生して、法の抜け穴の探求や発見という問題に関連する論点がある。そこでは、法の解釈に対する取り組み方の違いが反映されている。ある解釈は、法の根底にある政策を考慮に入れる。そこでいう政策は、法律や判例の明示的な文言に加え、法が解決しようとする問題、ルールのある理由や指針となる行動基準に由来するものである。これと別の考え方は、ルールの文言に焦点を絞る。そこでは、辞書の定義のなかから意味を明らかにすることが検討される。政策と問題解決は立法府にゆだねられる。意味の拡大は正当化されない。このような法解釈に対する考え方の対立はまだ解決していない。中立的な立場として、次のようなガイドライン的なルールがありうる。もし法の制定で意図された政策と、法の抜け穴が明らかに相容れない場合には、法の文言とは関係なく、抜け穴は許されない。法の文言が明確であることそれ自体が、法を解釈するにあたり幅広く検討する可能性の扉を閉じることになってはならない。

Ⅲ　受認者の主な義務

1　はじめに：信認義務の構造と特徴

　信認義務は、信認関係の定義と関連している。これらの義務の目的は、託す人のリスクを軽減することにある。1つ目のリスクは、受認者に財産または権限が託され、受認者がその託された状況を濫用したいという誘惑に駆られる可能性があることによって発生する。託す人にとってのもう1つのリスクは、受認者がサービスの提供において誤ちを犯す可能性があることにより発生する。託すことと専門的なサービスは、まさしく社会に利益をもたらすものである。託す人には、受認者に託して専門的サービスを受けるという行動をとることが推奨されている。信認義務は、そうした行為が託す人にもたらすリスクを軽減するように設計されるため、信認義務にはそのリスクの大きさが反映される。

これらの考慮に基づき、信認義務は、託す人が自らを守る能力がどのくらいあるか、および託す人が代わりに利用できる防衛手段があるかどうかによって調整される。

以下、本章の議論では、信認義務を以下のように分類する：
- 忠実義務——託された財産と権限に関わる義務。
- 注意義務——受認者がサービスを提供する際の質と注意に関わる義務。

これに加えて、忠実義務に基づく義務がいくつかある：
- 託された財産もしくは権限について、託す行為に伴う指図に従い、これを遵守する義務。
- 受認者がサービス提供時に誠実に行動する義務。
- 受認者の提供すべきサービスを他者に委任しない義務。
- 会計報告義務と、関連する情報を託す人に開示する義務。
- 託す人が複数いる場合に、その人々を公平に扱う義務。

加えて、託す人と受認者の関係には、受認者がサービスを提供する条件が関わってくる。その1つが、受認者の受け取る利益である。受認者は、自らの義務と権利に影響を及ぼし、コントロールする可能性があるから、たとえ自ら利益を受ける権利がある場合であっても、自由に利益を図ることができないよう、信認法による制限を受ける。受認者の報酬は、本章の最後で議論する通り、このような問題に関する主要な論点の1つである。

2 信認義務の焦点

信認義務の目的は、2つの主要な領域で、託す人のリスクを軽減することにある。1つ目の領域は、受認者が託された財産または権限を濫用することから生ずるリスクに関連している。2つ目の領域は、受認者のサービス提供に誤りがあるために、託す人が損失を被ることに関連している。これらのサービスはえてして専門的であり、専門外の者が評価することは難しい。しかし、このリスクは、まさしく、託す人がとることを奨励されているリスクである。それゆえ、信認義務の3つ目の領域として、託す人に自らを守る能力があるか、そして託す人が他に利用可能な防衛手段を持っているかという前提に、焦点が当たることになる。

Ⅳ　忠実義務

1　忠実であるとはどういうことか

「忠実であること（loyalty）」の同義語に、「信頼できること（trustworthiness）」や「誠実であること（faithfulness）」がある。したがって、忠実であるとは、ある人が他人の利益を自分のこととして捉える心の持ちようや態度と定義できる。ＡがＢに忠実なら、Ｂは、Ａのことを頼りになると思い、信頼するし、忠実なＡならば自分と利害を共にしてくれると信じることができるだろう。

通常のビジネス関係において、忠実であることは求められない。いかなる契約当事者も契約相手の利益に忠実たれという義務を負うことはない。使用人は契約に基づいて働くものなので、誠実な使用人でも、契約期間が終了した時に役に立たなくなっていて、もっとよい使用人やより費用のかからない使用人を雇えるなら、追い出してもかまわない。しかし、多くの雇い主はこのような行動はとらない。雇い主は忠実さには忠実さで報いるものである。誠実な使用人は、簡単な仕事をあてがってもらうことになるかもしれないし、十分な退職金を受け取るかもしれない。対等な取引においては、法は忠実であることを求めないし、忠実さに報いることもない。このように、法は「不干渉主義」を原則とするが、例外的に、受認者は託す人に忠実であるべきとされている。当たり前のことではあるが、この例外は主として財産や権限が託された場合に適用され、それ以外のものが託されても適用されない。

2　忠実義務の 2 つの側面

忠実義務には 2 つの側面がある。1 つ目の側面では、受認者が託す人の利益のためだけに行動することを求める。結局、財産や権限が受認者に託されたものであって、受認者自身のものでないならば、受認者は託されたものから利益を得ることはできない。例外として認められるのは、真の所有者や受認者に権限を与えた者の同意を得た場合か、あるいは法で認められた場合のみである。忠実義務のもう 1 つの側面では、受認者が託す人の利益に反する行動をとるこ

とを禁止する（託す人の財産や権限に関する場合に限る）。一定の場合には、それまで利益相反がなかった受認者が利益相反のある状況に身を置くことまでもが禁止される。弁護士が既存の依頼人の利益に反するような新しい依頼人を受け入れる場合がその例である。

3　予防のためのルール

　忠実義務は、信認法の主な目的に資する義務である。つまり、受認者が託された財産や権限を使い込んだり、または濫用することを禁じる義務である。忠実義務は、予防のための重要なルールという形をとる。このルールは、託す人に必ずしも害を与えないような行動であっても禁じている。これらの予防のためのルールは、受認者が託された財産や権限を濫用したい、または自らの利益を図ることを正当化したいと思うような誘惑をそぎ、また受認者に対し、託された財産と権限は自分のものではないのだと常に思い起こさせるように作用する。

　忠実義務は、「代理人が本人に対してサービスを履行する義務と関連するが、これとは区別される概念である。代理人の忠実義務の求める結論は、契約法や不法行為法の原則にとらわれない。その結論によって、本人が代理人から誠実なサービスを受けるという権利の内容が明確かつ確固たるものになる」[1]。代理人が第三者から利益を受けることは、たとえそれが本人の利益のためになるとしても、忠実義務に反する。さらに、契約の双方代理は、利益相反を解消できないため、行なってはならない。たとえば、受認者は、市場価格ないしは市場価格より高い価格であっても、あるいは託す人の負担する仲介手数料が節約できるとしても、託された財産を自らの勘定で購入してはならない。そのような禁止の原則が適用される事例として、受託者が、信託財産と自らの個人財産の両方で株式を持っているときに、その会社の議決権の過半数を個人財産で取得することにより、会社の支配権を個人として得る場合がある。第 10 巡回区連邦控訴裁判所は、受託者が個人的な利益のために議決権の過半数を取得したことは、受益者にとって不利益になったと判断した[2]。公平な受認者なら、受

1　Deborah A. DeMott, *Disloyal Agents*, 58 Ala. L. Rev. 1049, 1067（2007）.
2　Wotton v. Wotton, 151 F.2d 147（10th Cir. 1945）.

益者の利益を守るために行動したであろう。裁判官は、受認者には高度な行動基準が求められると判示した。受託者が信認義務に違反したか、あるいは、賢明な裁量で誠実に行動したかどうかを判断するためには、十分な検討を要するため、第一審裁判所が訴えを却下したのは妥当でないとしたのである。

　おそらく、このような取引を繰り返すことが許されると、託された財産によって託す人の利益になることを考えるだけでなく自分の利益についても考えるという悪習が生まれる。信託には、同じく予防を目的とする原則的なルールが2つあって興味深い。1つ目のルールでは、受託者は、取得した証券を含め、託された財産を分別管理することを求められる。もう1つのルールは、受託者が信託財産同士を混合することを禁止する。これらのルールは、託された財産をさまざまな形で守っている。

　まず、これらのルールによって、受託者が財産を受託者として所有するに過ぎないことが、受託者の債権者に明らかになるので、託された財産を受託者の債権者による請求から守ることができる。また、これらのルールによって、受託者は投資の成否がわかるまで信託財産で投資したかどうか決めないでいることができなくなる（投資が成功したら受認者の財産で投資したことにするという誘惑を防止する）。さらに、信託財産の自己財産との分別管理や信託財産同士を分別することには、心理的な効果がある。受託者が信託財産を見るたびに、その財産は自らのものではないと思い出さざるをえないからである。もし受託者が（「ほんの数日間でいいから」）信託財産を「借り」たいという誘惑に駆られても、印を付けられた財産は受託者を見返して、「そんなことを思うだけでも許さぬ！」という。

　しかし、効率性のためにルールが緩和されることもあるだろう。つまり、弁護士が依頼人の資産を預かる場合や銀行が受託者となる場合は、多くの託す人から託された資産を混合することが許されている。しかし、弁護士や銀行が自らの資産と信託財産を混合することは許されない。

4　利益相反の事例

(1) 医師

　ムーア対カリフォルニア大学理事会事件で、裁判所は、医師が患者に手術を

勧めると同時に、患者の体内の特殊な細胞を使って研究し、利益を得ることを試みた行為は、利益相反にあたる、と判示した[3]。医師が、診察と体液の追加採取のために再来院を命じ、細胞を商業目的で開発するために診察を再び利用したが、患者にこれらを開示せずにいたことによって、利益相反行為が続いていたとされた。同様の利益相反は、医師が患者に治療の失敗や健康が損なわれるおそれについて開示を怠った場合にも生じる。議論はあるものの、医師は「医療ミスその他の医療リスクが生じたことを知らない患者に対して、それらの事実を開示しなかった」場合には責任を負うべきである。

　利益相反に伴う問題とは、医師が、珍しい細胞を十分な数だけ採取したいと思い、また経済的利益を得られるかもしれないと望む気持ちが、患者の健康と病気の治癒を第一とすることより優先されてしまうおそれである。それゆえ医師は、託す人である患者、あるいは患者を代理する権限を持つ人が、医師から利益相反について完全な情報開示を受けたうえで、手術に同意しない限り、手術を行なってはならないのである。

　裁判所は、医師の利益相反を種類と程度によって区分した。重大な利益相反として分類されるのが、患者の体細胞を研究に使用して経済的利益を得る目的で、手術を勧めることである。他方、深刻さの程度がやや低い利益相反としては、病院から請求される医療費を支払う保険会社の機嫌をとるために患者の治療過程を短縮することや、病気について詳しく学ぶために患者にとっては必要のない診察をすることが含まれる。同様の利益相反は、医師が大手製薬会社から相当な金銭的報酬を受け取って、その会社の薬や他の製品を使うことを患者に勧めることによって起こる。「こうして、知識、金銭、そして名誉が、健康とおそらく不快感の問題として患者の利益に反することがある」。

　医師は、患者や患者の配偶者と性的関係を持ったら、信認義務違反となるのだろうか。そのような状況においても、何を託したかが判断要素となる。ロング対オストロフ事件において裁判所は、被告の医師には患者の配偶者と性的関係を差し控える義務はないと判断した[4]。しかし、精神科医は、そのようなことをしてはならない。精神科医の場合は、託すことが彼の患者の精神面の健康

---

3 | Moore v. Regents of Univ. of Cal., 793 P.2d 479 (Cal. 1990).
4 | Long v. Ostroff, 854 A.2d 524 (Pa. Super. Ct. 2004).

に関係しており、それは婚姻関係で争いごとがあると影響を受ける可能性が高い。しかし、医師が骨折患者を手当てするとき、託すことは患者の精神面の健康と密接に関係があるわけではない。

(2) 弁護士と会計士

　弁護士は、その職務において、さまざまな利益相反の状況に直面する。ある研究によれば、弁護士はそのような利益相反を、会計士、心理療法士、医師、報道記者や学者といった他の受認者よりも深刻に考えている。「実質的にすべての弁護士事務所は、ある訴訟の原告と被告の双方が顧客である場合」に、訴訟代理人になることを断る[5]。しかし、複雑な訴訟や大きな金融機関を代理する場合には、当事者全員を特定することは難しいかもしれない。この問題が深刻になるのは、依頼人の利益に大きく反する場合や、ある弁護士がある訴訟の代理人をしていることによって、依頼人が同じ事務所の他の弁護士を選任できなくなってしまう場合であろう。

　弁護士の利益相反は、弁護士事務所に所属する弁護士の数が増え、海外展開が進むにつれ、増加する。もっとも、このような場合でも、利益相反がそれほど深刻でない場合もありうる。弁護士事務所は、「利益相反を特定し、回避し、対処するために、相当な資源を割いている」[6]。利益相反は、弁護士が複数の役割を兼ねる場合にも生じるし（たとえば、企業の取締役と法的な助言者としての立場を兼ねる場合）、弁護士が代理する新たな依頼人の利益が他の依頼人の利益と相反しうる場合にも、潜在的な利益相反が生ずる。

　弁護士事務所が報酬を請求することは、利益相反の問題を提起する。弁護士行動準則模範規程では、報酬請求は合理的でなければならないとされ、利益相反も禁じられているが、2000年から2006年にかけ、競争の圧力が高まるなか、アソシエイト弁護士（パートナーでない弁護士）の給料は増加し、これに伴いアソシエイト弁護士が「請求時間」を増やさなければならないという圧力も高まってきた。そして、弁護士が「意図的に事件を長引かせ」た場合でなくとも、請求時間を「延ばす」誘惑に駆られたり、もしくは、延ばしたと受け取られる

---

[5] Susan P. Shapiro, *Bushwhacking the Ethical High Road: Conflict of Interest in the Practice of Law and Real Life*, 28 LAW & SOC. INQUIRY 87, 101 (2003).

[6] Id.

ような場合も出てくる。このような事情から、時間単位での請求を行なう実務が問題視されるようになってきた[7]。

　会計士や監査人のサービスは、依頼人からの独立と公平性が求められ、そもそも依頼人の利益と相反する可能性があるので、彼らの立場は、弁護士の立場とやや異なる。実際に、会計士は依頼人を手伝ったり、依頼人の利益を図ったりすべきではないと考えられている。公共の利益のために、依頼人の会計処理や財務諸表の正確性を確認することが、会計士や監査人の主要な役割である。それでも、彼らのゲートキーパー的役割は、依頼人に利益をもたらし、これは法的にも認められている。監査は、依頼人が財務状況について社会的な信頼を得ることに役立つ。それゆえ、監査人と会計士は依頼人に価値のあるサービスを提供していることになる。貸借対照表の「信認方」においては、依頼人は、監査人を信頼しなければならず、会計士に対して帳簿や書類を開示しなければならない。議論のあるところであるが、依頼人が会計士に権限を託すことは、一般市民が警察に権限を託すのと似ている。この権限は、託す人の利益のためだけでなく、より多くの人々の利益のために利用されるべきものである。それゆえ、会計士は、業務の実施に過失があれば依頼人に責任を負うが、信認義務違反の責任は負わないし、それに伴って過失責任よりはるかに厳しい民事責任を課されることもない。

　しかしながら、会計士と監査人が、自らの独立性を放棄し、たとえば依頼人の財務コンサルティングや会計処理に関する助言サービスなどの受認者としてのサービスを依頼人に提供した場合には、依頼人の受認者となる可能性がある。このような場合には、会計士や監査人が信頼に足る会計処理を提供できないことが、依頼人に対する信認義務違反となるかもしれない。たとえば、ある事件で裁判所は、「原告は、企業買収の会計サービスに関して、［会計士］によるとされる義務違反を原因として損害が発生したか否かについて、重要な事実に関して真正の争いありとするに足るだけの証拠を提出した（したがってトライアルまで進む必要がある）」と認定した[8]。この場合に、「独立した監査人が、特段の事情を調査し開示する義務を負うことになれば、会計士と依頼人の関係は信

---

7 | Scott Turow, *The Billable Hour Must Die*, ABA J., Aug. 2007, at 32.
8 | *In re* SmarTalk Teleservices, Inc. Sec. Litig., 487 F.Supp.2d 928, 935 (S. D. Ohio 2007).

認関係の範疇に入ることになる」[9]。ニューヨーク州の裁判所では、会計士に対する信認義務違反の訴訟は、ごく当たり前のように提起されており、大抵の場合、業務上の過誤があったという主張がなされている。

(3) 裁判官、裁判所、政府の官僚、教師

たとえば、裁判官や政府の官職のような権限のある地位に就いている受認者にも、利益相反は起こりうる。事実、これらの受認者の行動が利益相反の印象や疑義を与えうるというだけで、社会に害を与えかねない。たとえば、裁判官が、最近法廷で弁論をしている弁護士と食事を共にすれば、情実的な判断を行なう可能性がある裁判官だという印象を与える。教師も、生徒の成績評価を行なう前に、生徒やその保護者からそれなりに高額な贈り物を受け取れば、同様の疑いを招くだろう。

しかしながら、問題の当事者間の関係がかけはなれていて稀薄な場合は、利益相反やその外観が重大な問題になることはない。裁判官が、担当する事件に意見を提出する法廷助言者（amicus curiae [10]）である企業の証券に投資していたとしても、それだけでは不適格とはされない。その投資はずっと前にされたものかもしれないし、その企業は事件の第三者として関係するだけである。しかし、裁判官が、事件を担当する弁護士事務所の共同経営者（パートナー）だったならば、事件の担当から外れなければならないだろう。裁判官が中立的で安心できるというには近すぎる関係である。裁判所が州の利益や政治的状況に敏感である場合には、より難しく、とても興味深い問題が生ずる。会社法の領域においては、各州の立法府や裁判所が管轄内に企業を誘致しようと競争を繰り広げる状況について、以前から研究が行なわれ、議論されてきた。裁判所が、会社の分野において自分の州の優位を重視すべきかという論点は、裁判では争われていない。その問題はグレーゾーンにある。結局、裁判官と法は、自らが機能している社会とその問題に敏感に反応し、気を配る必要がある。しかし、裁判所の姿勢の指針となったり影響を与えたりするのが、その州の政治的利益や裁判官の政治的信条であってよいのかは明確でない。

9 　*In re* Investors Funding Corp. of New York Secs. Litig., 523 F.Supp. 533, 542 n. 4 (S. D. N. Y. 1980).

10 　ラテン語で「法廷の友」という意味で、裁判所に係属する事件について、訴訟当事者ではないが利害関係のある個人、機関や組織が、裁判所に情報や意見を提出することができる。

(4) 銀行の信託部門

　銀行が信託業務と銀行業務の両方を行なうことによって、銀行とその監督機関は、固有の利益相反の状態に置かれることになる。法律上、銀行は預金者に対する債務者である（借入人に対しては債権者である）。銀行の監督機関の主な役割は、銀行が「安全かつ健全」で、債務の支払能力、特に預金の支払請求に応じる能力があることを確実にし、そして、「取り付け騒ぎ」を確実に回避することである。「安全性と健全性」は、強固な銀行・金融制度を維持するために、必要不可欠である。それゆえ、銀行業務の収益は、金融機関のものである。銀行業務のリスクを削減するために、政府は銀行制度を規制する一方で、財政的に支援している。

　信託財産については、利益とリスクの関係が異なってくる。銀行は受益者、すなわち、託す人の利益のためだけに行動しなければならない。銀行には報酬を受け取る権利があるが、それ以上の権利はない。コインの裏側から見ると、投資の利益を受け取るのは託す人であり、受託者の行動から生じるリスクを負担するのも託す人である。銀行の信託部門の監督機関の主な役割は、銀行による信認義務の遵守を確実にすることである。議論のあるところではあるが、銀行の安全性と健全性は、この文脈において考慮に入れられるものではない。

　銀行規制の2つの観点、つまり、銀行の安全性と健全性を確実にすることと、受託者としての信認義務を確実に果たすことには、一致する面もある。銀行業務の顧客と信託業務の受益者のどちらかの信頼を失うと、銀行は最終的に「取り付け騒ぎ」を起こす危険にさらされる。それゆえ、ルールによって、銀行に信認義務（そして、利益を信託報酬に限定すること）が課されると共に、銀行の「安全性と健全性」に対する支援がなされる。銀行への「取り付け騒ぎ」の危険性や、「評判リスク」は、市民の抗議をきっかけとして生ずる場合がある。そして、もし銀行が受託者の義務に違反するようなことがあれば、銀行は信託業務ができなくなるか、多大な課徴金を科されて、その結果、「取り付け騒ぎ」が起こるかもしれない。それゆえ、銀行の安全性と健全性に高い関心を持つ監督機関は、銀行が信頼される受託者としてあるべき行動をとることを確実にしようとする。しかし、受益者に対する銀行の信認義務の公正な実施を確保することを目的とする信託業の規制は、銀行の財政的な安定性の確保という銀行業

の規制の主目的に照らすと、副次的な重要性を持つにとどまる。

　銀行に対して、連邦通貨監督官（Comptroller of the Currency[11]）は、信託法の相対的に厳しいルールを一部緩和してきた。信託法のもとで、受託者は信託財産を分別する義務を負うが、銀行は信託財産を「合同運用口」で管理することが認められている。合同運用することで、銀行は小規模な信託をより効率的に運用できる。同様に、銀行が信託財産を要求払預金もしくは定期預金のような現金資産で保有する場合、銀行は利益相反に直面する。銀行は、「コストのかからない現金」を貸し出すことで、信託受益者の利益を犠牲にして利益を得ることができる。それゆえ、信託財産を現金勘定で保有しなければならない場合、通貨監督官は、銀行が信託財産を自行に預金することを、一定の期間だけに限定して認めている。そして、信託財産の現金勘定に許容できる範囲で市場金利を付与することを義務付けている。

　1996年、銀行が利益相反関係から利益を得る道が新たに開かれた。議会が、1933年グラス・スティーガル法によって長期にわたり課されていた禁止事項を撤廃し、銀行にミューチュアル・ファンド（投資信託）の運用管理とファンド証券の一般投資家への販売を含む証券業務を許可したのである。銀行は、「合同運用口」からミューチュアル・ファンドに移し替えようとした。これは、銀行にとって、いくつかの意味で利益となるものだったのである。

　第1に、移し替えることによって、銀行は運用に興味のある一般投資家を取り込んで、ミューチュアル・ファンドの運用資産を増やすことができた。ミューチュアル・ファンドの資産を大きくすることで、規模の経済により、銀行の報酬が増加し、費用は減少する。第2に、銀行は支配下にある合同運用口を使うことによって、新しいミューチュアル・ファンドを作ることができた。ミューチュアル・ファンドは、新たに設定した時点では運用資産の規模が小さく、比較的高コストとなるため、設定者にとっては利益が出にくい傾向がある。銀行は、合同運用口で保有する資産を使って、新たに設定したミューチュアル・ファンドを一挙に大規模にできることによって、利益を得た。このことによっ

11　連邦法に基づいて設立された商業銀行に免許を交付し、業務を監督する財務省通貨監督庁の責任者。財務省通貨監督庁はアメリカ連邦政府の財務省に置かれており、監督官は大統領が指名した後、上院の承認を経て任命される。

て、完全な支配下にある資産を持たずに新たなミューチュアル・ファンドを設定するファンドマネージャーよりも、銀行は競争上優位となった。

　第3に、銀行は、他者が運用するファンドではなく、自ら運用するファンドに信託財産を投資することができる。信託の受益者は、受託者である銀行に、信託財産を他のミューチュアル・ファンドで投資したり、信託財産を引き出したりすることを指示できない。第4に、銀行は、運用報酬を、ミューチュアル・ファンドの運用者としても、(金額は少なくなるが)信託の受託者としても得ることができる。以上より、信託財産をミューチュアル・ファンドに移し替えることは銀行の利益となる。もちろん、受益者にとっても、移し替えることで、たとえば、信託財産の分散投資が進み、これまで以上に投資機会が増えることで、利益になるかもしれない。しかし、一方で、受認者として行動することを認めることは、契約上の貸手としての銀行の基本的立場と相反する。すなわち、ファンドの投資家の利益のためだけに行動するという信認義務は、銀行の財務上の安全性と健全性を守るという銀行員の考え方や銀行の文化と相反する。また銀行の契約当事者としての立場と銀行の安全性と健全性の確保を目的とする銀行業規制は、銀行の受認者としての立場と顧客から託されたものと顧客の福利のために注意を払うことを求める信託業の規制と矛盾する。このように、1933年グラス・スティーガル法の廃止前には利益相反がそれほど深刻なものでなかったが、同法の廃止後、それはずっと深刻なものとなったのである。

5　受認者の自己抑制の仕組み

(1) ウォールを構築すること

　アメリカでもオーストラリアなど他の国々でも、1つの組織のなかで利益の相反する複数のサービスを提供するような大規模な組織は、利益相反を防ぐ仕組みを採用してきた。複数の部署が一緒に仕事をすると利益相反になるような場合に備え、「ウォール[12]」を構築してきたのである。それゆえ、オーストラリア連邦控訴裁判所は、シティグループ・グローバル・マーケッツ・オーストラリア（シティグループ）の義務に関する判決において、シティグループは受

---

[12] チャイニーズ・ウォールと呼ばれることが多く、組織のなかで部署間の情報交換を遮断し、当該組織内の利益相反により顧客が損害を被るのを防ぐための仕組みを指す。

認者としてではなく、「独立した契約当事者」として行動していたとした[13]。その理由としては、「当事者間の契約に基づいた」関係であること、この顧客は専門的な知識を有していること、そして、シティグループが「ウォール」を構築しており、託された情報が組織内の他部署に流出したり、他部署がその情報から利益を得ることがないようにしていたことがあげられた。

　シティグループの事例と同様に、投資銀行は、引受人と証券仲買人（ブローカー）の両方のサービスを提供する際に、利益相反に直面する。引受人としての銀行は、「デューデリジェンス」サービスを提供する過程でインサイダー情報を取得する。しかし、投資銀行の別の部署であるブローカーは、このインサイダー情報を、自らの取引や取引相手である顧客へのアドバイスに利用すれば利益を得ることができる。それゆえ、投資銀行の機能は、託されたインサイダー情報を濫用する可能性を内在している。裁判所が、状況によっては引受人が受認者とみなされることがあると判示した際に、投資銀行は組織的な防止策を自主的に発達させた。引受部署とブローカー部署との間で、インサイダー情報が違法にやり取りされるのを防げると投資銀行が期待する仕組みを構築したのである。ウォールは、受認者の利益相反行為を防止する。しかし、防止の仕組みがうまく機能しなければ、信認義務違反が実際に発生することになるだろう。

(2) 独立した者を登用して意思決定を行なうこと

　会社の取締役が、経営陣で役員も兼ねる場合、取締役が経営陣を監督すること、つまり自らを監督することはできないといってよいだろう。株主が役員の監督に関わっている限り、役員による利益相反を牽制できたかもしれない。しかし、企業の株主数が増え、株主が分散してしまうと、株主に代わって経営陣を監督する者はいなくなってしまった。取締役が役員である自分たちを監督することになったのである。解決策の1つは、その企業の役員ではない「社外取締役」の登用であった。しかし、この解決策にも欠点があった。第1に、社外取締役を選ぶのは役員であり、友人を選んで敵は選ばないということになりがちであった。第2に、取締役は企業経営に長けた人物であることが求められ、そうすると、他社の役員でもあることが普通である。そのため、社外取締役の

---

[13] ASIC v. Citigroup Global Markets Australia Pty. Ltd., [2007] FCA 963 (June 28, 2007).

考え方とやり方は、その企業の役員と同じようなものである。こうした事情から、社外取締役の独立性によって、社外取締役による監督が、客観的で独立したものにはならないとした論者もいる。特に、役員報酬に関しては、このような考え方が強かった。そのため、2009年には、証券取引委員会規則により、株主に取締役の選任と役員報酬についてより強い権限が与えられた。

(3) 外部専門家に、意思決定内容の推奨を委任すること

取締役の全部もしくは大多数が関わる利益相反の場合、独立した第三者に、それも通常は専門家に、助言を求めるという実務が発展した。しかし、そのような専門家は最終的な意思決定をする者ではない。最終的な意思決定を取締役以外の者に完全に委任することはできない。もっとも、このような専門家の判断に従っておけば、取締役会の決定は利益相反の悪影響を受けているという批判に対する防御としては十分だろう。こうした事例で難しいのは（それ以外の場合でも同じだが）、専門家である受認者が託す人の利益のために自由に仕事ができるようにするという一方の必要性と、利益相反によって託す人の利益に専念できなくなることを避けるというもう一方の必要性との間でバランスをとることである。ミューチュアル・ファンドやその他の投資家からの大規模共同出資で株式を保有する場合も同様である。ファンドが株主なので、ファンドマネージャーが代表して、株式の議決権を行使する。この場合、ファンドマネージャーは、ファンドが保有している株式の発行会社の経営者側におおむね賛成していた。しかしながら、2000年以降、これらの株式の議決権行使に意味を持たせ、ファンドが保有する株式の発行会社に影響を及ぼすべきとの圧力が強まったことによって、独立した議決権行使コンサルタントが出現した。ファンドマネージャーはコンサルタントの推奨にそのまま従うわけではないが、このような推奨が会社株式の議決権行使に多大なる影響を与えている。

(4) 情報開示

受認者の利益相反は、託す人が問題の取引に同意すれば、すべてではないとしても、ほとんどの場合に許容される。情報公開や同意の条件については、第4章でより詳細に議論する。

6 非営利団体および慈善団体

　非営利団体の理事には、注意義務や忠実義務に加えて、遵守義務、すなわち、「組織の目的と目標に対する誠実義務」があると判示されてきた。この遵守義務は決して新しい義務ではないが、非営利団体の事件でこれまで強調されてきたもので、カリフォルニアやニューヨークなどいくつかの州で採用されている。そして、これは、信託条項に従って信託を運営するという信託法上の義務に類似している。ニューヨーク州のある裁判所は、この義務の論理的根拠について、「利益をあげることが究極的な目的である営利団体と異なり、非営利団体はその団体に特定の目的が定められる。特定の活動を続けることが組織の存在意義の中核をなす」と説明している[14]。遵守義務が独立して存在しているのか、あるいは他の2つの義務のなかに含まれるのか、法学者の意見は一致していない。しかし、意見が一致していないとしても、営利団体と非営利団体の経営陣の役割には大きな違いはない。結局、これらの非営利団体は大抵は寄付を集めて金銭を得ており、寄付により金銭を得ることは他の事業で金銭を得ることとまったく異なるものではない。

　事業団体と主要な非営利団体の経営の主な違いは、非営利団体には、株主のように経営陣の責任を問う法的権利を有する当事者がいない点である。政府は、非営利団体の経営陣の責任を問う法的権利と権限を明確に持つ唯一の当事者であるが、政府の仕事の優先順位のなかにおいて、非営利団体の経営を監督することは最優先事項ではない。

　「現在、大部分の州において、非営利団体の理事を信認義務違反で訴えることができるのは、州の法務長官か理事だけである」[15]。

　これは、公益信託に対する法の実現に関する信託法のルールに似ている。公益信託も、州の法務長官（もしくはこれに相当する公務員）、共同受託者、もしくは信託の実行に「特別な利益」を有する者によって強制的に実行される[16]。

---

[14] Manhattan Eye, Ear & Throat Hosp. v. Spitzer, 715 N.Y.S.2d 575, 593 (Sup. Ct. 1999).
[15] Karen R. Vanderwarren, Student Note, *Financial Accountability in Charitable Organizations: Maintaining an Audit Committee Function*, 77 CHI.-KENT L. REV. 963, 974 (2002).
[16] 公益信託には受益者が存在しないため、受託者に義務違反があった場合、州の法務長官と共同受託者、当該信託が実行されるうえで特別の利益を持つ者が訴えることができるとされている（イギリスの場合はチャリティ・コミッショナーがこれに含まれる）。

しかし、そうした「特別な利益」を持たない者は関与することができない[17]。

しかしながら、信託法の「特別な利益の法理」を非営利法人にも適用し、非営利法人に対して「特別な」利益を有する受益者（つまり、公益と区別される利益を有する者）が訴えることを認めた裁判所がある。非営利法人の受益者が訴訟を提起できるかどうかは、(1)州の法務長官が独占的な執行権限を有しているか否かと、(2)事実および状況、によって決まる。ほとんどの州法は、州の法務長官の執行権限を独占的なものであるとは定めていない。もしこの権限が独占的でないとすると、裁判所は以下の要素のうち、1つもしくはいくつかの要素を考慮することができる。つまり、(a)原告が訴えた行為と求めている救済が特殊なものであるか、(b)当該慈善団体もしくはその理事の側に詐欺または違法行為が存在するか、(c)州の法務長官が機能しているか、あるいは有効であるか、(d)利益を受ける集団の属性と慈善団体との関係、がその要素である。

裁判所は「主観的かつ事件に固有な事実関係」にも着目してきた[18]。組織内部には、経営陣の責任を問うのに役立つ仕組みがいくつかある。1つ目の仕組みは、寄付者が理事会に参加することである。寄付者は金銭がどのように使われるかだけでなく、どの程度の金額が費やされているかについても関心がある。しかし、経営陣が正直であっても、寄付金に対して十分注意を払わない場合もある。バーナード・マドフのねずみ講詐欺では、教育団体や慈善団体などの非営利団体の金銭が何百万ドルも使い込まれた。

改正模範非営利法人法[19]およびほとんどすべての州は、営利企業の取締役と非営利企業の理事に対し、受認者として同程度の注意義務を課している。同法律は、これらの理事に重過失がある場合に責任を課しており、このことは、信託法が受託者に過失責任を基準として適用しているのと対照的である。

---

17 | RESTATEMENT (SECOND) OF TRUSTS §391 (1959).
18 | Mary Grace Blasko et al., *Standing to Sue in the Charitable Sector*, 28 U. S. F. L. REV. 37, 61-78 (1993).
19 | Revised Model Nonprofit Corporation Act. 非営利法人に適用される法理を法典化したものとして、アメリカ法律家協会（ABA）が作成し、州による採択を呼びかけた模範法典。1952年に作成されて以来改訂を重ね、最新版は2008年の第3版である。

V 忠実義務を履行する義務

　すべてではないにしても、受認者の義務の多くは、託すことと関係するものである。もし託すことが指図を伴っていなければ、信認関係が生じることは少ないということはすでに指摘した。つまり、託すことの重要な部分は、託すことに伴う指図である。よって、指図を遵守する義務は忠実義務に付随する義務である。

1　託された権限ないし財産に関して、託すことの指図に従い遵守する義務

　託す人の指図を遵守するよう受認者に求めるルールには2つの場合がある。託す人が受認者の「仕事内容（job description）」を書く場合と、受認者が自らの「仕事内容」を書く場合である。1つ目の場合には、代理人が本人から特定の権限を受け取る。代理人はその権限を越えて、品物を購入したり、本人が指図した金額を上回って支払ったりしてはならない。同様に、受託者は信託証書で投資対象外とされた資産に信託財産を投資してはならない。2つ目の場合には、受認者が受認者としてのサービス内容を明示する。たとえば、ミューチュアル・ファンドの運用管理者は、ファンドが適用する投資基準を明示する。この場合、受認者の記述内容があまりに曖昧で広汎な場合、立法の介入によって受認者の裁量に制限を課したり、受認者の権限を詳細に開示するよう求めたりすることがある。

　たとえば、1940年投資会社法では、ミューチュアル・ファンドの運用管理者の権限がファンドの投資方針の範囲内にとどめられている。ファンドの証券登録説明書およびファンド名によって、そのファンドが「株式」といったような特定の種類の証券に投資していることが明示されていれば、そのファンドの運用管理者は具体的な表示を遵守しなければならない。受認者の裁量に課された制限を守らなければ、証券取引委員会による刑事訴追という結果をもたらすであろう。

　託す人の指図に従い、これを遵守する義務は、独立して「遵守義務」と呼ばれてきた。たとえば、非営利法人の役員は、注意義務や忠実義務に加えて「組

織の目的と目標に誠実である」[20]義務を負わされてきた。この義務は、カリフォルニア州やニューヨーク州を含む複数の州で明示的に採用されてきた。そして、信託条項に従って信託を管理する信託法上の義務に類似している。この義務の理論的根拠について、次のように述べたニューヨーク州裁判所の判決がある。「利益をあげることが究極的な目的である事業法人と異なり、非営利法人はそれに特有の目的に規定される。特定の活動を続けることが組織の存在意義の中核をなす」[21]。遵守義務が独立して存在するのか、あるいは他の2つの義務に組み込まれるのか、法学者の意見は一致していない。

　託す人の指図が時代遅れのものとなるとき、たとえば事情が変化したにもかかわらず指図が変わらないままであるときは、難しい問題が生じる。遺言は新たな事情に応じて再解釈すべきなのか、あるいは文字通りに実行されるべきなのか。実際、似たような陳腐化は法の解釈でも生じることがある。裁判所は、既存の文言の持つ異なる意味によって文言を解釈すべきなのか、あるいは現在の異なった文脈に当てはめて解釈すべきなのか。しかし、法律の文言を変更することはできても、遺言者は死んだ後に遺言を変更することができない。遺言者の意図を、過去の行動から推し量ることは、より大きな問題をはらむ。

　受認者の義務には、託す人が免除できるものもある。しかし、受益者に対して帳簿を作成し報告するという受託者の義務を、託す人が免除できるのか（そして信託で行なっていることを隠してしまうことがよいのか）は疑わしい。信託で行なわれていることを秘密にするということは、受託者が受益者に対して報告しないということであり、法的に危険なものとなりかねない。「受託者は、委託者が帳簿の作成および報告を受ける権利を放棄しても無視すべきである。たとえば、誠実な受託者にとって、信託を秘密にすることは受託者の義務において利益相反を生み出す。その利益相反とはつまり、委託者兼受益者に対する義務と、多数の受益者に対する義務との利益相反である」[22]との見解が示されている。受益者への報告を怠ると、信託財産が損失を被ったり、十分な利益をあげられなかった場合に、受託者が責任を問われるおそれがある。

20　Manhattan Eye, Ear & Throat Hosp. v. Spitzer, 715 N.Y.S.2d 575, 593 (Sup. Ct. 1999).
21　Id.
22　Frances H. Foster, *Trust Privacy*, 93 CORNELL L. REV. 555 (2008).

会社は、幅広い権限があるためさまざまな活動ができる。しかしこれまでの考え方では、取締役は株主の利益を最大化するためにその権限を行使しなければならないとされていた。取締役は、判断をする際に、会社や株主に利益をもたらすものでない限り、従業員や社会の福利を考えるべきではない。それゆえ、第1次世界大戦での活動を支援する寄付金や非営利の教育機関への寄付金は、会社のビジネスや株主に利益をもたらす（そして経営判断が利益相反を伴わない）限りにおいて、許容されるのである。しかし、株主利益とその他関係者の利益とのバランスについては今なお議論がある。会社の資産の使い方が経営陣の個人的な嗜好で左右される可能性があるため、株主が寄付先をどこにしたいか意見を言えるようにしている会社もある。

　「**会社の社会的責任**」。会社が大きくなり、力をつけ、社会への影響力が増すにつれ、会社の「社会的行動主義」や「社会的責任」を求められるようになり、社会的責任に反する場合は富の最大化を制限したり、富を減らしたりすることが要請されるようになってきた。富の最大化という目的以外で会社の権限を行使することは、市場における私人の活動の自由を重視し、政府の規制に反対するという文脈で正当化されることがある。他方で、「会社の責任」に異議を唱える考え方は、信託法は私人関係の法であって、公共の利益を考慮することは本来の目的ではないという意見に基づいているのかもしれない。加えて言えば、富の最大化以外の目的に経営陣の権限の範囲を拡大することは、権限行使に対する経営陣の説明責任を緩めてしまう可能性がある。特定の行為について責任を問う訴訟と比べ、社会的責任をめぐる訴訟は、利益相反の存在を明らかにすることが難しい。

　経営判断原則とは、会社の経営判断に裁判所が介入することを制限したものであって、その理論的根拠は、裁判所が経営陣ほどその会社の事業に精通していないということと、経営陣の選任と解任ができるのは裁判所ではなく株主、つまり託す人だということにあった。これに反対する論者は、裁判所も倒産や証券規制のような他の分野の訴訟で専門性を備えていることを示してきたし、独立した専門家を活用して理解を深めることができる、と論じてきた。株主の力という点についても、少数株主も株式を売却できる限り、経営陣を解任しようと声を上げたりはせず、ただ会社から退出してしまうだけだろう（経営陣は

自らの地位を守るため会社の資金を利用できるため、解任は難しい)。さらに、会社の経営陣を訴える実際の原告は、クラス・アクション(集団訴訟)を起こそうとする弁護士であり、彼らは多額の和解金を獲得して、ときにそこからおいしい利益を得ていく。株主は、訴訟手数料を支払った後に得るところはほとんどないという議論さえある。

　公共信託法理。今日、巨大企業の経営陣の判断は、国民の福祉や金融経済制度の機能に影響を及ぼしかねない状況になってきており、この問題はより一層深刻になってきた。問題は、ビジネスが「社会的責任」に影響を及ぼす場合、裁判所が経営陣の経営判断に干渉してよいか、さらにどのようなやり方なら干渉してよいか、である。このようななか、裁判所が公共財を傷つけるような企業活動に干渉する1つの根拠が、「公共信託法理」であろう。会社経営陣が会社の業務範囲を越えて、社会に関わる領域に踏み込む場合、経営陣は私人関係の法である信認法だけでなく、公共信託法理に従った義務を課されうる、という考え方である。私人関係の信認法と公共信託法理のいずれにおいても、経営陣は権限を託され、託す人の利益のために権限を行使しなければならず、他の目的で権限を行使してはならない。

　コモン・ロー上の公共信託法理とは、政府機関に対し、一般市民に対する信認義務を課す法理である。この法理の源は、ローマ帝国の財産法やアメリカの財産法に見られる。この理論は、財産を一般市民の利益のために託すという考え方に基づいている。当然のことながら、財産を託された政府機関は受認者と位置付けられる。公共信託にかかる義務は公職にある者だけでなく個々の市民にも課されることがある。公共信託に関する法の目的は、政府が託された権限を悪用しないように一般市民を守ることである。この法理の扱う信認関係は、託された者たる政府と、組織されていない個人の集合体たる社会との間の関係である。

　公共信託法理はさまざまな**場面**で**適用されてきた**。1つの例が、刑事事件の量刑に関する事例である。ある登録看護師が、メディケイド[23]の患者に対する看護ケアサービスの個人事業主となって、運営していた。その看護師は、メデ

---

23 ｜ アメリカの連邦政府と州政府の拠出資金で運営されている医療扶助制度で、民間の医療保険に加入できない低所得者・身体障害者に対して用意された制度。

ィケイドからの還付を得るために、書類を偽造して、ケアを統括するための登録看護師[24]として架空の看護師を雇ったと記載し、政府による監査に対し、33件の犯罪履歴調査記録を提出した。その看護師は審理のなかで、自分自身で監督者としての患者訪問を行なっていたと証言し、偽の犯罪履歴調査記録を提出したことについても否定した。その判決において、第一審裁判所は被告人に「信頼を受ける地位を悪用したことに対して量刑ガイドライン上で2段階厳しい量刑を科す」決定を行い[25]、「ガイドライン上で量刑を下方修正すること」を否定した[26]。

まったく異なる状況の事例として、連邦最高裁判所が州財産法の「背後にある理念」を、強制収用に関する厳格なルールに対する2つの例外のうちの1つと位置付けた事件がある[27]。その後の判例法の展開により、公共信託法理が、「背後にある理念」に基づき例外的な取扱いをする根拠とされる場合があることが示されている。

「イングランドのコモン・ローにおいて、国王は、岸や湾、川、海峡と、それらの下にある土地を、社会全体の利益のために公共信託として保有した」[28]。アメリカの裁判所はこの公共信託法理にならった。「水面下の土地や水、海洋資源は州が所有する公共財産ではなく」、州は、一般市民を受益者とする信託の受託者とされる。「公共信託の財産は、入会地として分類する方がより適切である。ただし、アメリカの法体系ではそのような財産は公共財産の特別な類型とされることが多い」。重要なことは、「公共信託の土地は2つの権原の対象となっていることである。1つが公的権原、つまり、商業や航海、漁業、遊泳、その他公的な目的に関連した行為のために信託された土地や水を使用し、享受するという一般市民の権利、もう1つが私的権原、すなわち信託された土地を使用し所有する私的な物権的権利である」。この形式は、信託設定による所有権の二重構造を反映している。

24	メディケイドで雇用を義務付けられている看護師。
25	United States v. Bolden, 325 F.3d 471, 504–05（4th Cir. 2003）に第一審が依拠。
26	United States v. Loving, 321 Fed.Appx. 246; 2008 U.S.App.LEXIS 25957（4th Cir. 2008）.
27	Lucas v. S. C. Coastal Council, 505 U.S. 100, 1029–31（1992）.
28	本パラグラフの引用は Gail Osherenko, *New Discourses on Ocean Governance: Understanding Property Rights and the Public Trust*, 21 J. Envtl. L. & Litig. 317（2006）より。

公共信託法理は、会社の「社会的責任」を遵守するという経営陣の義務と同様の問題に適用されてきた。たとえば、マサチューセッツ州最高裁判所は、州のグレーロック山岳自然公園管理局と州当局が、州の自然公園でのスキーリゾートやその他営利活動を認可することは許されないと判示した。その理由は、公共の土地をこのような「私益のための商業活動」の利用に供する法的権限の存在が認められないからである[29]。しかしながら、「環境保護団体が公共信託法理に基づき、人口降雪機のために川からの水の汲み上げ量を増大させるのを差し止めることに成功した例としては、現時点で唯一」アスペン事件[30]があるのみである[31]。

会社経営陣が現株主に対して負う義務は、将来の株主に対しても拡大される場合がある。「同様に、今日の公共信託法理やいくつかの州法において、州は将来世代のために天然資源を保護する義務があるとされている」。「連邦法でも州法でも、将来世代のために天然資源を守ることは州の重要な役割であると考えられているため、連邦裁判所としては、州が将来の州民のために資源を保全するため、後見人としての訴訟または公共信託に基づく訴訟を提起した場合には、訴訟適格の問題について緩やかな判断基準を採るべきである」[32]。

ある事例では、州の委員会が、スポーツフィッシングや商業的漁業の利用者の間でキングサーモンの漁獲量を割り当てた規制に対し、スポーツフィッシング団体が異議を唱えた。団体側は以下の通り主張した。(1)規制は州憲法の「公共使用」条項と「排他的漁業権禁止」条項の理念に違反している。(2)「公共信託法理のもとでは、州はすべての州民の利益のためにアラスカの資源を管理するという信認義務を負っている」。(3)「州憲法上の理念によれば」、1つのグループに割当量を配分することは、「『特権』を作り出すことになり、州憲法に反する」。それに対し、アラスカ州最高裁判所は規制を合憲だと判断し、州憲法の条項は、ある利用者グループに許可を与えることを制限する場合にのみ適用

29　Gould v. Greylock Reservation Comm'n, 215 N.E.2d 114, 126 (Mass. 1966).
30　Aspen Wilderness Workshop, Inc. v. Colo. Water Conservation Bd., 901 P.2d 1251 (Colo. 1995).
31　Alethea O'Donnell, Comment, *Something Old, Something New: Applying the Public Trust Doctrine to Snowmaking*, 24 B. C. ENVTL. AFF. L. REV. 159, 186 (1996).
32　本パラグラフの引用は Bradford C. Mank, *Standing and Future Generations: Does Massachusetts v. EPA Open Standing for Generations to Come?*, 34 COLUM. J. ENVTL. L. 1, 8 (2009) より。

され、グループ間で資源を割り当てることについては適用されないと述べた[33]。委員会も、グループ間の割り当てを行なう権限を有するとされた。このような商業上の利益を持つコミュニティとより広いコミュニティとの間で利益のバランスを図ることは、他の裁判所でもできるはずである。こうしたバランスをとるという考え方は、「企業の社会的責任」の問題を扱いつつ、経営陣の行為に対する説明責任を確保するために用いることもできる。公共信託の分野では、経営判断原則により行為を正当化できる余地は狭い。

　また別の事例では、裁判所は、地方自治体の行政委員会が、「地方新聞からの［情報公開法に基づく］情報公開請求への対応方法」をめぐる紛争において、上級管理職の職員を解雇したことは合法であると判断した[34]。この職員は「自らが収集して提出した資料」以外のいかなる資料についても、その真正性を示す認証を行なうことを拒んでいた。［行政委員会委員長］は、［委員長が職員に対し］作成しないよう明確に指示した文書を作成したことで、その職員が信認義務に違反し、公的な資金を無駄にしたとして、その責任を追及した。第4巡回区連邦控訴裁判所は、当該職員の作成した文書は、「せいぜい、自己の評判を守るため、あるいは公共部門の委員である自己のリスクを軽減するために作成されたものであり」、「公的関心事のために一市民として述べているものではない」と判示した。裁判所は、連邦最高裁判所の判例を引用し、公職にある者の発言が表現の自由による保護を受ける「公的関心事」の基準を満たすためには、「官庁における『顕在的または潜在的な不正行為や公共信託違反を明らかにすることを意図したもの』でなければならない」とした。「［行政委員会］が、情報公開法請求に関する［職員］の行動により、［当該行政委員会と管理職の業務における関係］が修復不能なまでに崩壊してしまったと考えたのは合理的だとして、彼女を最上級の業務執行役から解雇したことは正当だった」とされた。裁判所は、ほかに民間人に関わる事案でも、公共信託概念を認めてきた。銀行に対する詐欺を共謀した銀行員や、クラス・アクション訴訟で原告集団を担当する弁護士がその例である。

---

33 | Tongass Sport Fishing Ass'n v. State, 866 P.2d 1314, 1316-18 (Alaska 1994).
34 | McVey v. Va. Highlands Airport Comm'n, No. 01-2466, 2002 U.S. App.LEXIS 16584 (4th Cir. Aug. 15, 2002).

このように、公共信託法理は、会社経営陣が金融システムや経済に関わる人々に重大な影響を及ぼすような権限を託され、またそれを行使する場面で、会社経営陣が従うべき指針と社会の重要な利益とのバランスをとるための基本原則となりうる。

2　受認者サービスの提供にあたって誠実に行動する義務

　受認者は、定義上、サービスの実行方法や託された財産と権限の行使方法について裁量を有する。受認者に対する指図がどれほど詳細であっても、裁量は残る。実際、サービス提供者がほとんどあるいはまったく裁量を有していないのなら、受認者ではないとされる可能性もある。受認者の裁量は、託された財産や権限の用い方やサービスに関係する。これらの財産や権限の用い方についての解釈の幅は広い。それゆえ、法は受認者に対し、誠実に行動せよ、という一般的な義務を課している。受認者は正しいことをしていると心から思えるようにならなくてはならない。「法の抜け穴」を探し求めてはならない。受認者の言っていることと、考えていることが異なるという証拠があってはならない。デラウェア州では、会社経営者が誠実に行動した場合には、従業員の法令違反を防止する義務違反を問われても、高いレベルの保護を与えてきた。ある学者は、「誠実義務」が注意義務や忠実義務とは異なる内容を持つかどうかについて疑念を示している。彼は、会社法において誠実義務は新たな訴訟原因となるのか、あるいはむしろ、「裁判官による会社法についての裁判上の判断に最大限の柔軟性を与えるだけなのか」[35]と問いかけている。おそらく後者が正しいであろう。

3　会計報告義務

　会計報告を行なう義務は、単に知らせる義務ではなく、むしろ、託された財産や権限についてのこれまでの行為について、職責を果たしたことを示し、「結果についての説明責任」を果たす義務である。会計報告には開示が含まれるが、開示以上のものも含まれる。受認者が託した人に関連する情報を伝達す

35　Sean J. Griffith, *Good Faith Business Judgment: A Theory of Rhetoric in Corporate Law Jurisprudence*, 55 DUKE L. J. 1（2005）.

るだけでは十分でない。受認者が託した人に債務を負っている場合には、会計報告には債務の返済も含まれる。従業員がダイヤモンドのような特定の資産を購入するための金銭を雇用主から受け取った場合、ダイヤモンドと共に、その支払にかかる領収書や未使用のつり銭を返さなければならない。

　受託者のような受認者は、託された財産にかかる会計報告の一部でなく全部を、散発的でなく継続的に実行しなければならない。会計報告は、終了時の会計報告まで、計画的に、定期的に、網羅的に行なわなければならない。他方で、会計報告の頻度は合理的でなければならない。たとえば、信託にかかる会計報告は、通常は毎日行なう必要はないが、特別の事情がある場合には合理的かつ速やかに報告すべきである。

4　自己執行義務

　信認関係は高いレベルの信頼に基づき、しばしば高いレベルの専門性に基づいた、人に付随する関係であるため、受認者が引き受けた役務に対する責任や実行を他の人に委任する自由は制限されてきた。これは、受認者がその義務を果たす際に他のサービス提供者の力をまったく借りてはならないという意味ではない。秘書や調査、その他の同様のサービスは許容される。取締役会はCEO（最高経営責任者）に、会社の事業遂行や政策決定という重要な権限を委譲することができる一方で、取締役会はCEOの決定等を覆し、解雇する権利を留保している（高額の年金という費用を覚悟しなければならないだろうが）。受託者がすべての信託義務を代理人に委譲し、代理人が受託者による検証を受けずに信託財産を取り扱えるようにした場合、その代理人が信託財産の一部を使いこんでしまったら受託者が責任をとらなければならないだろう。受認者は、すべてを他人に委任することは許されず、やるべきことができないなら辞任すべきである。

Ⅵ　受認者によるサービスの契約と報酬

1　契約と信認の混合

　受認者はサービスの報酬を得る権利がある。原則として、報酬の支払は、財

産や権限を託すこととは異なる。報酬は、サービスの対価として支払われるものであり、信認法の取り扱う対象とすべきではない。受認者の報酬を支払って雇う際の条件をめぐっては、受認者と託す人の間に明らかな利益相反が生じる。受認者はサービスに伴う負荷を減らし、報酬と利益を増やそうとする。託す人は（受認者にとってサービス提供がどれだけの負荷となっても）最高のサービスを最小限の費用で提供されることを期待する。

　この関係は契約モデルに従う。契約法のモデルは、対等な立場で交渉する関係である。しかし、託す人と受認者が対等な立場で交渉可能であることはほとんどない。信認関係にある期間は長いこともある。信認関係が成立してから、受認者は託す人の信頼を受け、受認者の多くは託す人の金銭を保有し、そこから、受認者は自らの報酬やその他の受け取るべき金額を引き出すことができる。また、託す人が大きな年金基金であれば資金運用者と交渉できるかもしれないが、個人投資家等の場合、そうした交渉力を持ち合わせていないことがある。託す人が小規模な場合、信認関係から退出することが不可能な場合もあり（投資家が年金制度に組み込まれたような場合）、また退出するには、税金の支払や助言を求めるために高額の費用がかかる場合もあるだろう。同様に、会社の役員は取締役会に対して強い影響力を持っているので、役員報酬の金額や内容を左右することができる。

　受認者の報酬については、信認法の原則による考慮がなされるべきだとの議論もある。特に信認関係が成立した後はなおさらで、その場合には契約法とは異なる検討がなされるべきだというのである。これに対しては、このような場面においても、契約法の不当威圧ルールが適用されるべきだ、との反論がありうる。

2　1つの解決法：託す人の代表者による対等な交渉

　これまで、契約法と信認法を組み合わせることで、対等な取引関係に類似した仕組み、つまり、託す人の代表者がより強力に契約交渉する仕組みが実現してきた。会社の取締役は、託す人の代表として、会社と株主に代わって役員報酬を交渉する権限を与えられ、かつ交渉する法的義務を負っている受認者である。この機能は、託す人（会社と株主）の利益のために取締役に託されたもの

であり、他の誰（取締役自身であれ、その他の者であれ）の利益のためでもない。したがって、信認法は、役員報酬の支払に関して取締役に義務を課している。この場合、信認法は取締役に適用されるのであって、役員に対してではない。

　しかし、会社役員の強い影響力が託す人の代表者である取締役にまで及ぶのであれば、ミューチュアル・ファンドの場合を類推するとわかるように、投資助言者にあたる役員は自らのファンドにあたる会社財産に対し、「不当に高額な報酬や費用」を負担させないようにする信認義務を負う場合があるかもしれない。しかしながら、役員がこのような義務を負うからといって、取締役が、投資助言者にあたる役員と報酬契約について交渉する信認義務を免れるものではない。

　過去30年間、CEOが取締役を選任してきたのであって、その逆はあまりない。取締役が役員と実質的に同じだということはよくある。取締役は、現CEOや引退したCEOであることが多い。取締役会にCEOが加わることは、大きな組織の運営と監視に関わる専門的能力を持っていることから正当化されている。取締役がCEOの友人である場合もある。結局、敵対する人同士がうまく働くことはできないのだから。それでも、取締役は、選ばれたCEOの報酬が高すぎることはないと結論付ける傾向が強い。取締役は、有能な役員の報酬には制限があるべきではないと心から信じているのかもしれない。そして、役員は報酬金額によって動機付けられ、金額が少ないほど業務遂行に力を注がなくなると心から信じているのかもしれない。

　2010年1月、ウォールストリートジャーナルの調査で、上位38社の金融機関が2009年の役員報酬として計1450億ドルを予定していることがわかった。この報酬は、前年比18％増で、当たり年といわれた2007年よりも「若干多い」という。報酬を受け取るのは、役員、トレーダー、投資銀行部門の担当者、投資顧問の運用担当者である。「ウォールストリートの報酬に対する考え方に対して怒りが湧き上がっていたにもかかわらず」[36]、こういう結果となったのである。これらのボーナスは、政府がこれらの銀行や投資銀行の救済を行なってから1年ほど経った後に出された。ボーナスは、銀行の株式で支払われ、一

---

36 | Stephen Grocer, *Banks Set for Record Pay*, WALL ST. J., Jan. 15, 2010, at A1, LEXIS, News Library, Wsj File.

定期間は株式を保有していなければならなかった。2010年には銀行の株価が低かったので、ボーナス受領者は、株価上昇で利益を得るかもしれない。金融機関の代表者は、「競争力のある給与体系」が必要で、そうしないと有能な従業員が非米国系企業やヘッジファンド、プライベートエクイティファンドに引き抜かれてしまうと主張した。おそらく取締役は、役員報酬が低くなれば、その分名声も下がると考えているのかもしれない。このような仮定は間違っているのではないだろうか。この仮定に従って執行役の望み通りのことを許すような文化を作ってしまうことは、会社と託す人に害悪をもたらすだろう。このような仮定のもとでは、取締役会と役員の対等な交渉というモデルは非現実的なものとなる。

以上の理由により、「代表者」モデルは現在考え直す時期に来ている。大規模な投資家に取締役を選出する権限を与え、株主に役員報酬について意見を述べる権限を与えるべきだという圧力も高まっている。

3　受認者のサービスをビジネスと捉えること
(1)　専門家からビジネスへ

過去25年の傾向としては、受認者のサービスをビジネスと捉える流れがある。たとえば、連邦最高裁判所は1977年、弁護士の報酬を一律に定め広告宣伝を禁止する、全米各地で行われてきた規制を無効とした[37]。この変化により、法曹サービスの焦点が、法律事務所の利益やビジネス競争へと移っていった。

同様に、医師も自らの医療サービスの焦点を、ビジネスへと移していった。ミューチュアル・ファンドの投資顧問会社も、同様のモデルでサービスを提供するようになって久しく、株式を公開した会社も多い。このように、受認者たちは、業務の遂行においても、自己認識においても、ますます受認者サービスの提供をビジネスと捉えるようになっていった。ジョエル・C・ドブリスは、「信託と財産（trust and estate）」法の堕落を嘆き、この分野の法は破綻しつつあり、顧客の役に立つためではなく、むしろ金儲けと法形式の濫用のために使われていると論じている[38]。「義務感というものが、受託者の行為を統制する

37　Bates v. State Bar of Arizona, 433 U.S. 350 (1977).
38　Joel C. Dobris, *Changes in the Role and the Form of the Trust at the New Millennium, or We Don't Have to Think of England Anymore*, 62 Alb. L. Rev. 543 (1998).

手段となりうるという信頼感は、受託者が受益者以外の人に対して義務感を覚えるという限りにおいて、低下してきたようである。受託者は、監視されていなくても信認義務を完全に果たすものだと考える人は、弁護士であれ規制当局であれ、どんどん少なくなっている。義務を重視することは古い考えのようであり、受託者は義務を信奉する存在であるという考えも過去の遺物である」。信託法は、「商業的な受託者の行動様式と共に」変化している。

(2) 論点：専門家のサービスをビジネスと捉えた場合に発生する複雑な問題

問題は、受認者の報酬がサービスの対価として支払われる（現状そうである）かどうかにとどまらない。特定の行為が信認関係として扱われるか、ビジネスとして扱われるかにも関わる。弁護士や医師（そしておそらく教師や会計士）など専門家は、公共サービスであることを強調しつつ定義されていた。

ラファエル・チョーダスがこれについて雄弁に語っているので、以下に引用しよう[39]。

> 訴訟は、専門職であったのが、ビジネスになり、さらに産業へと変化した。
>
> **専門職**（Profession）とは、他者を助けるために身を捧げる職業である。専門職自らの利益よりも顧客の利益を常に優先させなければならないため、自己犠牲を伴う。
>
> **ビジネス**とは、ビジネスの出資者のために富を生み出す手段である。もちろん、ビジネスも他者に有益なものを提供しなければならないが、これは出資者に富をもたらすための手段というだけである。ビジネスは専門職と異なる。なぜなら、ビジネスは定められた法と倫理の範囲を超えてはならないが、一方で、それ以外では自らの利益を優先する自由があるからである。……
>
> 専門職は、より高い目的への献身という要素を含むところが、天職や「神の与えたる天命」といったものに似ている。ただし、それは常に天命よりも世俗的であり、伝統的には天命のような自我の完全な放棄は含まれ

---

[39] Rafael Chodos, *Is the Law Still a Profession?*, Citations (Ventura County Bar Ass'n), Aug. 2009, at14, http://www.vcba.org/citations/2009/citationsMag_aug09.pdf.

てこなかった。……また専門職には常に特別な教育や高度に進んだ技能を勤勉に維持することが求められるが、天命にはこのような教育や技能が求められない点でも、専門職は天命と異なる。ビジネスに関していえば、技能に依拠しているものの、一般的にはその技能を資格により証明することは求められない。

専門家であることとビジネスの間には常に緊張関係がある。弁護士は生計を立てる必要がある。顧客は弁護士に無報酬で働いてほしいと思うだろうが、弁護士は報酬を請求しなければならず、少なくともこの点において弁護士は自らの利益を顧客の利益より優先させなければならない。この緊張関係に鑑み、我々の法は常に、弁護士の信認義務の縛りから報酬交渉を例外としてきた。

大きな法律事務所に勤務する弁護士の数が、単独あるいは小さい事務所で実務を行なう弁護士の数に比べて増加するにつれ、ビジネスと産業との間の緊張関係が年々強くなってきた。……

法律事務所では、義務の履行を組織的に委任するが、専門家に課せられる義務を委任できるか、そもそも委任すべきかということは明白でない。法律事務所、特に大きな法律事務所には、組織的階層（ヒエラルキー）が存在する。……このヒエラルキーは、組織的な義務の委任と密接に関係しており、困難な労働を不満渦巻く末端の者に押し付け、階層の上位者を支えようという圧力が生ずる。法律事務所が、法律産業において競争に勝ちたければ、「生産性」を基準として採用し、組織的ヒエラルキー構造を正当化しなければならない。たとえば、顧客を連れてくるパートナーは、法律事務所のなかで働く所属員よりも高い価値を有する。こうして、法律事務所は、所属員の顧客への貢献度よりも、事務所への貢献度を基準とすることで、ビジネスとして機能することになる。階層の下位者は事務所内で昇進することに注力する。すなわち、雇い主や上級パートナーの機嫌取りを優先し、顧客に認められようとするのは、それが事務所内での昇進か、あるいは顧客を連れて事務所を出ることに役立つ場合に限られる。

専門家と産業の間にはさらに深刻な緊張関係が存在する。専門家の依頼人は弱みを持った者であり、その弱みを解決するために専門家の助けを求

める。依頼人は訴えられている人であったり、損害を被ったり災難で苦しむ人であったりする。だから弁護士を頼るのである。患者は病気にかかったり怪我をしたりしているから、医師の助けを求める。この弱みこそが信認義務の根源であり、専門家は常にそのことを気にかけておかなければならない。しかし、一旦専門家が産業の一部になってしまうと、依頼人の弱みに対する感覚が失われてしまう。それどころか依頼人は取引先となり、営業努力の対象として依頼人となるよう勧められるのである。

　産業としての法の価値について判断することが本稿の目的ではない。それは別の機会に行なうこととしたい。……もし法分野が実際に産業と化したら、それでも本当に専門家のする仕事といえるのだろうか。

　ここには複雑な問題が浮き彫りになっている。たとえば、歯科医院が歯科保険の適用がある患者に書面を送る場合である。その書面には保険期間終了の前に、保険の適用範囲でさまざまな歯科治療を受けることを勧める内容が書いてある。結局支払った保険料は返戻されないのだから、使い切ってしまえばよいのであると。このようなメッセージを禁止する法は存在しないようである。しかし、そこにはとんでもない間違いが存在する。このメッセージが、もし相当数の歯科医と患者の間で実行されてしまえば、保険制度が崩壊するか、あるいは高価なものになる。保険会社は、歯科治療の内容や適用対象額を制限したり、保険料を増額したり、過剰に保険を利用する者あるいは歯科医に対して保険の適用を拒絶するだろう。保険の費用も高騰するだろう。ビジネスを行なう者はこのような事態を気にしない。保険会社が、自らのビジネスに対処すべきなのである。ある時点で立法者が介入するかもしれない。おそらく、書面を書いた歯科医は賢いことをしたと思っているだろうし、書面の合法性を考えたりはしたかもしれないが、それが社会や保険制度に与える影響や専門家としての責任に思いが及ぶことはなかったのであろう。彼らは、良好かつ効率的な保険制度を維持するために、立法がいつ自由市場に介入するか悩むことはないだろう。

　弁護士や医師といった専門職のビジネスは、託す人との関係においてビジネス要素の比重を減らすことに、依然として重心を置いていると、私は信じている。たとえば、法律事務所は弁護士でない者をパートナーあるいは株主として

受け入れてはならない。対照的に、ミューチュアル・ファンドを設定し、このファンドの有する投資家の資金を運用する投資顧問会社のような受認者であれば、運用者でない投資家から資本金を調達できる。実際、投資助言者——投資顧問会社の多くは公開会社である。

このようなタイプの投資助言者が巨額の資産を運用管理するためのインフラに投資して、保有していることを考えれば、この違いは理解できる。

しかしながら、受認者とビジネスの混合は難しい問題を引き起こす。投資助言者が、自らが運用管理するファンドにかかるサービス（統計業務等）の費用を30％削減する交渉に成功した場合、この削減によって誰が利益を得るのか。投資助言者か、ファンドの投資家か。投資助言者は削減分を自らの収益とし、投資家のファンドにはサービスに対する市場価格を請求できるだろうか。その答えは、当事者間の認識、あるいは契約によって変わるかもしれない。「実費を投資家が負担する」のような明示の定めがなければ、より一般的なルールから答えを導くことになろう。投資家との合意書で「市場価格」、ないしは類似の文言で明示しない限り、特段の合意がない場合のルールとしては、投資家に対して「実費」を請求することになるだろう。同様に、ミューチュアル・ファンドの投資顧問会社がサービスのためにかける費用を削減すると決定した場合、この決定は将来および現在の投資家に公表されるべきなのだろうか。大きな事業を運営する受認者が増えるにつれ、受認者としてのサービスとビジネス上の利益との間に明確な区別をすることが極めて重要になる。

この問題は金融サービス以外にも広がっている。ある大学教授は、「受認者としての忠実義務に違反した責任があるとされたが、その根拠は、教授たる地位そのものではなく、むしろ、信頼してくれた学生の大きな犠牲のもとに露骨に自己利益を追求したことにある」[40]と認められた。このように、法または社会の圧力が専門家たる受認者の公的サービスの要素を再び強調しようと介入しない限り、そのビジネス要素が「専門家としての矜持（professionalism）」に勝ってしまうだろう。伝統的な見解では、専門家は社会の役に立つために国家によって権限を与えられた受認者である。弁護士は、法に反する行為を回避する

---

40 | Chou v. Univ. of Chi., 254 F.3d 1347, 1362 (Fed. Cir. 2001).

ための「ゲートキーパー」であるとみなされるし、医師は病気の人々を治療する専門家であるとみなされるのである。

　市場の圧力を受けて、競争する専門家は、カネを払う人であれば望む通りのことをするようになってきた。たとえば、巨大会計事務所アーサー・アンダーセンが廃業に追い込まれたのも、きっかけは顧客であるエンロンに「アグレッシブな会計処理」を行なったことであり、実際にはエンロンの財務の実態を見失わせるような処理を認めたことであった。会計事務所は、2つの相反するサービスを事務所内で分離することを強制されるまで、コンサルティングサービスから利益を得ていた。弁護士は「法の抜け穴」を売り、医師は不必要な治療を行なったり、必要な時に治療を施さなかったりする。専門家の事務所やその他の受認者が、ビジネスを行なっているという大方の見解は、かなり広がっている。

　クラス・アクションを手がける弁護士同士の競争は、潜在的な原告に提訴資金を支払って、訴訟を受任しようとする誘惑をもたらす。この支払は、本来訴訟を起こさなかったはずの原告による訴訟提起を防ぐために「訴訟援助（champerty）[41]」が禁止されていることに違反する。

　同様に、公的年金基金への助言ビジネスを得ようとする弁護士は、顧問弁護士を選定する役人に献金するよう駆られていった。このような「プレイしたければ金を出せ（pay to play）」[42]という傾向が強まったため、アメリカ法律家協会は、「弁護士または法律事務所は、政府に法的助言を行なう契約や裁判官による専門家としての指名を受けるため、またはそうした考慮を受けるために、政治献金を行なったり政治献金の勧誘を行なったりした場合、そうした契約や指名を受けてはならない」という規定を定めた[43]。この規定の解説には、起こりうる利益相反についての考察が示されている。

---

41 ｜ 勝訴の際には係争物の一部を受けることを約束して、他人の訴訟を正当な理由なく肩代わりし、自らの費用で訴訟を追行すること。このような約束は公序良俗違反として無効とされる。
42 ｜ サービスなどの契約を受注したい者（クラス・アクションを担当したい弁護士や、政府の契約を受注したい業者）であれば、発注する権限を持つ者（代表原告となりうる者や、政府の官吏になりうる者）に対して、事前に資金の提供や選挙の支援などを行なわざるをえないような状況を指す言葉。
43 ｜ Model Rules of Professional Conduct（弁護士行動準則模範規程）R. 7. 6 (2001).

4　市場競争は必ずしも運用管理報酬を統制するとは限らない

　アメリカでは、市場が価格や給与、報酬を決定すべきであると強く信じられている。立法府や規制当局、裁判所はこの分野に介入すべきでないというのである。しかし、専門家や資金運用者、会社経営陣等の特定のサービスについては、市場競争が合理的な報酬額を効果的に決定できるわけではない。実際、CEO間の競争は、より低い報酬ではなく、より高い報酬を生み出している。自らの地位と評判を揺るぎないものにするために、会社経営陣は他の者に支払われているよりも高い報酬を要求する。同様の現象は、法や医療サービスの分野でも起こってきた。より高額な報酬が、より高度で安心できるサービスを提供する能力を示すと考えられるとき、たとえば心臓手術の際に、人は最も報酬の安い外科医ではなく最高報酬の外科医を探すだろう。ビジネスにおいても、実際に価格は質の尺度となることがある。

　高い報酬を受け取る役員は、報酬を減らすことではなく、社会貢献活動や寄付を行なうことで、もらいすぎる報酬を正当化するだろう。こうして競争は、役員報酬を減らすどころかむしろ増やしてしまうことがある。さらに、たとえ報酬が成果と関連付けられていても、高額な報酬の継続を強く求める圧力は、依然として存在する。役員が巨額のボーナスを受け取ることが当たり前になると、よい成果に対する報奨というボーナスの理論的根拠はなくなり、ボーナスに対する強い期待だけが残る。結局、業績が悪かった場合でも、その理由は役員の実績以外にも求めることができる。こうしてボーナスは、実績と関係のない、報酬として支払われることになるのである。

5　役員を会社の所有者と一体化する理論的裏付け

　過去30年の間に役員報酬を増大させてきたのは、役員にインセンティブを与えることを想定する理論である。つまり、役員報酬を会社業績に連動させる考え方である。この理論によれば、役員のインセンティブが株主の利益に一致するなら、役員が株主のために最大限努力するようにインセンティブが働くだろう。この理論は、役員自身が託す人の立場に置かれれば、彼らの利益が株主や会社の利益と一致するという事実を根拠としている。

　このような論理構成は、効果がないばかりか危険でもあると証明された。1

点目に、役員は会社に仕える労働者であり、自らの資金をリスクにさらしている所有者ではないということがあげられる。会社の剰余利益は所有者が受け取ると我々の社会は決めたのである。一方、労働者は一定の金額を受け取る（所有者の裁量でインセンティブ報酬が追加されることもある）。役員の負うリスクは労働者の負うリスクと同じであり、出資者の負うリスクとは異なる。所有者のリスクと利益は企業の繁栄により直結している。経営陣は、所有者の利益には参加するが、所有者と共にすべてのリスクを負うことは拒んできた。

2点目に、役員は自らを所有者と同一視することで、託された資産と権限を保有する受認者ではなく、所有者であると感じ始めた可能性があることが考えられる。それは、権限についての考え方の変化として、危険の伴うものであり、託された財産や権限の濫用という事態をたびたび引き起こしてきたのである。役員の「所有者意識」を念頭に置けば、議会が税金による支援を受けた会社の役員報酬に上限を設けようとした際に、役員とその支援者が反対してきた理由を説明することができる。役員とその支援者は、アメリカの会社から指導者と有能な人材が流出してしまうことや、報酬が高額でなければ指導者と有能な人材が国外の会社に流れてしまうと主張している。しかし、このような状況で、人材の有能さと支払われる報酬が見合っているのかについては、議論の余地がある。そして優秀な人材とされる者が、会社や株主、従業員の負担のもとに巨大なリスクをとっているのであれば、そのような人材を失うリスクはとるべきリスクなのかもしれない。さらに、支払われた金額によって価値が測られ、指導する組織と人々の繁栄に誇りや恥じらいの感覚がない指導者が、アメリカの期待に応えることはできないだろう。もし指導者が自己の利益のために託された権限に強く執着していたら、それはアメリカが必要とし要望する指導者なのだろうか。

3点目に、スポーツや映画のスターが収入に貢献する場合と異なり、役員の会社業績に対する貢献度は判断が難しいということがあげられる。成果は多くの要因と会社全体の従業員の力に左右されるだろうし、あるいは1人の従業員の発明によるかもしれないのであって、CEOや経営陣の指導力によるものではないこともある。

驚くことではないが、株式市場で株価が下落した時、経営陣は役員や評価の

高い従業員に割り当てられたストックオプションの価値を維持する方法を模索した。そうした方法の正当化（法的な正当化ではないが）は、株主と利益を一体化させる理論と、会社の繁栄は経営陣と評価の高い従業員の努力によるものであるという理論を、放棄するものだった。皮肉なことに、このような正当化は、従業員と所有者の区別を根拠にしたものであった。従業員には給料が必要で、給料を受け取る権利がある。これは、従業員が市場リスクを引き受けるべきでないことを含意している。しかし、給与が減ると評価の高い従業員が会社を辞めるおそれがあるという論理は、正当化にはなっていない。それは、投資家が離れて株価が下落するおそれと何ら変わらないからである。

　従業員の報酬を真に正当化する理由は、従業員の負うべきビジネスリスクは投資家よりも低いというところにある。そしてその理由が合理的なら、従業員の得るビジネスの利益も投資家より少ないはずである。リスクと利益のレベルが均衡していない場合、低いリスクしか負担していない当事者が、高いリスクを負担する当事者と同等、または場合によってはより多くの利益を得るために、高リスクの状況を作り出そうとする可能性が高くなる。このことは、特に、支配力のある当事者の方が負担するリスクは低くて、少なくとも同等の利益を、場合によってはより多い利益を得ようとするときに当てはまる。

　4点目に、役員報酬と株価の市場価格を結びつけることは、会社の経営陣を腐敗させる場合があり、実際に腐敗が生じてきた。多くの役員にとって、会社の業績を操作し、あるいはストックオプションの条項を変えるインセンティブを引き起こしたのである。

　5点目に、会社の利益と株価に報酬を連動させることは、役員の実績の良否の説明にならない。たとえば、コストカットによる短期的利益は長期的には会社ビジネスに傷をつけ、残った従業員の士気を低下させ、会社の人的・財産的資本を失わせ、破綻を引き起こしうる。しかし、このようなコストカットは役員に「業績報酬」を受け取る権利を与えることになる。

　サーベンス・オクスリー法（SOX法）関連。SOX法304条のもとで、アメリカ証券取引委員会は、「発行体の重大な法令違反による訂正報告」が生じた場合、訴えを提起し、会社経営陣にボーナスの返還を求める権限を与えられている。2006年に証券取引委員会はこの権限を行使し始めた。

執行役報酬に関して利益相反を避ける方法。高額な役員報酬を承認したことと自らの利益相反について、株主代表訴訟から自らを守るために、取締役会がしばしばとる方法が、コンサルタントや役員募集専門家を雇って、新CEOまたは契約更新を交渉中の現CEOの現在の報酬相場について助言を求めることである。しかし、この助言者自身にも利益相反がある。コンサルタントは役員に助言するだけでなく、交渉を代理することもあるので、自分が専門的なアドバイスを行なう役員が高額の報酬を得ることが利益となる。よって、社会的な批判が高まり、株価が低迷するにもかかわらず、2006年のCEOの報酬は上がり続けた。実際、役員報酬は2007年にピークを迎えた。この問題に対し株主が不満を提起したが効果はなく、裁判所も役員報酬が多すぎるかどうかの判断を拒否した。一般市民のこだわりと圧力が増してきているにもかかわらず、議会もこの問題を解決するために情報開示と課税に頼るだけであった。

6　役員報酬削減の影響

2007年と2008年で多くの最高経営責任者（CEO）がその地位を去った（望んで去った場合もそうでない場合もある）。退任したCEOの多くは、多額の退職金を受け取った。過去10年間、この問題に対する直接的または間接的な株主の関与を強めようとする試みはあったが、政府に救済された会社を除いて、何ら司法あるいは立法による直接的な規制は望めそうにない。

2008年に議会は、巨大な金融機関や事業会社を数多く救済した。役員報酬に対する猛烈な批判や一般市民の激しい怒りによって、曖昧ながらも役員報酬の上限規定がまず設定された。しかし、メリルリンチの前CEOが政府の援助を受けて「身売り（fire sale）」交渉をしている際に経営陣のボーナスを調整していたという事実が判明した時、これまでも続いていた一般市民の怒号はさらに激しさを増した。その時になってはじめて、納税者の大きな負担で救済を受けた会社の役員報酬は、50万ドルを上限とすることが規定された。破綻会社に責任がある役員の報酬に関する株主訴訟によって、遡って報酬の返還も要求できるようになった。

会社株式の市場価格が下落すると、ストックオプションは価値を失う。そのため会社の取締役は、オプション行使価格を引き下げるか、あるいは市場価格

より低い価格で行使できる新しいオプションの発行を試みる。しかしその場合、取締役はさまざまな株主代表訴訟を提起される立場になりうる。たとえば、「会社の毀損、信認義務違反、規則 14a-9 違反、連邦証券法の詐欺行為禁止規定違反、証券法 12 条(2)違反、証券取引所法 18 条(a)違反に基づく訴えである。以前のオプションがアンダーウォーターオプション（オプション行使価格より市場価格が低く、オプションの価値がなくなった状態）となり、利害関係のある取締役が新しいオプションを発行しようとすれば、高額の費用のかかる訴訟が確実に起こるだろう」[44]。しかし、託す人の同意と同様、株主が承認すれば、取締役は法的に保護される。取締役は、一部の例外を除いて「アンダーウォーターオプションとなった場合、取締役の対応措置を可能とする」文言をストックオプションに盛り込んだ。ただし、こうした株主の同意が、どの程度まで法的拘束力を持つかは明らかでない。「1987 年 10 月の株式市場の崩壊が、取締役によるアンダーウォーターオプションへの対応の是非を争う、新たな一連の株主代表訴訟を引き起こした」[45]という例もある。

会社経営陣はあきらめていない。経営陣は議会に働きかけようと結束してきた。バンクオブアメリカは提案された報酬金額では合意できなかったため、新 CEO の採用に苦労した。結局、2008 年末には、法ではなく市場と世論が問題解決はできなくとも、影響を与えるように思われた。2009 年 3 月 4 日、ウォールストリートジャーナルの 1 面に、「失敗に導いた功労者として」、合計 2 億 900 万ドルものボーナスをもらったメリルリンチの稼ぎ頭 10 人のうち 3 人の写真を掲載した[46]。このように 2009 年のはじめの頃は、議会および規制当局、そしておそらく裁判所もこの問題に対処するように思われた。

役員報酬が完全に、もしくは概ね会社の利益に連動しているのなら、役員は会社の利益が低下したとき自らの利益も連動して減少することを受け入れなければならない。固定報酬であれば、会社の損失を受けても報酬は減らないかもしれないが、解雇されることは回避できない。さらに受け入れ難くて理解しに

44　Eric J. Wittenberg, *Underwater Stock Options: What's a Board of Directors to Do?*, 38 AM. U. L. REV. 75, 106 (1988).
45　*Id.*
46　Susanne Craig, *Merrill's $10 Million Men*, WALL ST. J. Mar. 4, 2009, at A1, LEXIS, News Library, Wsj File.

くいのは、業績好調は権限を持つ者の努力の結果であると考えてそれに従って報酬を与え、一方で業績悪化の場合には報酬と評価に影響を及ぼさない制度となっていることである。2009年時点で、この問題はまだ解決されていない。

7　ミューチュアル・ファンド運用者の報酬

　役員報酬と同様の問題が、ミューチュアル・ファンドを運用する助言者に対する報酬にもある。1940年投資会社法36条(b)では、投資会社にかかる報酬や費用につき、投資会社の助言者（営業担当者や運用者）に信認義務を課している。この文脈で信認義務は何を意味しているのか。裁判所による判決のなかには、投資会社の取締役会が助言契約や支払の承認をする際に考慮すべき事項を列挙したものもあるが、近時の判決は、開示というより簡潔な基準を示すに過ぎなかった。報酬や費用に関する情報が公に開示されている限り、株主、つまり市場が、報酬水準を判断するはずである。市場価格は信認された価格だというのである。しかし、連邦最高裁判所はこのような見解を退け、ファンド（投資会社）の取締役が助言者と交渉する際の基準を裁判所が示すという考え方を採用した[47]。

　理論上の問題点は変わらない。ある役員の報酬決定権を、同じ役員の執行権限とどの程度別扱いできるか。おそらく、報酬に関して役員の権限が小さいほど信認法の適用が弱くなり、権限が大きいほど信認法の介入が強くなるはずである。信認義務が弱いということは、利益相反の禁止がそれほど厳しくないということを意味する。つまり、権限が大きくなれば禁止がより厳しくなるということである。

8　司法と立法のアプローチ

　司法と立法は、受認者の報酬と費用の問題に関し、異なるアプローチをとってきた。第7巡回区連邦控訴裁判所は、投資運用者の過剰な報酬を決める行為は、明らかに信認義務上問題となると1940年投資会社法がしていることに対し、市場を前提とした解釈をした[48]。信認義務は開示による公表に限られる、

---

[47] Jones v. Harris Assocs. L. P., No. 08-586, 2010 U.S.LEXIS 2926 (U.S. Mar. 30, 2010).
[48] Jones v. Harris Assocs. L. P., 527 F.3d 627 (7th Cir. 2008).

という強い信念を示したのである。つまり、適切な情報開示がなされれば、投資家や金融市場は、投資運用サービスに対する報酬や費用について十分な判断ができるというのである。一方、第2巡回区連邦控訴裁判所など他の裁判所では、取締役が報酬や費用が過剰か否か判断するための明示的かつ詳細なガイドラインを導入した[49]。連邦最高裁判所は、第2巡回区連邦控訴裁判所の見解を支持し、報酬や費用の判断においては取締役会の指針となる特定の基準があり、合理的でない場合には訴えが認められるとしたため、裁判所による判断の相違は決着した[50]。

　役員報酬と受認者の報酬の物語はまだ完結していない。しかし、2009年末で見る限り、世論や政府、多数の議会指導者を一方とし、会社経営者をもう一方とする争いは、もう始まっている。

Ⅶ　議　論

　忠実義務、特に利益相反の禁止とその禁ずる範囲については、広く批評と議論の対象となってきた。そのような議論のなかでは、託した人が負うリスクをどのように計測するか、利益相反の禁止をどこまで厳格に捉えるか、また、利益相反の禁止をどの程度まで排除すべきと提案するか、といった論点をめぐって、さまざまな意見が対立していた。ある研究者は、会社の取締役の信認義務はもはや存在しないと指摘している。また別の研究者は、忠実義務違反となる利益相反が、注意義務違反に比べて絶対に排除しなければならないほど「コストが高い」といえるかにつき疑問を呈している。

　こうしたかたちで信認法による会社経営陣の統制を放棄してきたことへの解決策として、信認法を回避し、契約と制定法によって違反行為の広がりに歯止めをかけるという提案がなされた。他方で、同じ問題を解決するため、信認法に依拠した解決法も模索された。会社経営陣のボーナスに関する近時の意見の衝突は、経営陣が、財産と資金を託された形で保有しているというより、その所有者として自己認識し、権限を行使しているに等しいことの証左である。経

49　Gartenberg v. Merrill Lynch Asset Mgmt, Inc., 740 F.2d 190 (2d Cir. 1984).
50　Jones v. Harris Assocs. L. P., No. 08-586, 2010 U.S.LEXIS 2926 (U.S. Mar. 30, 2010).

営陣が、自ら率いる企業が政府支援を必要とする状況に陥ったにもかかわらず、高い報酬を受け取り、ボーナスに対して執着する状況を見るにつけ、また経営陣の受け取るボーナスに対する制約はなくすべきだという主張に対する支持が回復するのを見るにつけ、経営陣が託された財産を所有者として扱う権限を有するかのような態度の根強いことがうかがえる。しかし、結論としてはやはり、契約的な手法によるのではなく、議会の立法や裁判所の判決によって経営陣の自由を規制することになるだろう。それにより株主は、経営陣の報酬に、より大きな影響を及ぼせるようになるかもしれない。2009年の展開からは、委任状のルールや報酬金支払の監視役が設立されることにより、政府、投資家、市民といった（経営陣に対抗する）勢力が力をつけているようにも見受けられる。政府の公権力と均衡させるため、民間の私的権力が存在することは望ましい。しかし、反対勢力の存在による均衡確保ができなくなった私的権力は、誰に対しても責任を負わないいかなる権力に劣らず危険である。

1 利益相反は無条件に禁止されるべきか

託された財産や権限の濫用を予防することを目的とする信認法のルールをめぐってはこれまでさまざまな論議がなされてきた。そうした議論の焦点は、託される人が、それ自体では託す人を害さないものの、託された財産や権限を悪用したいという誘惑に駆られる行為について、これをどの程度まで禁止すべきか、にあった。濫用を防ぐための規則は限定されるべきという意見を支持する者は、そのような規則は受認者に高いコストを負担させ、また、託す人に無用な保護をかけることで受認者の利益も低減させると主張する。なぜ、誰も傷付けずに、受認者や経済に利益を与える取引を禁止するのか、と。

現代の法学者のなかには、利益相反を無条件に禁止することに反対する論者がいる。彼らは、（利益相反行為を）機械的に「不正行為として認定するのは適切でなく、代わりに、託された人が当該行為は不正行為ではないと反証するのを許す不正行為の推定をすべき」[51]だと論ずる。託す人を害さなければ、利益相反をしてもよいということである。しかし、その判断は裁判所や規制当局に

---

51 | *In re* American Printers & Lithographers, Inc., 148 B.R. 862, 866 (Bankr. N. D. Ill. 1992).

おいて行なわれ、託す人自身には行なわせるべきでない。託す人は、利益相反が自らの利益になる場合にも、それを認めることを何も考えずに拒否することがあるが、第三者による判断は託す人の利益の有無が基準となるため、そうした判断はより限定され、合理的となり、恣意性がなくなる。

　利益相反禁止ルールを緩和する理由としては、「現代の法や会計制度（の発達）が受認者の権限に対処しやすくなった（受認者の行動が託す人にとっても利益となることが説明しやすくなった）こと、また、公共政策上の目標を追求するために、私法上の救済を罰則としてあるいは抑止目的で適用することに不安を感じること」[52]がある。2007年と2008年には、不正会計や巨大な詐欺的な投資話（Ponzi scheme）の発覚、バブル崩壊後の雑多な詐欺の発生によって、利益相反の制限を緩和するという議論は説得力を失った。こういった不正は、現代の会計や投資教育にかかわらず、激増した。会計制度や投資教育は、投資家に見込まれたような自己防衛機能をもたらさなかった。実際、金融システムが現代的なもので複雑でもあることを理由に利益相反や受認者の免責を認めたことは、2008年のリーマンショック後には金融市場に負の影響を与えた。多くの託す人＝投資家は、詐欺や、受認者がおそらく抗い難い誘惑に駆られることに対し、信託法は保護を与えてくれるものではないという結論に達した。その結果、投資家は、引き揚げられる限りの資産を持って、そろって金融システムから離れていき、その結果、金融システムは惨憺たる状況になった。このような投資家の行動が合理的か否かは別問題である。

　前述の通り、こうした見解に反対する立場からコスト計算をするならば、受認者を監視・規制するコストは将来の損失のコストよりも低くなるという結論を導くことができるかもしれない。多くは習慣によるものである。託された人は、その人がもともと持っている性格の如何にかかわらず、利益相反の誘惑につながるような行動の最初の一歩を回避するよう条件付けがなされることが大切である。

　利益相反を規制することの費用対効果分析をするため、次の項目をあげることができる。規制に伴う費用として計算に入れるべきものは、(1)民間の受認者

[52] Id.

が失う利益、(2)受認者が、社会に有益と思われる革新を行なう機会が失われること、(3)政府が規制を行うことによりかかる費用、である。一方で規制による利点（利益）は、(1)受認者が託されたものを不正に流用する可能性が封じられることから、託す人や制度がこれに対処するための費用をかけずに済むこと、(2)金融システムが腐敗するのを防ぐこと、(3)受認者が不正を回避するように条件付けることに伴う利益、である。こうした費用や効果は可能性レベルの問題で、これを量として測ることができず、また費用と効果が同時に実現するわけでもない。しかし、過去を振り返ってみると、受認者を厳しく規制する方が費用対効果の面で効率的であったということもできよう。

2 「受益者の利益のためだけに」から「最善の利益のために」へ

　信認法の厳しい禁止規定を緩和しようとする提案の1つが、これまで銀行が「受益者の利益のためだけに（sole interest）」行為しなければならないとされていたのを、今後は受益者の「最善の利益のために（best interest）」行為することを認めてもよいのではないか、というものであった[53]。伝統的な信託のルールでは、受託者が「託す人＝受益者の利益のためだけに」行為しない場合、託す人＝受益者の選択により、受託者の行為を無効にできる。託す人は、当該利益相反取引を承諾して利益を得ることも選択できるし、自分にとって最善の利益になるとしてもその取引を拒否するという選択もとれる。たとえば託す人は、その取引が自分に利益をもたらすものの、受託者が得る利益と比べて小さすぎると判断すれば、ねたみや怒りといった理由からその取引を無効にすることもあるだろう。受託者が託す人の利益のためだけに行動しなかったならば、託す人は、信認義務違反で受託者を訴えることもできる。その場合に託す人は、受認者＝受託者が託す人の利益のためだけを考えて行動しなかったということを示せればよい。

　「受益者の利益のためだけに」から、「最善の利益のために」へ基準を変更するという提案は、複数の理由に基づいている。まず、受益者にとって、「最善の利益のために」の基準に基づく取引は、「忠実義務の目的」にかなうとする

---

[53] John H. Langbein, *Questioning the Trust Law Duty of Loyalty: Sole Interest or Best Interest?*, 114 YALE L. J. 929 (2005).

考え方がある。もし受託者も利益を得るとしても、結局受益者にいかなる損があるというのだろうか？　要するに、利益相反となる取引については、受益者が自由に無効とできるとするのではなく、受託者が当該取引は賢明でかつ利益があるものだと証明すれば、許容されるべきである。「このような場合、取引の実質的利益を検証することは、『問答無用』で取引を無効とするより望ましい」[54]というのである。

　さらに、「最善の利益」という判断基準は、信託のルールを現代化するのに資する。現在の事実認定手続は昔より効果的なものとなっており、受託者が不正を隠匿できる機会は以前に比べて少なくなっている。また、受託者である銀行は過去と比べて「専門化」しており、受託者は以前よりも頼りになり、信頼に値する存在だと推定できる。そして、利益相反取引を禁止するルールを変更する提案も、「最善の利益」といえるか否かの立証責任を受託者に課している。法人の受託者による活躍が成功していることに照らせば、法人および会社形態の受託者が利益相反を行い、たとえそれが彼らにも利益をもたらす行為であったとしても、それが妥当で賢明であったことを証明し自らの行為を弁護できる余地を与えられて然るべきである。

　実際、裁判所は「受益者の利益のためだけに」というルールを厳格に適用することに固執してはおらず、受託者が利益相反取引について裁判所の承認を求めることを認めている。その場合、裁判所は、託す人の「最善の利益」となっているかを確認する。銀行の信託部門を規制する連邦通貨監督官の規則も、一定の状況下で銀行の利益相反をいくつか認めている。よって、「最善の利益」の提案をすることは信託法を修正し、会社法に似たものとすることになるだろう。会社法は、受認者の利益相反に対して、より寛大なルールを発展させてきた。新しいルールでは「託す人と受認者の双方が利益を得ること」を認めるべきということになる。

　しかし、信託の受益者と会社の株主にはいくつか相違点がある。まず１点目として、会社株主の多くは、受認者である取締役や執行役との関係から離脱することができるが、信託の受益者はごく例外的な場合を除き、関係から離脱す

54 | Id.

ることができない。2点目として、株主の場合とは異なり、信託の受益者は、常に特定できるわけではない。というのは、受益者にはまだ生まれていない子供が含まれることがあり、そのような受益者は直接同意ができない。おそらく、利益相反の禁止を緩和する提案によれば、受益者の同意があれば利益相反取引は「クリーンな状態」になるというのであろう。しかし、受益者の人数が多い場合や受益者の間で利益が対立している場合には、受益者以外の誰かが、もしくは受益者の多数派が、同意をしなくてはならない。この多数派は、少数派と同意見の場合もあるが、意見を異にする場合もある。そのうえ、株主をモデルとするならば、ほとんどの株主は投票しないことがわかっている。したがって、受託者が、自分の利益と受益者にとっての「最善の利益」の双方を決定することとなる。

　最も重要な点は、会社法は利益相反の禁止を緩和してはいないということである。会社法で「最善の利益のために」の考え方を導入した州は、1つとしてない。利益相反取引を行なおうとする会社の受認者は、当該利益相反について取締役会または株主に開示することができ、その場合には、当該取引に利害関係のない取締役または株主（利害関係を有する株主を含む場合もある）が、提案された取引に関する完全な情報を受け取ったうえで、これを承認して、「クリーンな状態」にできるとしているだけである。信託と会社の受認者どちらにとっても、利益相反はこれまで忌まわしいこととされてきたし、今後もそうなのである。

　「最善の利益のために」なる提案の裏には、法的に大きな影響をもたらす内容が隠されている。表面上は、この提案は禁止事項を任意法規へと変更するものである。しかしそれは同時に、実体法に関わる新たな変化の裏口へとつながっている。すなわち、「最善の利益」が不正流用の手段となり、託された資産や財産を使用することが（一定の状況下で）合法で正当なものとされる。このような一見すると無害な変化をきっかけに、「受認者の最善の利益」を考える習慣が定着してしまうことになるかもしれない。これは、実体法を変えるのに、これまでとられたことのない巧妙な手段である。いわば、澄んだ水を濁らせ、認識と焦点を狂わせるものといえよう。これにより「銀行は、託す人の利益にもなることを示せる限り、託された権限で利益を得てもよい」ことになる。受

託者である銀行の利益相反は理論的に正当化され、現在のルールよりも信託受益者の保護がさらに弱まることになる。そのうえ裁判所が「受益者の最善の利益」がいくらかを算定したり、銀行の手数料や金融取引の価値を決定するとは考えにくい。

3 受認者による濫用に対し、託す人は自己防衛を強化すべきか

　信認義務についてこれまで述べたことと関係して、託す人は、受認者による濫用行為に対し、信認法の保護がないところでどの程度まで自らの利益を守る必要があるか、またそもそも身を守ることができるか、をめぐり議論がある。契約法や市場圧力は、十分な保護になるだろうか？　受認者がルールを遵守するのにかかる費用や、政府が受認者にルールを強制する費用と比べて、託す人が自己防衛するのにかかる費用はどれくらい高くつくのだろうか？　実体法として、信認法による規制の緩和を支持する論者は、一般投資家が自ら信頼したサービス提供者に対して自分の利益を守るよう教育をすべきだと主張する。政府の介入を支持する論者は、信認法のルールを設けその遵守を強制することで、信頼を受けたサービス提供者を規制すべきだと主張する。実際に、政府の規制より市場での調整が好ましいという論者も、多少の法的規制が望ましい場合もあることを認める。真の争点は、どこに線を引くかである。

　確かに、法による禁止が託された財産と権限に関わる事項でなければ、信認関係のこうした側面について託す人に教育を施し、利益を目論む受認者に対して自らの利益を守るよう教育することもできよう。しかし、それも不合理な費用の負担を強いることがなければの話である。

　加えて、我々は、法による禁止が必ずしも託す人の信頼を支えるとは限らないことを認識すべきである。議論のあるところではあるが、法による禁止や受認者に対する罰則があると、託す人の受認者に対する信頼がかえって損なわれることもあるだろう。受認者、すなわち信頼される人が自らの誘惑をコントロールし信頼できるのは、彼らが自発的に信頼に足る人であろうとするからではなく、罰則を恐れるからだ、というシグナルを法が送ることになる。託す人が自らの利益を防衛すべきだ提唱すると、結果的に、契約関係におけるのと同様に相手方への強い不信を主張することになってしまう。契約関係に適用される

法の前提は、「信頼」より「検証」（買主注意せよ）という姿勢である。「頼る」のではなく、「疑え」ということになる。

　しかしほとんどの場合、特に託す場合においては、「信頼」は「検証」と比べて社会にとってはるかに効率的であり、費用もかからずに済む。そのため、契約関係にある当事者ですら、一定限度までは互いを信頼する。そうした信頼の程度も、契約法が前提とするよりも大きい場合が多い。よって、最適な関係を築くための解は、信頼か検証かのいずれか、もしくは、信認関係か契約関係かのいずれかではなく、その間のどこかにあるのであろう。問題は、信頼ゼロから最大限の信頼の間の危うい領域でどこに境界線を引くか、である。

4　受認者による濫用に対する防衛策として市場は効果的ないし適切か

　信認義務に関する議論の３点目は、市場には、受認者が誠実であるように強制する実効性があるかに関する評価である。結局、受認者による濫用行為に対し、市場が託す人を効果的に保護できるならば、受認者を拘束するような信認法は適用されるべきでない。この論争においては、法的規制が道を譲ってもっと市場に多くをゆだねるべきかが問題となる。市場による保護の方が大きな役割を果たしていることを示す研究はいくつかある。

　これに反論するならば、一般に人々は、そして特に投資家は、受認者も受認者でない者も区別することなく信頼するものである、ということがある。彼らは、信頼すべきか否かに関係なく信頼するのである。しかし人々は、裏切られていたと気付いたときには、目を覚まし、一斉に関係を打ち切る。このような観察は、市場におけるバブルとその後の株価暴落によって実証済みである。株価の暴落は金融システムを破壊し、時には経済も破壊することがある。したがって、あらゆる投資家や託す人が、取引相手またはサービス提供者もしくは受認者によって損害を被ったと気付くまで、何もせずに待つというのは、個々人のみならず金融システムや経済全体にとっても危険だということがわかるだろう。法による介入は、そうしたリアクションがピークに達した後ではなく、その前になされるべきなのである。

　しかし、これに対する再反論としては、規制当局や立法機関は将来を見通せる水晶玉を持ってはいない、ということがある。法による介入は、市場が引き

起こす災いよりも悪い結果ともなりうる。とりわけ、託すことが過大になったり、濫用されたりという事態に、市場が対応するのを待たずに規制当局が動くことで、さらにまた別の問題を生じさせる可能性もある。支援が必要だということが相当程度まで明らかになるまで、規制当局は待った方がよい。その1分たりとも早く行動すべきではない！[55]

実際に、アメリカは検証を重視する方向へと進んできており、受認者による自己抑制や規制を基礎とした信頼を重視する方向から遠ざかりつつある。たとえば、今日の患者は外科医の利益相反や、注意力や専門性の不足から自らを防衛するために、セカンドオピニオンを求める。だからといって患者は医学を勉強するわけではなく、自然治癒に関する啓発書も多く出回っている。しかし深刻な場合には、人々はさらに専門性の高い者の意見を得ようとする。これは、さらにコストがかかる方法である。最近の裁判所の判決は、市場に任せるアプローチを好む傾向にあり、その傾向は、受認者が受認者のサービスをビジネスとして行なっている場合に顕著であった。そこでの基本的な指針は、「投資家が判断をするうえで必要な情報を受け取れるようにせよ。しかしそこから先は、投資家が、受認者その他と取引することのリスクに気を付けるべきだ」というもののようである。この考え方は、「取引仲介機関には、誘惑を自己抑制させるか、法の助けや圧力によって抑制させよ」というアプローチと対照的である。このような論争は、立法や判例法やまたその解釈をめぐり、さんざんなされてきたものである。これを以下で検討してみよう。

個人と社会と政府の間の複雑な構造が網の目のように張りめぐらされたなかで、どこに利益相反が存在するかを特定することは、時として難しい。1つの例は、「プレイしたければ金を出せ」という状況があることが疑われ、場合によってはそうした状況の存在が証明された場面である。証券発行者や資産運用会社が義務に違反した場合に、年金基金などの大規模な投資家が訴えを提起することを促進するため、議会は2005年民事証券訴訟改革法を可決した[56]。原

---

[55] Larry E. Ribstein, *Market vs. Regulatory Responses to Corporate Fraud: A Critique of the Sarbanes-Oxley Act of 2002,* 28 J. CORP. L. 1（2002）.

[56] Private Securities Litigation Reform Act of 2005. 証券関係のクラス・アクションの濫用を抑止するために制定された連邦法。当時、ごく少数の証券しか所有していない原告が、多数の証券保有者を代表してクラス・アクションを提起し、証券を発行した会社に対し和解を迫る

告となりうる最も大きな主体は、年金基金の受託者などの受認者である。このような受認者が託す人に代わって訴えることは、これまで滅多になかった。大規模なミューチュアル・ファンドの運用者は、短期的な投資家なので訴えない。しかし、長期的な投資家も訴えることは控えてきた。その意図には、高潔なもの（わずかな見返りのために高い費用を払うことを回避すること）もあれば、利益相反によるもの（別の場面でのサービス提供に関して顧客となりうる大会社の経営陣の不興を買わないようにすること）もあっただろう。この法律は、機関投資家に対し、証券クラス・アクションの主任原告として指名を受ける権限を与え、この主任原告に、主任弁護士を選任し、訴訟を管理し、そして自分の弁護士により高い報酬を払う権利を与えた。訴訟を進行させる主導権は、弁護士ではなく主任原告が握るものと想定されていた。しかし、年金基金の受託者は、被告となる可能性のある会社が年金の拠出者となったり、被告を代理する弁護士から献金を受けたりする可能性もあるため、彼らに気に入られたいと考えることもありうる。年金の受託者委員会が民間や政治の力の影響を受けているかについては、まだ評価が定まっていない。

　州の年金基金が主任原告となる訴訟は増えてきている。そうした訴訟では、民間の弁護士事務所が成功報酬ということで登用される。

> 　最終的に史上最高の和解額（31億ドル）となったクラス・アクションにおいて、主任弁護士としての任命を勝ち取ろうとした弁護士がいた。彼は、2つの主任原告（ニューヨーク州とニューヨーク市の年金基金）が共同主任弁護士に選んだ2つの弁護士事務所が、これらの基金について単独の裁量権を持つ政府官吏が選挙活動を行なった際の最大の献金者だったと非難した。……こうした訴訟の増加が、民事証券訴訟改革法の主任原告に関する規定によるものだと結論付けるのは危険であるが、「プレイしたければ金を出せ」という法曹実務として最も報道陣の注目を集めたクラス・アクションが、クラス・アクション史上最高の和解額をたたき出した事件でもあ

> ような濫用形態が問題視された。このためこの法律では、クラスの主任原告となるのを、問題の証券の保有量が最も大きい者に指定している。年金信託などの機関投資家がそうした原告になることが期待された。

ったことは注目に値する。……個別の訴訟においてどのような実務が行なわれているかを示す証拠はほとんどないが、多くの実証研究において、証券クラス・アクションの和解では、被害者は実際の損害額と想定される額の5％から10％しか取り返すことができないと示唆されている[57]。

「プレイしたければ金を出せ」の問題は、投資家から集められた巨額の資金を扱う受認者が、政治や競争による強い圧力を受けている可能性があることと、そのような圧力から受認者を法的に隔離することが難しいことを示している。

Ⅷ どのような場合に受認者は公益を考慮すべきか

1 病院の事例

　医療のような公共サービスを提供しつつ、独占的地位にある民間組織は、社会に対して信認義務を負うことがある。たとえば、グライスマン対ニューコム病院事件[58]は、資格を持った医師が、ニューコム病院に対し、同病院で診療を行なう権利を求めた事件である。ニューコム病院は、その医師の自宅および診療所の近くにある唯一の病院であった。ニューコム病院は、申立人の医師がアメリカ医師会の認可を受けていない学校を卒業していることと、郡医師会に加盟していないことのみを理由に、診療に利用することを拒否したのである。しかし、他の多くの医師会は同じような経歴を持つ医師を受け入れており、ニューコム病院が利用を断ることを正当化する事情は特になかった。「下級裁判所の決定は、ニューコム病院の内規が州の公の政策に反しているとした」。ニューコム病院は、独自の裁量で運営できる民間病院ではあるものの、原告の自宅と診療所のある地域から半径100マイルにある唯一の病院であるということと「人々の健康に関する特別なサービスを提供することから、一定の義務が課される」とされたのである。病院が他の医師による施設の利用を排除する権限は、その病院が民間の医療機関であっても、「医療専門家と一般公共の利益を促進

---

57 | John C. Coffee, Jr., "When Smoke Gets in Your Eyes": Myth and Reality About the Synthesis of Private Counsel and Public Client, 51 DePaul L. Rev. 241 (2001).
58 | Greisman v. Newcomb Hosp., 192 A.2d 817 (N. J. 1963).

するために、合理的かつ合法的な方法で行使されるべき受認者の権限である、と裁判所は考える」。

　裁判所は、医師が病院のメンバーになることに裁判所が介入するのは、社交、宗教、および友愛を目的とする組織への加入についての判断に介入することとは別ものであるとした。後者の場合には、「司法が介入すべきでないとする政策的理由が強く、それを否定するようなさしたる政策的理由はない」。裁判所は、「商業を目的とする組織や専門家の団体が実質的に独占的な支配権を行使する」場合には介入するのである。この事件では、

> 事案における個々の事実関係や政策上の考慮が十分に説得力を持つ場合には、裁判所が加入を命ずるという救済を与えることになる……。
> 　……病院は私的な目的のために運営されるのではなく、公共の利益のために運営される……。その存在目的は、医療専門職に必要な施設を誠実に供給し、もって彼らが一般市民にサービスを提供するのを助けることである。病院は、自らに与えられた権限、特にスタッフの選任に関わる権限が、託された権限であり、常にそのように扱われるべきだと認識すべきである。合理的で建設的な判断は尊重されるべきである。しかし本件では、その権限がスタッフとなる資格の申請を退ける基準として用いられ、それも個人的資質に欠けるところがあったからではなく、健全な病院としての基準や公共の利益の促進と何ら関係のない理由によって権限が行使されたのである。かかる場合に裁判所が介入を差し控えるとすれば、怠慢のそしりを免れないだろう。

　会社の取締役が社会のニーズを考慮することの是非について、裁判所の対応は分かれている。より強固な原則として、取締役は会社の財政的健全性をまず考慮しなければならない。しかし、ビジネス上の考慮や株主の利益よりも、社会のニーズに対する考慮を優先することは、義務とはされないものの、ときに認められることがある。しかし、それが認められるとしても、社会の財政的・経済的な福利への配慮は、会社の主目的、つまり株主と会社の事業の利益のために資することに関連付けられるべきである。同様に、株主の政策的な指図が

あったとしても、会社の事業と関連がないなら、会社の取締役会や役員を必ずしも拘束するものではない。取締役による判断や方針決定が、会社の財政的健全性を根拠とすべきであるとの議論の根拠は、会社の目的そのものに限られるわけではなく、経営者に会社の事業に関する以外の事柄を考慮する広範な権限を与えてしまうと、その説明責任を弱めかねないという懸念に由来する。

多くの州の裁判所において、会社の取締役が会社の将来（吸収合併の提案など）に関し決断する際に社会の利益を考慮することが認められてきた。たとえば、株主に利益をもたらす可能性があるものの、少なくとも短期的には会社の事業所が所在する地域社会を害するような吸収合併の提案を拒否したり、争うと決定したりするようなときである。このような場合には、取締役が社会と同一の利益を有していたかもしれないという事実があっても、取締役の決断に利益相反の疑いがかけられることはないだろう。しかし、批判的な論者のなかには、このような方針が経済的に賢明なのかを疑問視する者がいる。また、会社の利益のためだけでなく社会の利益も考慮してよいと認めることには、株主に対する取締役の説明責任を損なうことにならないかということも懸念されている。この問題が解決する道のりはまだ遠く、議論は続いている。

別の裁判例として、病院のビジネスが、患者の健康のための医療行為よりも重きを置かれた事例がある。第一審裁判所は、非営利法人である病院の理事は、職員による患者に対する信認義務違反の疑いを明らかにするため、法人の帳簿や記録を調査する権限があると判示した。控訴審裁判所は、理事に「患者に対する癌実験を含む」書類や記録を調査する権限があると判示した第一審を覆した。これは、患者は注射には同意したが、「医師たちが不必要に患者の不安を引き起こしたくないとして、癌細胞の注射だとは告げていなかった」事案である[59]。

2 社会の利益が個人の利益と相反する場合

外科医が行なう研究によっては、患者のニーズと研究の社会的な利益が相反

---

[59] Larry E. Ribstein, *Accountability and Responsibility in Corporate Governance,* 81 NOTRE DAME L. REV. 1434 (2006) にて以下を参照：Hyman v. Jewish Chronic Disease Hosp., 206 N.E.2d 338 (N. Y. 1965).

することがある。そのことについて、ある裁判所は、将来に特許を取得できることが他の患者の利益になる可能性があるとしても、そのためにある１人の患者を犠牲にするべきではないと判示した。別の裁判所でも、鉛系塗料を体外に排出する治療をより安価に行なう方法を見つけるために、治療目的外の実験によって子供たちを危険にさらしたことに対し、同じような結論を出した。母親は実験を了承する署名をしたが、鉛系塗料を浴びたことを原因とする症状が子供に出た際に、すべての情報の開示を受けなかった。研究者と研究機関は、社会のためであると自分たちの行動を正当化したが、裁判所の多数意見はこのような正当化を退けた。

　他にも、金融制度に関わる訴訟など、利益相反の状況が生じる事例はあるが、裁判所が公共の利益を個人の利益に優先させることは少ない。しかし、金融システムが脅かされている場合には、受認者が個人を犠牲にして行動する義務を果たすことが求められる場合もある。

　会社についての伝統的な考え方では、取締役は株主の利益を最大にするように権限を行使しなければならないとされてきた。従業員と社会の富は、それが会社に利益をもたらすのでなければ、考慮されるべきではないとされた。同様に、会社が第１次世界大戦の戦費のために寄付をしたり、非営利団体に寄贈したりすることは、会社の事業と株主に利益をもたらす（かつ経営陣の判断に利益相反が伴わない）限りにおいて認められた。しかし、株主の利益と会社利害関係者の利益とのバランスは、時代と共に変わり、未だ議論の途上にある。会社財産の使い道は、経営陣の利益相反や個人的な嗜好により歪められることがあるため、会社によっては、株主に寄付の相手先について希望を表明させるところがある。

3　同業者が損害を生じさせることを防ぐ専門家受認者の義務
(1)　他の医師が能力不足または非倫理的な行為をした場合の医師の義務

　ごく少数の例外を除いて、人は、他人が過失により損害を生じさせることを防止する義務を負わない。確かに、バーテンダーは、酔っ払った客が明らかに運転の意思を持って車の鍵に手を伸ばしているような場合に、それ以上お酒を提供してはならない。ただし、この場合にバーテンダーが飲酒運転の可能性を

減らすといっても、お酒を出さないことによってであって、この客に運転させないことによってではない。

　しかし、受認者にはより厳しい義務が課される場合がある。議論の余地はあるものの、医師は、倫理感や能力の欠ける同僚を告発する責任を負う場合がある。したがって、同僚の仕事の質や道徳性について評価する必要がある。仕事の質については、さまざまな度合いがある。

　医師は、停電のようなまったく予期せぬ事態には責任を負わない。合理的な判断を下したものの、結果として事態が悪化して事故が起こることもある。たとえば、ある患者にアレルギー反応の記録がない薬を処方するという判断が悪い結果となることもある。もっとも、この場合、医師は患者のアレルギー体質のテストができたかもしれない。しかしながら、一般論として医師は理由なくテストする必要まではない。

　さらに、治療による利益とリスクのバランスが不明瞭で、有能な医師の間でも意見が分かれることがある。その場合は、結果が芳しくなくとも、医師は正しく慎重に対応したといえるかもしれない。医師の判断が、最悪でなくともよいとはいえなかった場合、もしくは医師の技術レベルが低かった場合、たとえばレントゲン検査で明らかな見落としをしてしまった場合には、その技能が疑われ、注意義務違反がより重大な問題となる。

　最も重大なのは、違う方の足を手術するといったような、要求される注意義務に対する違反が甚だしい場合である。最後に区別されるべきなのは、無知や軽率さが招いた事故と、意図的で不道徳な行為とは、根本的に異なるということである。医師は、同僚の行為が医学および医療業界の倫理水準に照らしてどの程度の違反にあたるかを考える必要がある。そのような違反行為は、たとえば偽薬[60]の不正使用や患者に嘘をついた場合のように、実際に被害が発生したか否かに関係なく、本質的に違反とされる場合もある。しかし、そこまで悪質でない場合には、被害の有無も考慮されるべきである。

　同僚の行為に何らかの対応をする場合、医師は問題の性質を判断しなければならない。無知が問題なのであればとるべき行動は教育であり、誤った倫理に

---

60 ｜ プラセボともいう。薬効はないが、実験的・臨床的に試験する際に薬効との比較のために投与する偽の薬。

導かれていることが問題なら道徳教育を与え、道徳的に誤った行為が問題なら懲罰を科すことになるだろう。同僚医師の能力が確かかわからないのであれば、当該医師の匿名性を保ったまま、信頼できる同僚たちに状況を知らせ、協議をするべきであろう。医師として、問題を無視したり、問題の医師を他の雇用主に推薦し、自分の手元に問題がなかったことにすることは、どんな場合も絶対にあってはならない。

　当初は医師1人で行動することが最善とされた場合もあるだろう。しかし、時には同僚に助けを求めることが適切な場合がある。一定の状況下では、正式な手続により組織的な行動をする必要がある。後者の場合には、どの組織（たとえば病院の委員会）に連絡すればよいかを判断する必要がある。より深刻な違反行為は、州の医事当局や警察当局へ報告されるべきである。一般論として、専門家としては、著しく能力や倫理性を欠いた医師への対処を除き、「懲罰的なアプローチ」から「継続的な改善」アプローチへと移行していくべきである、というのが著者自身の提案である。

(2) 弁護士が受認者である依頼人の違法行為を防ぐ義務

　法曹関係者は、一方では裁判所の役職者で法の守護者とされ、他方では依頼人の信頼を受けた助言者とされる。このゲートキーパーとしての立場については、長きにわたり難問とされてきたが、1990年代のスキャンダルで注目を集めた。弁護士の依頼人は受認者で、託す人に対する信認義務違反を行なっていたのであるが、弁護士はその依頼人に根拠の弱い意見書を出した。意見書は、依頼人の行為は「違法ではない」としつつ、不明確な留保や一般論を付していたのである。

　このような法律意見書の正当性に関する見解は分かれている。ある意見によれば、費用対効果の分析を根拠に、弁護士は依頼人の行動が合法かどうかを監視する必要はないが、違法行為が行なわれたとの明らかな兆候が現れたら、無理矢理にでも法を遵守させるべきであるとされる。別の意見によれば、弁護士の義務は、相手方が社会やその他の者の利益を護る役割を担っている度合いによって異なるという。つまり、裁判所では、相手方には代理人として弁護士がついており、独立した裁判官やときに陪審が結果を決める立場にある。そのような場合、依頼人に対する弁護士の義務は、社会一般やその他の者に対する義

務よりもはるかに重いものとなりうる。弁護士は、依頼人の偽証を助長してはならず、それを防止する義務を負うが、訴訟手続において相手方を保護する義務まではない。弁護士が代理人となっている当事者間の交渉でも、弁護士が交渉相手を守る義務はほとんどない。しかし、公募証券の目論見書を準備する際、弁護士は会社（発行体）を代理しているが、投資家に弁護士がついていない場合には（政府には弁護士がついていても）、弁護士の義務は重いものとなる。もし会社に助言する立場にある弁護士が、明らかな虚偽記載や法令違反を認識した場合は、より積極的に不適切な行為を改めさせ、応じなければ辞任するというより重い義務を負うことになるであろう。

また、「ゲートキーパーは、資本市場での法令違反や不適切な行為を封じるべく、検証や証明をするサービスを行なったり、行動を監視したりする」[61]という意見もある。したがって、監査法人のように独立した立場にあるゲートキーパーと、弁護士のように独立した立場にはないゲートキーパーとは区別される。両者ともインサイダー情報に触れることができ、ゲートキーパーとしての機能を果たす点で同じであるが、顧客からの独立性など、独立性の程度という点で異なる。顧客への従属の程度によって、顧客による禁止行為を防止する義務の比重が変わってくる。

弁護士が、会社の経営陣との会話を通して、会社の帳簿が不正に操作されているのではないかとの疑念を抱き始めたものの、その疑念を証明する明確な証拠がない時に、弁護士はどのように行動すべきであろうか？　何もすべきではないのだろうか？　最高財務責任者や最高経営責任者に話す、もしくは、コンプライアンス責任者や法務責任者、取締役会のメンバーに相談すべきなのだろうか？　相談した相手から何も知らないふりをされ、証拠はないけども何か極めて誤ったことがなされているという確信が高まる場合には、保守的な弁護士であれば、最後の手段として辞任もありうる。証券取引委員会へ持ち込むかは、証拠の強さと違法行為の重大さの程度によるべきである。2002年以降、証券取引委員会は以下の義務を負っている。

---

61 ｜ Arthur B. Laby, *Differentiating Gatekeepers*, 1 BROOK. J. CORP, FIN. & COM. L. 119, 123（2006）.

公益と投資家保護のために、弁護士が発行体を何らかの形で代理し、証券取引委員会に出頭して手続を行なう際の、専門家としての最低限の行為基準を示すルールを制定すること。当該ルールには以下のものが含まれる。

1. 会社あるいはその代理人が重大な証券法違反、信認義務違反もしくはそれに類似する違反を行なった証拠がある場合に、弁護士に対し、これを当該会社の最高法律顧問もしくは最高経営責任者（ないしは同等の立場にある責任者）に報告するよう義務付けるルール。また、
2. 最高法律顧問または最高経営責任者が当該証拠に適切な対応（必要に応じ、違反に対し救済や制裁をすること）を行なわない場合に、弁護士に対し、当該証拠を、発行体取締役会の監査委員会もしくは発行体から直接的または間接的に雇用されていない取締役のみで構成されるその他の委員会、または取締役会に報告するよう義務付けるルール[62]。

しかし、民事訴訟において、弁護士が証券法違反の教唆または幇助の責任を問われることは、仮にあっても、稀である。

法律事務所のパートナー弁護士が不正行為をした場合、それに関与していない弁護士は責任を負うべきか？

弁護士が、法律事務所の同僚による不正行為に対して責任を負うべきとされるのはどのような場合であろうか？ 法律事務所が法人として責任を負うべきとされるのはどのような場合であろうか？ 弁護士や法律事務所は、そのような場合に責任を負わないようにするために何ができるのか？ 1つの提案は、同僚による相互検証である。弁護士責任規程は、業務の履行内容を相互検証することは義務付けていないが、弁護士行動準則模範規程では、パートナーはすべての所属弁護士が弁護士行動準則模範規程に従うことを確実にするために合理的な努力をすべきとされている。加えて、同規程5.1条は、法律事務所の行なったすべての業務に対して、パートナーは間接的に責任を負うと認めている。

法律事務所のパートナーは、他のパートナーの不正行為に対して責任を負う

---

[62] 15 U.S.C. §7245 (2006).

という意見も別途ある。「パートナーシップに責任ありとされた場合には、パートナーは他のパートナーの職務怠慢に関しても責任を負う」[63]。法律事務所が依頼人の委任を受けた時点で、法律事務所のメンバーはその依頼人に対し信認義務を負う。カリフォルニア州の裁判所は、パートナーたちが共同受認者でありながら他のパートナーを監督しなかったことは、「過失ある不注意」[64]にあたると判示した。パートナーはパートナーシップによる不正行為を発見できるが、一方で、パートナー自身も不正行為から利益を得るために、そうした行為を続けることを許容する利害を有する、ということであろう。

しかしながら、パートナーシップが巨大化し、世界中に拠点が広がっていることも多い。それでもなお、このルールが適用されるのは、不正による利益を期待しながら説明責任を回避したいという誘惑があるからであろう。つまるところ、「自分の国の反対側のオフィスに勤める、見ず知らずのパートナーの行為によって、自分の家を手放し、子供を公立学校に通わせるはめになりかねない」[65]のである。通常、パートナーは、他のパートナーが第三者に対し行なった不正行為について責任を負う。「パートナーシップの業務との関係において、またはその業務の過程で不正行為が行なわれた場合、ゼネラルパートナーは、債権者に対して責任を負う。しかし、不正行為についてすべてのパートナーが債権者に対して責任を負うからといって、その不正行為により損失を受けたリミテッドパートナーも平等に責任を負うということを必ずしも意味するものではない」[66]。

4　共同受託者の行為に関する受託者の責任

「受託者は、共同受託者の不正行為に無過失責任を負うことはないが、共同受託者の不正行為に同意したか、共同受託者の不正行為を可能にしたことにつき、過失のある場合には責任を負う」[67]。共同受託者は、一緒に業務を行なう

63　Buran Equip. Co. v. Superior Court, 190 Cal.App.3d 1662, 1666 (Cal. App. 6th Dist. 1987).
64　Blackmon v. Hale, 463 P.2d 418 (Cal. 1970).
65　Michael Orey, *The Lessons of Kaye, Scholer: Am I My Partner's Keeper?*, AM. LAW, May 1992, at 3, 81.
66　Kazanjian v. Rancho Estates, 235 Cal.App.3d 1621, 1625 (Cal. App. 1991).
67　Middlesex Ins. Co. v. Mann, 124 Cal.App.3d 558, 573 (Cal. App. 1981).

わけではなく、どちらかといえば取締役と似ているといえよう。通常は、受託者たる地位から共通の利益を得ることもない。大半の受託者は、専門的な受託者の組織に参加してその組織のルールに従う義務を負うことを強制されない。さらに、受託者の業務は非常に多岐にわたる。家族の一員が受託者になることもあれば、受託者が資金運用者であったり、弁護士事務所であったり、銀行や他の金融機関だったりもする。したがって、受託者の責任は、共同受託者の不正行為を防止することよりも、その受託者の信認義務との関連で考えられるのが一般的である。同様に、契約によって関係する2人の受認者は、互いに対しては受認者でない。保険会社が、雇用主の保険料不払いを理由に、長期就業不能保険の保険金支払を拒絶した事件において、裁判所は、年金制度との関係では保険会社と雇用主は共に受認者であるが、保険会社は雇用主の受認者ではないとした。

5 従業員による内部告発と信認義務

　組織の法令違反を見抜いたり、それに気付いたりした従業員は、自分が違法行為に加わるよう強制されていない限り、「内部告発」し、当局に通報する義務を負っているわけではない。しかし、このような違法行為を当局に通報することは、公益に資する。結局のところ、関連情報や証跡を持っていたり、それがどこにあるかを知っているのは、従業員であることが多い。その知識の持つ価値は、特に大会社において、非常に大きい。「社会的および経済的関係の維持・促進にとって、民間の取り決めや法のルールが有用かどうかは、それが効果的に強制されるかどうかによるところが大きい。しかし、まず違反を見つけない限り、取り決めや法を強制することはできない。したがって、法に則って行動する者が、互いの行動を監視する能力と動機を有するかを考えることは、極めて重要であると思われる」[68]。

　しかし、内部告発も万能とは限らない。まず第1に、インサイダー情報を保有したり、入手したりできる従業員は、雇用主から情報を託されることによって、受認者の立場に置かれることがほとんどである。違法行為を知ると、従業

---

68 | Saul Levmore, *Monitors and Freeriders in Commercial and Corporate Settings*, 92 YALE L. J. 49, 49 (1982).

員は2つの相反する義務に直面する。1つは雇用主に対する義務であり、もう1つは社会に対する義務である。法は、雇用主の懲罰行為から従業員を保護することによって、従業員の立場を強めた。しかし、現実的には雇用主を「内部告発」した従業員が、同じ雇用主のもとで仕事を続けていくことは困難である。疑念や、怒り、悪感情のもとで仕事を続けることはできない。そのうえ、内部告発を行なった従業員は、能力があっても他で仕事を見つけることが難しくなるだろう。このような従業員は、特に告発したことで有名になってしまった場合には、別の仕事を考えなければならない。シェロン・ワトキンス[69]は、通常の意味では内部告発者ではなかったが、彼女が感じる不安を匿名文書で上司宛に送ったところ、エンロン社の経営陣の責任を問う側の証言をせざるをえなくなり、本の執筆や講演を仕事とするようになったようである。このように、公に奉仕することが、雇用主からの不信を生み、結果的に、永遠ではなくても長期間、雇用関係を得られなくなることがある。このような負担は従業員には重すぎ、引退する覚悟がなければ、内部告発は思いとどまらざるをえないかもしれない。

6 信認義務と有権者の心情・公共の利益とのバランスをとる

　信認義務のおおもとにあるのは、公共の利益よりも関係当事者の利益である。たとえば、公立学校の理事が公立学校の建物を売却するときには、最も高い値をつけた者に売らなければならない。「集会に出席した有権者がその建物を教会に（教会への売却価格はおそらくより低価となるが）売りたいという意思を表明した」[70]としてもである。信託では受益者の利益が公共の利益に優越するのと同様に、本件でも公立学校の利益は有権者である地元住民の利益に優越するとされたのである。

　公共の利益の保護を目的とした規制が、会社の事業目的と衝突した場合、裁判所のなかには、「当該公共政策について法律で制定されていたとしても、そ

69　エンロン社の元副社長。エンロン事件について2001年に連邦議会で証言し、エンロンの内情について、Mimi Swartz & Sherron Watkins, Power Failure: The Inside Story of Collapse of Enron (2004) を出版した。

70　William E. Nelson, *The Law of Fiduciary Duty in New York, 1920–1980*, 53 SMU L. Rev. 285, 307 (2000).

こで必要とされた公共政策を維持するために信認義務の概念を使うことには反対」[71]するものがあった。ある判例では、裁判所は、独占禁止法違反を承認した会社の取締役に対し、保護を与えた。2000年から2008年にかけて、裁判所は「予想される利益が十分に大きいのであれば、規制を遵守しない選択」を受認者がしたとしても、これを容認する傾向にあった。裁判所は、私人間の信託の取り決めを犠牲にしてまで、「信認義務を国家行政に仕えるものと位置付けることを拒否した」[72]のである。「信認法は、最低でも、民間の運用者が民間の投資を誠実かつ相当な注意を持って行動するよう保証することを旨としてきた」[73]。したがって、個々の託した人に対する義務を実行させることが、より一般的な法に従わせることより優先されたのである。

　外国政府の公務員に対する賄賂については、別の展開があった。理由を推察するに、それがアメリカの会社だけでなく、賄賂を受け取った外国政府に対しても破滅的な影響を与えるからであろう。賄賂は一般的に、託す人の費用を増加させる。たとえば、仕事を求めているサービス提供者から受認者が賄賂を受け取れば、託す人にはその分だけ損が生じることになる。つまり、サービス提供者は、託す人から支払われた報酬の金額から仕事を得るために受認者に支払った賄賂の額を引いた、それだけ安いサービスを提供できたことになるからである。賄賂を受け取った者が外国政府の公務員の場合、その支払はその国とアメリカとの関係に負の影響を与えることになり、その国の汚職を助長することになる。

　贈賄者とそれに託す人に生じる深刻な影響として、贈賄側で財務諸表を操作しようという圧力が働くことがあげられる。贈賄側の会社は、賄賂を隠すため財務諸表を偽造したり（たとえば、記載を正当化するために正しくない記述をする、「証拠」をねつ造するなど）、会計に出ない「裏金」を作ったりしなければならなくなる。習慣というものは手強い。少額の賄賂が、だんだん高額になり、頻度も多くなりがちである。このような金額には説明責任など関係なく、隠すことを正当化する理由は強固である（たとえばビジネスのため、国のため）。賄賂

71	Id. at 308-09.
72	Id. at 310-11.
73	Id. at 312.

の習慣は本国にも拡がる可能性があり、賄賂を求められて渡していた状況から、自発的に賄賂を差し出す方向に発展するかもしれない。したがって、賄賂を渡す行為、とりわけ他人の金銭を使って賄賂を渡す行為と、託された権限を濫用して賄賂を受け取ることは、託す人を守るための最も重要な制度の1つである会計制度を蝕むことになる。賄賂は信認義務違反を誘発し、信認義務の抑止力と強制力を弱めてしまう。

　人々に法を課し、その遵守を強制する権限を持っている政府の官吏は、賄賂を受け取る立場に陥りやすいといえるかもしれない。確かに、権限が託された場合には、それが警察権力を背景とするものであれ、富や市場に対する影響力を背景としたものであれ、同じような結果が起こりうる。結局のところ、政治や政府の権限は、他人の金銭を使用する権限と同様に、託された権限なのである。この権限は、十分に制限しないと簡単に濫用されうる。したがって、信認法は、政府権限を握る者に対しても私人間で託された権限を有する者に対しても適用されうる。いずれの権限も、託された目的の範囲内に制限されなくてはならない。

　大きな利益の見込まれるビジネスを得たいというときには、外国政府職員への賄賂の誘惑が強くなる。特に、職員側が賄賂の支払を要求し、「皆が賄賂をやっていて、かつ誰もがその事実を知っている」場合には、その誘惑はさらに強くなる。しかも、外国政府職員が、サービス契約の手数料や保険料といった口実を、正当な支払であるという証拠として要求することがある。そうなるとアメリカの会社はある問題に直面する。経営陣は「実績」に駆り立てられているが、賄賂を渡すことや財務諸表に不実の情報を記載することは禁じられている。

　このようなアメリカの会社の抱える問題は、海外腐敗行為防止法（FCPA[74]）によって減少する。同法は、アメリカの会社に対し、外国政府職員に賄賂を贈ることを禁じている。ただし1万ドルまでの贈答や、それより高額な場合でも司法省に申請して承認を受けた場合は例外となっている。議論のあるところではあるが、アメリカの会社にとってFCPAは、外国政府職員への賄賂が認め

[74] Foreign Corrupt Practices Act.

られ、賄賂の額を所得税の課税標準額から控除することさえできる国の会社との競争をより困難にするものだった。ある学者は、国際レベルで競争相手との扱いを平等にするには「2つの明確な」方法があると指摘している[75]。すなわち「国境を超えて賄賂を支払うことを禁止するよう世界中を説得するか、FCPAを廃止」してアメリカの会社にも賄賂を認めるかであり、さもなければ、「FCPAの不確定性のために、アメリカ会社の海外での事業活動を委縮させてしまう」というのである。

諸外国のすべて、またはほとんどがFCPAを採用するかどうかは疑わしい。アメリカの諜報機関によるある報告書では、1兆ドル規模の国際的な設備投資事業を入札する際に、賄賂を払う外国の会社と競合した場合、アメリカの会社は重大な不利益を被ると予言している。しかし、同法があるにもかかわらず、国際ビジネスにおいて賄賂は依然として頻繁に行なわれている。

おそらくアメリカの会社は同法に違反する行為をしているのかもしれない。司法省が寛大で、アメリカの会社に賄賂の許可をどんどん与えている、という説明の方がもっともらしいかもしれない。後者だとすれば、会社の汚職という問題のほとんどは解決する。結局、同法はアメリカの会社に対し、賄賂の意図があることの開示を要求しているに過ぎない。この開示はアメリカ政府職員に対して行なわれ、同職員によって支払が承認される。加えて、収賄に関わる外国政府は、アメリカの会社を引き付けるためには、その政府職員が要求する賄賂を「合法化」しなければならないことに気付いたので、賄賂を税控除が可能な費用に転換したのである。そういう意味では、同法のおかげで、国際取引における腐敗は減少し、アメリカの会社に対する競争の圧力も下がったのかもしれない。アメリカのエリー郡では、第一審裁判所で、取締役と経営陣が「日曜休業法違反を見逃してもらうよう地方政府の官吏に支払った賄賂800ドルを会社に弁償するよう」命じた判決がある[76]。この事件では、公共の利益がビジネス上の利益に勝ったのである。

---

75 | Steven Salbu, *Bribery in the Global Market: A Critical Analysis of the Foreign Corrupt Practices Act*, 54 WASH. & LEE L. REV. 229 (1997).
76 | Kalmanash v. Smith, 51 N.E.2d 681, 688 (N.Y. 1943).

Ⅸ 注意義務

1 注意義務の基本原則

　注意義務とは、受認者が自らサービスを提供し、かつそれをきちんと提供する義務をいう。サービスを提供する際には、慎重かつ十分な配慮をしつつ、熟練した技量を発揮する必要がある。注意義務とは、受認者が提供し実施するサービスの質に関わる義務であるが、その焦点は、受認者の専門性を信頼して裁量にゆだねられた範囲にある。注意義務は忠実義務に比べると弱い義務であると考えることもできる。忠実義務は託された権限が悪用された場合に問題となるのに対して、注意義務違反は、受認者の専門性の不足や不注意、過失があった場合に問題となる。受認者が意図的に事実から目を背けた場合も、注意義務違反と評価されうる。最近のバーナード・マドフ事件において、マドフの実弟ピーターに対し、1934年証券取引所法の規則10b-5違反に基づく民事訴訟が提起された。そのなかで、ニュージャージー州裁判所は以下のように判示している。

　　訴状には、ピーター・マドフ氏が、BMIS社［マドフ氏の組織］による大規模な詐欺行為への関与を認識していたと「説得力ある推論」ができるというに足る十分な事実が記載されている。換言すれば、ピーター・マドフ氏は、控えめに言っても、原告のような投資家に対して負っている受認者の責任を果たさなかったと推論することができる。当裁判所は、規則10b-5に基づく損害賠償請求の要件となる故意に欺く意図が被告にあったかを分析し、責任者に証券詐欺に加担した責任があったかを論ずるにあたり、訴状における事実関係の記載のなかで、被告のBMIS社における職責および詐欺行為を示す事実に関する詳細な主張がなされているのを十分に検討してきた。同時に、訴状の主張が真実だとして、それを総合すれば、被告がこれらの事実を調査し、詐欺の兆候が示唆するものを確認すべきであったところを怠ったことにより、BMIS社の不正行為について少なくとも意図的に目をそらしてきたことの立証が実質的になされたということが

できる[77]。

　それでも注意義務に対しては、忠実義務に対するほど厳格なアプローチはとられない。

　人は過ちを犯したり、意思決定にあたって本来払うべき注意を怠ったりする可能性があり、また現実にそうしてしまうこと、また専門家も例外でないことは、誰もが認識している。問題が起きてから、失敗だと気付いたり、指摘したりするのはずっと容易にできる。そして託す人は、受認者を選んでおいて、受認者の専門性を調査するなど自分のなすべきことをしなかった場合、受認者に専門性が欠如していたことを理由に訴訟を起こそうとはしないかもしれない。少なくとも形式的にいえば、株主が取締役を選任したのである。患者が医師を選んだのであり、訴訟依頼人が弁護士を選んだのである。学生（もしくはその両親）が学校と教師を選んだのである。もしかすると、託す人にとって、受認者の専門性に関する情報収集の方が、その誠実性についての情報を集めるより容易であろう。もっとも、受認者について、専門性も誠実さも兼ね備えている（または、いずれもない）という評判が立っている場合もあろうが。したがって、「受託者は」一定の注意水準を「保証するものではないが」、一定の注意水準を「遵守する義務を負い、この点について過失があった場合に個人的責任を負う」のである[78]。そのため、注意義務は、忠実義務ほど大きな負担を課すものでなく、法的制裁も禁圧的なほど厳格でもない。

　受認者が提供するサービスの質の評価は容易ではなく、それをコントロールすることはさらに難しい。そうすることは、そもそも受認者に裁量権を与えて託している理由と矛盾する。受認者は、しばしば先が見通せない状況で高度な専門性を発揮することが求められるため、判断内容をあらかじめ指図することはできない。受認者の裁量権行使に対する指図は一般的な内容にとどめざるをえない。他方で我々の社会では、専門家であっても無制限で無答責の権限を与えることには抵抗感がある。注意義務とは、受認者の裁量や専門性を認めつつ

77　Lautenberg Foundation v. Madoff, No. 09-816 (SRC), 2009 U.S.Dist.LEXIS 82084 (D. N. J. Sept. 9, 2009).
78　*In re* Estate of Cook, 20 Del.Ch. 123; 171 A. 730（1934）.

も、受認者がサービスを提供する範囲の外枠を定めるものといえよう。

2　注意義務の基準

　注意義務の基準はいくつかの原則に従う。以下ではその概略を示そうと思う。

(1) 受認者は自ら有すると表明した専門的技能を実際に保持し、かつこれを行使しなければならない。

　代理人の技能は、彼の負うべき注意義務を決定する際の考慮要素とされる。一般に、受認者の提供するサービスの質は、サービスが提供された結果を検証し、その結果を同一市場や他の専門家の実務結果と比較することで評価することができる。実績の評価は、他の専門家に頼むこともできる。たとえば、医師の診断の評価は、診療の前と後のセカンドオピニオンによってすることができる。

(2) 受認者の成果は、サービスを提供する際のプロセスで評価される。

　受認者は、担当する業務について注意を払い、サービスの提供に合理的な時間を割き、自身の持てる最善の専門性を発揮することが求められる。投資助言者の場合、注意義務のレベルの決定には多くの要素が影響を及ぼす。求められる注意義務には、特定の問題に対する調査も含まれる。たとえば、投資助言がニュースレターによって一般に公開されるような場合は、推奨する投資案件につき、その投資手法やリスク・リターン、通常とは異なる側面について調査しなければならない。一定の範囲の個人投資家に対して助言する場合は、投資案件が投資家と適合するかどうか調査しなければならない。受認者による調査範囲は、顧客である投資家の投資経験・金融知識の有無、投資助言関係の期間と性格、受認者が関連情報にアクセスしやすいか、提供される情報が抽象的か具体的かなどによって変化する。さらには、市場慣習のような、法ではないが、許容される注意義務のレベルを示す指針が存在する。これらはあくまでも指針として用いることができる場合もあるが、必ずしも注意義務を判断する際に決定的な基準というわけではない。

　注意の程度は、受認者が気付くべきでありながら認識できなかった「危険信号」次第で異なる場合もある。これは、その場の状況もしくは取引（たとえば会社の売却）の重要性や関係当事者の合理的な期待との関連で、受認者がきち

んと努力をしたかを意味する場合もある。たとえば、医師が患者と世間話をしている最中に証券業者から「追証」の連絡を受けた場合に、この医師は株式が売られて損切りされることを避けるため、患者に断って、委託保証金積増しの手続をとるため銀行へ向かっても許されるかもしれない。しかし、追証の連絡が手術中にあったならば、医師が手術室を離れ、銀行に向かうことは許されない。手術中にこのような行動をとったある医師は、永久に医師資格を剥奪された（患者が助かったにもかかわらず）のである。一般的には、受認者の判断が利益相反を伴わない限り、裁判所は受認者の裁量権行使に対する介入を差し控える傾向がある。

(3) 受認者が負担する法的リスクが注意義務に影響を及ぼすことがある。 たとえば会社の取締役の注意義務は、より高い基準の「過失」でなく、むしろ「重過失」によって評価される。注意義務を重過失により評価することにはいくつかの理由がある。取締役の判断の結果がどうなるかは、ほとんどの場合に予測困難である。そのうえ、注意義務を厳格に適用する、義務を負う個人に多大な金銭的負担をもたらして、破滅的な結果を生じさせるかもしれない。注意義務の重さを理由に聡明な人物が取締役就任を辞退するケースが懸念されるため、裁判所や立法府は取締役への注意義務のレベルを軽減してきたのであろう（そして一定の条件のもとで役員保険付保も認めている）。

このように、受認者によるサービスの提供に対し注意義務による制約が課されているといっても、裁判所は受認者による裁量権の行使に介入することを自制する傾向が強い。取締役の判断が利益相反の関係にない限り、また、受認者が自らのサービス提供に注意を払っている限りにおいて、受認者は法的責任を負わない可能性が高く、たとえ受認者の判断が誤っていて、その結果、託す人に損害が生じたとしても受認者は守られる。

(4) 受認者に対する評価は、関係者の合理的な期待と受認者の裁量に対する制約の影響を受ける。 注意義務の水準は、当事者の合理的な期待によって影響を受け、当事者間の合意の形で表される。たとえば、受認者が受け取る手数料や管理する資産残高の多寡は、求められる注意義務の水準に影響を及ぼす。手数料が50ドルであれば、それが5万ドルの場合よりもサービスの水準が低くてよい。しかし、受認者は、受け取る手数料の額に関係なく、合理的なレベル

の注意と技能をもってサービスを提供しなければならない。

　受認者の裁量にかけられる制約も、注意義務に影響を及ぼす。制約の内容としては、一般的にであれ具体的取引であれ、受認者が普段どの程度のコントロールをしているか、サービスの質をどの程度まで具体的に特定できるか、またサービスの質を評価しその問題が発見されるまでにどれほど時間がかかるか、などがある。加えて、注意義務の水準に影響を与える要因には、受認者が関連する情報をどこまで容易に入手できるかも含まれる。たとえば、投資助言者が、託す人の抱える問題に関する重要な事実を知っていた、あるいは重要な事実を容易に知りえたが注意を払わなかった場合には、その受認者は注意義務違反とされるかもしれない。これに対し、重要な事実の発見に多大な労力を要する場合は、注意義務違反にはならないであろう。

(5) **適用される法が異なると注意義務の内容も変化することがある**。さまざまな法律が受認者の注意義務に適用される。具体的には、信託法、会社法、代理法、契約法、証券法、1940年投資会社法、1940年投資顧問法、1974年従業員退職所得保障法、さらには、通貨監督庁などの連邦政府の規則、信託や州年金基金に適用される州法、コモン・ローの諸原則、注意義務を課す証券法令、契約関係から生じた注意義務に関する黙示の約束などである。制定法によって注意義務が課される場合、裁判所はその法令に記された義務の拡大解釈には否定的であることは、知っておくべきだろう。

(6) **受認者の専門性に対する裁判所の評価**。裁判所は、高度に専門的な受認者の成果を評価するにあたって、その分野における他の専門家の助けを借りる。それらの専門家が意見を異にする場合、特に訴訟当事者の双方がそれぞれ専門家を連れてきた場合には、裁判官はどちらの専門家がより信頼を置けるかを判断するため、第3の専門家を必要とすることがある。

3　注意義務と義務違反の例
(1)　会社の取締役の注意義務：託す人と一体であること

　取締役は、その会社の事業に固有のリスクに注意を払うことが求められている。火薬の製造工場の場合、爆発事故に対して適切な保険をかけ、従業員の安全確保手順を導入することが絶対必要となる。また、銀行の経営陣は、従業員

の誠実な応対や金庫の防犯警備に注力しなければならない。さらに、取締役は社内問題の予兆を見過ごしてはならない。たとえば、政府が、従業員による贈賄などの具体的な行為に批判的な報告書を出したり、罰金を科したりした場合には、取締役は問題点を察知して、違反行為によって会社が大きな利益を得ている場合であっても、それを防止する手段を講じなければならない。このように、取締役には主体的に対応すべき場面がある。

　しかしながら、大会社が分権化構造をとると、取締役が組織全体で起こるすべての事象について報告を受けない可能性がある。取締役は、必ずしも組織内の問題を洗い出さなくてもよいし、そのような分権化構造のなかで共通点もなくバラバラな全従業員に対し十分なコントロールを確立することもできないであろう。これらの事情を考慮して、取締役個人の責任は決まるのである。他方でデラウェア州裁判所は、他の裁判所と同様、会社の組織構造や取締役会への情報伝達の問題については一切関心を示していない。「一般に裁判所は、誠実になされた経営判断に対して後付けで批判したりはしない」[79]という姿勢である。

　会社の取締役は自らの率いる会社の不正行為についてどの程度まで責任を負うのか？　言い替えるならば、取締役は注意義務の問題として、どの程度まで、自らが取締役を務める会社の法令遵守を確保し法令違反を防止することを求められるのであろうか？　法的に答えるとすれば、取締役の注意義務は極めて軽い。しかし、世論の裁くところでは、それよりはるかに重い義務が求められているのかもしれない。

　ケアマーク・インターナショナル社の株主代表訴訟において、デラウェア州裁判所は取締役の法令遵守に関する責任のガイドラインを示した。この会社は権限を広く分散させた体制となっていて、営業担当者とその上司は、業務を行なうにあたって、違法な行為をしながら収益をあげていても放任されていた。そして政府から法令違反を指摘されるたびに、取締役会は違法な販売手法や販売対象について個別に制限を加えるだけであった。結局、会社に多額の罰金が科されるまでは、将来の違反行為を十分に予防できるように会社の体制と社内

---

79 | Lange v. Schropp (*In re* Brook Valley VII), 496 F.3d 892 (8th Cir. 2007).

ルールを見直すことはなかったのである。

株主は、違法な営業活動をやめさせる取り組みが遅かったとして取締役を注意義務違反で訴えたが、取締役による自己取引や自己保身といった忠実義務違反は問題としなかった。裁判所は、取締役の義務に関し、作為（取締役会決議）による過失と、不作為（何もしないこと）による過失とを区別した。裁判所が取締役会（およびあらゆる受認者）を監督するといっても、それは取締役会による判断を裁判所の判断で代替することまでは意味しないと強調した。

> 裁判所が、取締役の注意義務が果たされたかどうかを判断するにあたって、判断の過程が誠実で合理的だったかの考慮を超えて、結果として会社に損失を生じさせた取締役会の決定内容に踏み込むことは、適切とはいえない。実際、取締役の誠実な経営判断を「合理的でない」とか「不合理である」と非難する道徳的な規準が、果たして株主の側にはあるのだろうかと思わざるをえない。もし取締役が実際に情報を集めて適切に判断するよう誠実に努力しているのなら、注意義務を十分に果たしたとみなされるべきであろう。もし株主が、現任の取締役が誠実に行なった判断とは質的に異なる経営判断をしてもらう権利があるというのであれば、他の取締役を選任すべきであった[80]。

不作為の過失にあたるとされる行為は非常に限定的である。裁判所は取締役会が事業を運営することまでは期待していない。取締役会に「求められているのは、合併、資本構成の変更、事業の根本的見直し、CEOの任命とその報酬の決定といった、会社にとって最も重要な行為や取引を承認することのみ」であり、「会社組織の内部深くで執行役と従業員によってなされるような、日常業務に関する判断にまでは及ばない」[81]。このように、取締役会の注意義務の範囲は非常に限られたものとなっている。

ストーン・エーエムサウス・バンコーポレーション対リッター事件では、銀行の取締役が、同銀行の口座がマネーロンダリング取引に使われることを防止

---

80 | *In re* Caremark Int'l, Inc. Deriv. Litig., 698 A.2d 959 (Del. Ch. 1996).
81 | *Id.*

しなかったとして、訴えられた[82]。裁判所はケアマーク社事件の判決を再検討しつつ、「法人による決定は従業員という生身の人間によって行なわれ、取締役がそのほとんどについて関知するものではないのはいうまでもない」と述べた。したがって、従業員の任務懈怠に対して取締役個人が責任を負うべきであるとする主張は、「会社法の法理のなかで原告が勝訴判決を望むのが最も難しい理論であろう」とされた。また、株主代表訴訟に対する却下の申立てに原告が反論するにあたっては、「取締役が誠実さを欠いていたことを証明するのが必要条件であるが、それが証明できるのは、取締役会による監督が継続的または組織的な機能不全に陥っている場合、たとえば社内に合理的な情報報告体制が存在するかをまったく確認しようとしなかったような場合のみである」と述べている。悪い結果が必ずしも不誠実を意味するわけではない。

　会社の組織構造の問題や会社本部の方針がなかったことが理由で、取締役会による統制が欠如していたとされることもありうる。それでも、デラウェア州裁判所が、会社の組織構造に介入して基準を示すことはないであろう。サーベンス・オクスリー法も、その適用範囲に関する判例はまだないものの、そこまでは要求していない。裁判所が連邦法に基づいて取締役により厳しい義務を課すかどうかは、まだ予断を許さない。

(2) 破産財団に対する占有を継続する債務者の注意義務

　「破産後も占有を継続する債務者とそれをコントロールする者は、破産財団に対して信認義務を負う」。債務者はもはやその財産から受益する権利をもたず、債権者の利益のために受認者として財産を占有する。「よって、破産したパートナーシップのパートナーは、占有債務者として行為するため、破産財団の代理人として事業を運営しなければならず、自らの利益のために行動することは許されない。受認者が負う義務は忠実義務と注意義務の2つからなる。……受認者は注意義務により、合理性のある事業目的に従った誠実な経営判断が求められる」[83]。

---

82 | Stone *ex rel.* AmSouth Bancorporation v. Ritter, 911 A.2d 362（Del. 2006）.
83 | Lange v. Schropp（*In re* Brook Valley VII）, 496 F.3d 892（8th Cir. 2007）.

X　利益が相反する複数の託す人に対する受認者の義務

1　はじめに

　複数の託す人の間で利益が相反する場合に、受認者は仲裁をする立場になることがある。時として受認者の立場にあることが、自らの利益と相反する可能性もある。この場合、利益相反は、必ずしも金銭的なものとは限らない。託す人のうちの1人と個人的な関係があることによって利益相反になる場合もある。受認者であることによる責任から身を守りたいと思うことによって利益相反となることもある。その場合でも、受認者は仲裁者の立場に立つことで、厄介なジレンマを抱えることになる。受認者が忠実義務と注意義務を負う複数の託す人から相反する要求をされた場合、どのように調整していくべきだろうか。法的義務や倫理的なルールを犯すことなく判断を下すには、どうすればよいのだろうか。

　このような場合に、受認者がとるべき行動の第1のステップは、対立している託す人それぞれの権利を明らかにすることである。対立する当事者の権利を丹念に調査することが、託す人それぞれからの要求にうまく対処するのに役立つことであろう。次に、仲裁者としての受認者がとるべき第2のステップは、自らの役割を理解することである。そして第3のステップで受認者が直面するのは、あまり有難くない話ではあるが、託された時の指図のなかに指針となるものが何もなく、託す人たちの利益が明らかに対立する状況である。この場合、当事者が合意するよう求められていたならばどのような合意をしたかを、受認者は思い描こうとするだろう。受認者は、たとえば各当事者間の公平を最大限に確保するといった一般法理や判例に依拠せざるをえないかもしれないし、受認者の決断が当事者に与える影響や、その法的、経済的な帰結も検討することになるだろう。第4のステップでは、受認者は裁判所や規制機関といった第三者の決定に頼ることになる。そして当然、利益相反が解決されない深刻な状況に陥った場合は、受認者を辞任することになるかもしれない。

2　対立しているように見える託す人の権利を明確にして、受認者自身の役割を理解する

　ザーン対トランスアメリカ社事件では、会社定款の規定において、特定の条件下で、取締役が実行すべきことを決定し執行する旨が定められていた[84]。アクストン・フィシャー社の取締役は、株式の過半数を所有する株主トランスアメリカ社に指名された者（被任命者）であった。アクストン・フィシャー社の資本構造は、次のようになっていた。(1)優先株式：保有者には、配当として一定額プラス固定利率を受け取る権利、および会社破産時に優先的に残余財産の分配を受け取る権利があった。(2)クラスA株式：クラスB株式に優先し、保有株主には固定配当に加えクラスB株式の配当と同額を受け取る権利があった。また会社を清算する際には、1株当りの残余財産の分配につきクラスB株式の2倍を受け取ることができた。(3)クラスB株式：クラスA株主への配当支払が遅滞しない限り、株主に取締役の任命投票権が付与されていた。配当支払が遅滞した場合、クラスA株式とクラスB株式は平等な投票権を有した。

　加えて、クラスA株式に関する定款の規定により、取締役にはクラスA株式の額面および支払期の来た配当額を支払って、償還するという予告、つまり「コール」の権限があった。「コール」から60日以内に、クラスA株主は株式の償還金を受け取るか、固定価格（株式の額面価格）でクラスB株式に転換するかのいずれかを選択できることになっていた。

　この条項の目的は何であったのか。クラスA株式は、クラスB株式と比べて著しく大きな権利を有しており、会社とクラスB株主にとっては、非常に「高コスト」な資本と考えられる。おそらく取締役には、会社がうまくいき、より負担の少ない条件で資金調達ができた場合、クラスA株式の「コール」オプションを行使することが期待されていたのであろう。クラスA株式償還のための資金調達手段としては、クラスB株式を市場で発行するか、クラスA株式より低いコストで借り入れることが考えられる。会社にとって資本コストの低い調達が可能であるならば、取締役の義務としてクラスA株式の「コール」オプションを行使しなければならなかった。同時にクラスA株主に

---

84 | Zahn v. Transamerica Corp., 162 F.2d 36 (3d Cir. 1947).

対しては、A 株主には保有する株式をクラス B 株式に転換する権利があること、および、転換価格はおそらく市場価格より低くなるだろうことを告げる義務があった。

その後、予期せぬ事態が発生した。会社は赤字で、クラス A 株式一株につき額面 80 ドルと未払配当の支払義務があるにもかかわらず、会社の資産価値が劇的に増加した。会社の主な資産である煙草の価値が、第 2 次世界大戦中に急騰したからである。これは、大株主であるトランスアメリカ社にとっては大きな誘惑となった。アクストン・フィシャー社が清算されない限り、株主には手が届かない大金を同社は抱えていた。煙草を売る、売らないにかかわらず、会社には余剰の現金が大量にあり、会社を清算すれば、3：2 の割合で配当することになるから、クラス B 株式 1 株に対し 2 ドル支払われるごとに、クラス A 株式 1 株に対して 3 ドルが支払われるはずだった。もう 1 つの選択肢が、取締役が「コール」してクラス A 株主に 1 株 80 ドルの支払を申し出るが、その後に会社を速やかに清算予定であることを株主には伝えないことであった。もしクラス A 株主が会社がすぐに清算されると知っていたなら、会社の清算まで株式を持ち続けて、クラス B 株主への清算配当の 2 倍の金額を受け取っていただろう。また、取締役が「コール」しても、クラス A 株主が近く清算されることを知っていたら、クラス B 株式への転換を選択して、80 ドルではなくそれ以上のもの、つまり過半数を握る支配株主と同じクラス B 株式を手に入れていたであろう。

アクストン・フィシャー社の大半の取締役は、クラス B 株式（およびクラス A 株式）の大部分を保有するトランスアメリカ社の従業員であったため、同社の利益に従った。つまり、クラス A 株式の「コール」オプションを行使し、株式の額面金額と未払配当（合計約 80 ドル）を支払うと申し出たのである。取締役らは、同社が価値のある煙草を保有しており、支配株主が煙草の売却と会社の清算を計画していることを知っていたが、この事実をクラス A 株主に開示しなかった。これらは公知の事実ではなく、大半のクラス A 株主は喜んで 80 ドルの受け取りに応じ、より多くの利益を手にしたであろうクラス B 株式への転換をしなかった。

この事件で裁判所は、取締役はクラス A 株主に対する信認義務に違反した

と判示した。しかし、クラスB株主の2倍の金額をクラスA株主が受け取ることまでは認めなかった。つまり、大株主には、そのような条件で会社を清算する義務はなかったというのである。実際に、取締役はクラスA株式を「コール」できた。その場合には、クラスA株主は保有株式をクラスB株式に転換する選択をしたであろう。それゆえ、クラスA株主はクラスB株主の回収金額と同額（2倍ではなく）が認められたのであるが、それは、仮にクラスA株主が会社清算の計画と煙草の価値を知っていて、かつクラスB株主の2倍を受け取るクラスA株主がいる場合には取締役が会社を清算しないだろうということを知っていたならば、クラスA株式をクラスB株式へ転換していたであろうと推定されるからである。

3 託す人の間で明らかに利益が相反するにもかかわらず、託された時の指図に方針が示されていない場合

複数の託す人同士の利益相反は、たとえば信託に2種類の受益者（収益受益者と残余権者）がいるような場合に起こりうる。収益受益者は、信託の投資から利益を受け取る権利があり、残余権者は、収益受益者が死亡した際に元本を受け取る権利を与えられている。通常、収益受益者は委託者の妻であり、残余権者に指定されるのは委託者の子供または慈善団体であることが多い。信託の投資がよりリスクの高いものである場合、妻は高い収益を得られる可能性がある一方で、残余権者に対する支払はリスクにさらされる。反対に、より保守的な投資にすると、妻の受け取る収益は低くなるが、子供たちはより確実に受け取ることができる。投資をする際、受託者は何に基づき投資判断すればよいのだろうか。信託条項に明確な指針がない場合、受託者は委託者の意思を体現する諸事実を参考にすることになる。ここでいう諸事実とは、夫婦が夫の生前に贅沢な暮らしをしていたのか、控え目なものであったのか、あるいは別居していたか、また子供が成人し自活できるかどうか、などが参考となりうる。

託す人の間の利益相反は別の理由でも発生する。リッピー対デンバー合衆国国法銀行事件[85]は、委託者の娘が新聞社の支配株主の地位を求め、より高い株

---

85 | Rippey v. Denver United States Nat'l Bank, 273 F.Supp. 718, 723 (D. Colo. 1967).

価を求める他の受益者と争った事案である。受託者である銀行は、株式購入のためはるかに高い価格を用意していた「外部の人間」ではなく、委託者の娘の側についた。判決のなかで裁判所は次のように述べた。

> 受認者の第1の義務は、受益者の利益を守ることである。信託財産を売却する際には、受認者はできる限り高い価格で売却するためにあらゆる努力を尽くさなければならない。関心を持っていてより高い価格を支払うと思われる買手が他にいることがわかっているのに、これを排除して単独の買手のみと相対取引を行なうことは信認義務に違反する。銀行が［新聞社の支配権を求める外部入札者］と接触しようとせず、事の重要性を考慮することなく、［故人の娘］に売却することをあらかじめ決めていたことは信託義務違反となる。このような決意が固かったことは、排他的な株主間契約を結んだことに加え、［外部の入札者］に声をかけたり［外部の入札者］に価格提示の機会を与えたりせずに取引を完結しようとした事実から明らかである。

このような事案で、救済として認められたのは、契約解除ではなく追徴金の支払だった。この追徴金は、「実際の売却価格と銀行が売却先を制限しなかったならば得られたであろう価格の差額」とされ、損害賠償額は、外部の入札参加者による提示価格の推定と、優遇された委託者の1人が実際に支払った額とを比較することで算定された。この取引は自己取引ではなかったが、受託者は「売却するにあたって適切な判断をせず、公平に行為し、確立した信託実務に従い売却価格の最大化を目指すことを怠った」とされた。受託者は「信託財産の売却にあたり無制限ないしは絶対的な裁量権」を持つわけではない。受託者は、「無制限で絶対的な裁量権」を与えられた場合でも、「慎重な判断の領域を超えて行動」したり、不合理な行為をしてはならないのである。この事案において銀行は「市場価格を分析したり、潜在的な買手を探したりすること」を怠った。これにより、受益者に不利益を生じさせた可能性は高い。さらに銀行は、新聞社創業者の娘に有利な扱いを行なった。裁判所の結論は次のようなものであった。「受託者に課せられた忠実義務と合理的な注意義務により、受託者は

信託財産の売却に際して、できる限りの高値での売却に努めなければならず、このことは法に照らして明らかである」。

4　信認義務の限界

　託す人に対する信認義務に、違法行為を行なうことは含まれていない。よって、証券ブローカーは、法令で開示を禁止された情報を顧客に伝えたり、第三者に対する信認義務に反してインサイダー情報を顧客に伝えたりしてはならない。託す人は受認者である証券ブローカーや投資助言者が自分の利益のために行動するものと信じているが、受認者が法令違反や他者に対して負う信認義務違反を行なうことは想定していない。信認関係は、夫婦関係において、夫婦の一方が法廷で他方の不利益になる証言を免除されるような保護は受けない。婚姻とは異なり、受認者はより容易に信認関係を終了できる。信認関係の終了は、契約と比較しても、ある程度は容易である。裁判所は、信認関係が信頼に基礎を置くことに鑑みて、一方当事者が信認関係を断ち切るのを認める立場をこれまで長くとってきたのである。

XI　受認者の権利と託す人からの申立てに対する防御

　受認者の提供するサービスにリスクがないとはいえない。また、受認者は保証人でもない。受認者に求められるのは最善を尽くすことであり、特定の結果を出すことではない。弁護士は、依頼人の裁判で勝訴を保証することまでは求められていない。同様に、医師は患者の健康を保証できないし、会社の取締役や執行役も一定の利益を株主に提供することが求められているわけではない。しかしながら、注意義務や託された時の指図に従う義務と受認者のサービスがもたらす結果との間の線引きには、曖昧なところが残っている。

　受認者は、達成できないような、また実際にも達成しない結果について、成功を約束したり、あたかも可能であるかのように仄めかすことがある。結果が伴わずに失望した株主や顧客は、暗黙の約束があった、期待が実現しなかった、不当に非現実的な望みをもたされた、などとして訴えを起こすかもしれない。そのような訴訟では、数百万ドルの判決や弁護士報酬、裁判費用がかかること

もあり、取締役や執行役に破滅的な結果をもたらすかもしれない。

　そのため、取締役や執行役、弁護士、医師は、訴訟を想定しつつ、保険契約や雇用主との契約により一定の条件が満たされれば訴訟費用を補償するよう求める。違法な行為に対して補償したり保険をかけたりすることは公序良俗に反するから、受認者に対する訴訟の大半は和解で解決される。そうなることによって、保険会社や保証会社は遅滞なく円滑な支払ができる。ある裁判では、政府が受認者と和解する条件として、同受認者が所属する会計事務所から訴訟費用の補償を受ける権利行使を差し控えさせようと圧力をかけたが、裁判所はこれを退けた。この判決も、受認者が費用の補償を受ける権利を強化することになった。会社が受認者となっている裁判の大半は、和解により決着している。受認者は、責任ありとされるといかなる保護も受けられないので和解し、他方で原告は、訴訟で勝てるか確信が持てないがゆえに和解に応ずる。しかし、訴訟を担当する弁護士が高額の報酬を稼ぎ、受認者の負担する費用を最小限にとどめるためには、訴訟が開始される必要があり、費用がかさむことも止められない。

XII　制定法における信認義務

　この50年間、信認関係を定義し、信認義務を課す制定法が整備されてきた。そして他の制定法と同様に、解釈上の問題が提起され、さらにコモン・ローの信認法と制定法の規定との関係についても問題が種々提起されている。判例法の世界[86]では、適用範囲がオープンであるため、新たな受認者を受け入れるだけでなく、事実関係や文脈によって異なる解釈をすることも可能である。他方で、制定法は具体的であるうえ、大抵は受認者の特定の役割に関して規定しており、受認者の義務の範囲を広めたり狭めたりしている。たとえばエリサ法（従業員退職所得保障法）のような制定法では、条文と州の信託法との関係が具体的に決まっている。これと対照的に、ミューチュアル・ファンドの投資顧問会社に対し、当初裁判所は1940年投資会社法だけでなくコモン・ローの受認

86　本節では、コモン・ローという言葉がエクイティに対する法概念としてではなく、エクイティも含めた判例法という意味で使われている。

者のルールも適用していたが、立場をまったく変え、1940年投資会社法の規定のみを適用するようになった。しかしながら、連邦最高裁判所は、1960年代に、コモン・ローと1940年投資顧問法に基づき投資顧問会社に信認義務を課す判決を下しており、この判例は今日まで維持されている。

　制定法の定めにより、規制当局に法律の定めに対する適用除外を設ける権限が与えられることがある。こうした権限に基づく適用除外と元の規則の積み重ねによって、いわば「制定法に基づくコモン・ロー」が形成されてきた。このような制定法コモン・ローは、それなりの適用範囲を持ちつつ、専門的な領域につき具体的な規定を置いている。こうした状況のなかで時が経過していき、信認関係をめぐって2つの法形態が確立してきた。1つは、判例のコモン・ローで、事実関係に焦点を当て裁判例を拠り所とする。もう1つは制定法コモン・ローで、これは受認者をさまざまな特性や機能に応じて定義すると共に、適用されるルールも定める。そして制定法コモン・ローは、判例法のコモン・ローと制定法コモン・ローのいずれかが適用されるか、または両方とも適用されるかを定める場合もある。

1　従業員退職所得保障法（エリサ法）
(1)　背景
　1974年制定の従業員退職所得保障法（エリサ法）は、従業員が退職する際に年金を支払うことを約する雇用主に対し、給付に必要な金額を事前に積み立てることを義務付けており、退職者が出るごとに"都度払い"することを禁じている。これにより年金基金が設立されたことで、雇用主と年金制度の管理者の負う信認義務が問題となった。エリサ法はこれら管理者に厳格な信認義務を課しているが、1940年投資顧問法のもとで投資助言者として登録される者が管理する年金資産に関しては、エリサ法の信認義務を緩和している。またエリサ法の規定は、排他的に適用されるために、部分的に州法の適用を排除している。

(2)　利益相反の禁止
　エリサ法の1104条は次のように規定している。「(a)(1)……受認者は、年金制度に関する義務を遂行するにあたり、年金制度の加入者と受給者の利益のみを図り、かつ(A)(i)加入者と受給者に利益をもたらし、かつ(ii)年金制度の管理に関

する合理的な費用を支払う、という排他的な目的を追求しなければならない……」。

驚くことではないが、利益相反に関わる義務の免除は、託された投資財産の運用に対するコントロールのあり方との関わりで認められる。したがって、従業員＝年金受給者が運用者の管理を担う場合は、受認者である管理者は何ら責任を負わない。エリサ法の1104条(c)は以下のように規定している。

(1) (A)年金制度において、各加入者および受給者に対して個人口座が提供され、その口座の資産を運用させている場合において、自分の年金資産の運用を各加入者・受給者自らが行なう場合、
　(i)投資運用を行なったことを理由に、加入者が受認者とみなされることはない。
　(ii)加入者および受給者が運用を行なった結果については、その他の場面では受認者たる者でも、その損失の一部について責任を負うことはなく、また、義務違反を理由に責任を追及されることはない。ただし、年金制度の委託者もしくは受認者によって、個人口座で資産を直接運用できる加入者および受給者の権限が停止されるブラックアウト期間中は、本条項が適用されない。
　　……

(2) 給与天引きに基づく退職金積立口座の場合、加入者もしくは受給者は、以下のいずれかが発生した時点で、上記(1)を達成する目的で退職金積立口座の資産を運用しているものとみなされる。
　(A)拠出した資金の投資先について投資の選択対象のなかから選択しそれを認めたとき
　(B)別の退職金積立口座もしくは個人退職金制度に資金を移転したとき
　(C)退職金積立口座を設定してから1年が経過したとき

　エリサ法の1021条(g)に規定されている報告以外で、給与天引きに基づく退職金積立口座に関して報告を行なう必要はない。

要するに、権限の託された態様により権限行使に伴う責任が決まるのである。そして、ある年金制度の管理者が資産の保有のみをコントロールし、投資についてはコントロールしない場合には、当該管理者は、投資に関する決定につき責任を負うことはない。

2　利益相反禁止の免責

2006年、連邦議会はエリサ法の諸規定に対するいくつかの適用除外規定を成立させた。この適用除外は、利益相反のある年金制度との取引を禁止されていた「利害関係者」に適用される。これにより議会は、「年金制度にサービスを提供している（またはそのサービス提供者と関係がある）という理由のみで利害関係者」とされる人々に対して、エリサ法上の各制限からの包括的な免除を与えたのである。これらの免除が認められるには、受認者が年金制度から受け取る金額が市場実勢と等しいかそれ以下であること、および年金制度が受認者から受け取る金額が公正な市場価格と等しいかそれ以上であることが条件となる。ここで常に問題となるのは、誰が市場価格を決定するのか、市場価格決定のためにどのようなガイドラインが設定されるのか、である。

加えて議会は以下のような規定も行なった。

(1) 投資運用会社による上場有価証券の裁量的クロストレード[87]の制限について、一定の条件下において適用除外とすること
(2) 電子取引ネットワークを利用することにより、受認者が禁止取引に従事しないことを明確にすることで利益相反取引禁止を適用除外とすること
(3) 外国為替取引を容易にするために適用除外とすること
(4) 特定の従業員退職給付制度の資産を含むブロックトレードを免除すること
(5) 禁止されている証券関連取引を意図せずに行なった場合、取引発生後14日以内であれば取引の修正を認め、禁止取引に対して課された消費税の減額を認めること。禁止取引の修正に関する新しい規則は、法令制定日以降に当該年金制度に関与していない者が発見した取引もしくは発

---

87 ｜ 同一銘柄かつ同数量の売り注文と買い注文を同時に成立させる異例取引。

見されるべき取引に対して適用されること
- (6)登録されたブローカー・ディーラーに対するエリサ法上の保証証書要件の新たな免除（ただし、年金制度で雇用主の発行する証券を保有する場合は、一制度あたりの保証証書要件が最大50万ドルから100万ドルへ増額された）

　ある論者によれば、これらの新たな免除規定の目的は「年金制度とその加入者、受給者への保護を維持しつつ、年金制度でより多くの取引がより自由に行なえるようにすることであった」。2008年の金融危機までの連邦議会は、一般的な法規制の動向と同様、市場競争と自主規制が機能すれば受認者の義務違反は十分防止できると信じ、受認者への規制を軽減もしくは撤廃していく傾向にあった。

3　1940年投資会社法における利益相反規制

　1940年投資会社法は投資会社（ミューチュアル・ファンド）、その運用者およびその関係者を規制している。ミューチュアル・ファンドは通常、法人もしくは信託として設立された存在であり、有価証券を発行し証券投資を行なう。預金者に対して債務証書を発行する銀行とは異なり、ミューチュアル・ファンドは証券を発行し、証券保有者に対してミューチュアル・ファンドが保有するすべて（ただし手数料と費用を控除後）を投資持分の割合に応じて分け合うことを約束する。ファンドの保有資産が減少すれば、投資家は損失を被る。債務者として規制を受ける銀行とは異なり、ミューチュアル・ファンドの運用者や取締役は受認者としての規制を受ける。加えて、投資会社法はファンドにサービスを提供する多数の関係当事者を受認者として規制すると共に、ファンド（およびファンドが支配する企業も含む場合もある）との利益相反行為を禁じている。投資会社法では、ファンドもしくはその支配下にある企業と知りながら、本人として取引することを禁止される者として、25の関係者が列挙されている。ファンドとの関係で代理人として行為する関係者にも同様に禁止行為がある。また、その他に引受証券会社なども、対等条件の場合を除きファンドと「パートナー」となることや、ファンドに組み入れる有価証券を「投げ売り」することが禁止されている。

　投資会社法の17条(a)は、投資会社の関係者、関係者の関係者、発起人、お

よび引受証券会社の関係者が、本人の立場で、投資会社およびその支配下企業との間で一定の取引を行なうことを禁止している。この投資会社の「関係者」とは、取締役会メンバー、運用者、ポートフォリオマネージャー、出資比率5％超の株主、支配下企業、および投資会社が5％超を保有する会社、さらに従業員やパートナーをいう。同条(e)では、同様の関係者間で、代理人として取引することも禁止している。同法により、証券取引委員会は、これらの禁止事項を免除する権限がいくつかの条件のもとで付与されている。実際にも、証券取引委員会はここ何年もの間、多くの活動に関して「規制緩和」をすると共に、免除に条件を付けることで「規制強化」も行なってきた。この条件として、多くの場合に、必要とされる独立社外取締役の数を増やすことが求められ、これによって、投資会社の取締役会が強化された。したがって、投資会社法による特定の行動や仕組みに対する禁止を免除されたことに伴って、別の制限が導入され、内部の監督体制がより強固なものとされたのである。

　投資会社法は利益相反取引を広く禁止し、利益相反取引に同意する権限を証券取引委員会にのみ認めている。しかしながら、年月を経る間に、一定の条件のもとでこれらの禁止事項を免除する規則が数多く制定された。その条件の1つに、利益相反取引を行なうミューチュアル・ファンドの取締役会が、当該取引について承諾を与えるというものがある。証券取引委員会によるこれらの免除規定は、会社法の流れに追随するものである。

4　資金運用者による利益相反禁止の緩和

　1970年代の証券市場に起こった変化は、投資助言者に信認義務の問題をもたらした。それまで投資助言者は、大手証券ブローカーから有用なレポートを無料で受け取っていた。ニューヨーク証券取引所はすべての証券ブローカーに同一の手数料をかけるよう命じていたため、証券ブローカー各社が価格面で競争ができなかった時代は、無料の調査レポートが深刻な利益相反を引き起こすことはなかった。加えて、ミューチュアル・ファンドの運用者には特有の利益相反があった。すなわち、彼らは受託者と同様、受託資産残高の割合に応じて報酬を請求していたが、収受する手数料の増加がほとんど運用成績次第の受託者とは違って、ミューチュアル・ファンドの運用者は、投資口を多く販売して

手数料を増やすことができた。つまり、運用者は証券ブローカーが自社の投資口を販売してくれた見返りに、証券ブローカーにとって旨みのあるファンドのポートフォリオの取引を発注しようとしたのである。

　信認法の原則からすれば、資金運用者は、有価証券取引に際し顧客のために最良執行に努めなければならず、自らの利益のために顧客資産を利用することが制限されている。調査レポートと証券仲介サービスの対価として顧客の委託売買の手数料を使うことは、資金運用者にとって大きな利益相反を生じさせ、顧客にサービスを提供して委託手数料を得るために発注をしているときに最良執行義務を無視したり、顧客の委託売買で自らが利益を得るような不適切な行為をしたりするような誘因を与えるかもしれないからである。しかし連邦議会は、顧客口座の運用に調査レポートが有用であることを認め、証券取引所法28条(e)を制定し、資金運用者を保護するセーフハーバー・ルールを設けて、資金運用者が、ブローカー・ディーラーに支払った手数料が「証券仲介サービスや調査レポートサービス」の価値との比較で合理的であると誠実に判断した場合、ブローカー・ディーラーに対し当該サービスを受けるために最も低い手数料率より高い金額を支払ったとしても、それだけを理由として資金運用者は信認義務違反の責任を負わない、とする保護を与えた[88]。

要するに、複雑な取引の執行には専門性が必要な場合があり、より高い手数料が支払われるべきであるから、連邦議会は最も低い手数料率の証券ブローカーを選択することを資金運用者に義務付けなかったのである。
　しかし、資金運用者がある証券ブローカーから便益を得ている場合、その取引が最良執行でなくとも、顧客の委託売買をその証券ブローカーに集めて発注するかもしれない。そこで、連邦議会は投資助言者に最良執行（これには最良価格が含まれるが、最良価格がすべてではない）を義務付けたのである。ところが、この規定ではミューチュアル・ファンドの運用者が抱える問題は解決され

---

[88] Commission Guidance Regarding Client Commission Practices Under Section28 (e) of the Securities Exchange Act of 1934, Exchange Act Release No. 54, 165 (July 18, 2006).

なかった。

　証券ブローカーは、ミューチュアル・ファンドのポートフォリオ運用にかかる有価証券取引に関心があるのに対して、運用会社は、収受する手数料が運用資産残高に一定割合を乗じて計算されるため、投資口の販売に関心がある。しかし、個人相手の中小証券ブローカーが大規模な証券取引を常に執行できるわけではなく、また大手証券ブローカーが必ずしも投資口を販売する必要がない。結果として、大手証券ブローカーは投資口を販売した証券ブローカーに、自分たちが得た委託売買手数料を色々な形で移転、すなわち「譲り渡し」を行なったのである。こうして、証券ブローカーに支払われる委託売買手数料には、この投資口の販売コストも含まれる——運用者にとってはブローカーが投資口を販売すること自体が、販売コストより重要である——ことになり、よりよい執行をするはずが、本来あるべき姿よりファンドのコストが高くなってしまった。こうした状況に対し、規則による対応は、まったくもって適切になされているとはいえない。

　ブローカー手数料について、証券ブローカーの義務に関する問題は、さらに複雑である。証券ブローカーが通常より高い費用を顧客から徴求し、そのことに顧客が気付いていないことを知っている場合、証券ブローカーは顧客にその事実を知らせるべきであろうか。顧客と証券ブローカーの関係が対等であり、この取引が「市場取引」とみなされるなら、他の契約形態と同じく答えは「いいえ」である。買主である顧客が、必要であればそうした事情があるかと尋ねればよい、すなわち「買主に注意させよ」である。有価証券売買の委託手数料に関する情報は、収集し比較することが難しいものではない。そのうえ、当事者はまだ信認関係に入っていないのである。

　しかし、弁護士と依頼人の関係と同様、証券ブローカーと顧客の関係も合意を締結する前の段階から始まっている場合がある。証券ブローカーが「無料の投資助言」や無料の「ファイナンシャル・プラニング」を提供する場合もあるが、その際には、顧客の個人的事情に関する情報も託されることになる。現在のルールでは、証券ブローカーは顧客に「その人の属性に適合した投資」を勧めなければならず[89]、そのために顧客は、自らの財産状況に関する情報や個人情報をブローカーに提供しなければならない。さらに重要なことは、証券ブロ

ーカーが行なう投資提案の本質は、顧客が証券ブローカーに資金を託すことにあるため、彼らは信頼を受けた助言者であると考えられているということである。信頼して託してもらわないことには、証券ブローカーは顧客の株式やその他の有価証券の売買ができない。そして最も重要なことは、証券ブローカーに対する信頼が、金融システムの基礎をなす構成要素の１つとなっていることである。したがって、証券ブローカーが徴求する手数料は、顧客が資産を託す前から信頼を損なうような法外な金額であってはならない。ここで考慮されるべきことは、金融システムの健全性を維持することである。そのため、証券ブローカーが顧客から投資勧誘をしていない株式の売却注文を受けた際に、自己勘定でその株式の一部を購入したが、その事実を顧客に開示しなかった事案において、裁判所は州法と連邦法の双方について証券ブローカーの信認義務違反があったと判示した。

　それでも、証券ブローカーが利益相反の状態にあることは、顧客からすれば明らかである。証券ブローカーは一般に、顧客が取引を成立させてはじめて手数料を受け取ることができる（最近では、顧客から預かった資産額に応じて報酬を受け取るという手数料体系が考案されているが）。そのため、証券ブローカーが受認者と位置付けられるか否かは明らかでない。営業担当者としての一面もあれば、助言者としての受認者という一面も併せ持つのである。彼らは特定の規則に服することになるが、信認法理全般には服さない。彼らは信頼を求め、また人々から信頼を寄せられているが、それでも自分は営業担当者であると主張し続け、信認法が適用されることを否定している。この問題の難しさを示す例として、以下の２つの事件を紹介したい。

　１つ目の事件[90]では、高齢で投資経験はないが頭脳明晰な投資家が、証券ブローカーからの勧誘によらずに注文を出し、取引手数料のことを考慮せずに頻繁に投資判断を変更した。彼女の口座は手数料と軽率な投資行動により、残高がなくなってしまった。このような投資家に対して、証券ブローカーは自らの利益に反する助言をどの程度まで行なう責任を負うべきであろうか。この問題に対するルールはなく、裁判所の考え方も明確ではない。

---

89 ｜ NASD Manual, Rule 2310.
90 ｜ Brumm v. McDonald & Co. Sec., 603 N.E.2d 1141（Ohio Ct. App. 1992）.

2つ目の例はオークション利付債の事件で、マーケットメーカーがこの商品の投資リスクの仕組みを作り、証券ブローカーが商品を販売するが、顧客は経験豊富な投資家であった、という事例である[91]。オークション利付債自体は長期債であるが、短期間ごとに実施される入札の結果、売却できれば投資期間は短くなる。購入者のリスクは、期待したリターンが入札で得られない、さらに悪い場合は買手がつかなくなるおそれがあるというものであった。このリスクからの保護策として、マーケットメーカーは明示的または黙示的に証券の買戻しを約束した。取引金額は何十億ドルにのぼり、市場が完全に崩壊するとは誰も予想していなかったのである。しかし現実に市場崩壊が起こった時、マーケットメーカーは債券の買戻しができず、深刻な損失を被った債券購入者もいて、長期債の保有を強いられるだけでなく、購入者自身が支払不能となることもあった。損失はすべて投資家が負担すべきだとの議論もあろう。しかし、これらの債券は銀行に「現金を預けたのと同じ」であるが、投資リターンはそれより大きいと断言した証券ブローカーには何の責任もないのであろうか。証券ブローカーとの長期にわたる個人的な関係や信頼は考慮すべきではないのであろうか。この点、知識と経験の豊富な投資家はこの債券のリスクに気付くべきだったと思われる。これらの事例は個別性が強いため、対処するためのルール作りは極めて難しい。裁判所としては、リスクの大きさ、信頼した営業担当者が断言したという事実の有無、またマーケットメーカーが買戻し義務を負うのがどの程度明らかであったか、といった要素を勘案しなければならない。

　デラウェア州の会社法は、一定の契約や取引については、利益相反を理由として無効だとする主張や訴えから保護する立場をとっている。この立場は、託す人による同意のモデルに従うものである。しかしながら、会社の場合は、託す人は法人（会社）であり、その代表者である取締役や執行役のなかには、利益相反の影響を受けている者が含まれている。このため、デラウェア州会社法でそうした取引や契約が「クリーンな状態」にされるのは、取締役会の総意によるのではなく、問題の取引や契約に利害関係を有していない取締役の同意が得られた場合とされている。かかる同意があれば、利益相反関係にある取締役

---

91 ｜ Procter & Gamble Co. v. Bankers Trust Co., 925 F.Supp. 1270, 1289-90 (S. D. Ohio 1996).

や執行役が関与しているという理由のみをもっては、契約や取引が無効（直ちに法的効果を失う）または取消し（会社が無効とするか選択できる）とされることがない。

こうした保護が適用されるのは、会社と契約や取引を行なう相手方が、1人もしくは複数の取締役もしくは執行役（いわゆる経営者）、またはこれらの経営者が取締役や執行役を兼務しているか、もしくは経済的な利害関係を有する会社である場合である。またこの保護は、取引を無効（裁判所による強制ができない）または取り消しうる（会社が有効とする選択をした場合にのみ強制できる）とする主張に対して適用される。保護されることになる利益相反には、該当する取引や契約を承認する取締役会に経営者が出席もしく参加した場合、または、投票したかもしくは会議の定足数にカウントされた場合などが含まれる。

しかしながら、このような保護には以下のような条件が付されている[92]。

・取締役会は、対象となる契約または取引に関するすべての情報を受領していなければならない。ここでの重要な事実には、当該契約または取引について、取締役や執行役がどのような関係にあるのか、どのような利害を有しているのかといった情報が含まれる。さらに、利害関係のない取締役会または委員会[93]のメンバーに対して、これらの契約または取引の関連情報が、開示または認識されていること、および、「利害関係のない取締役だけでは取締役会の定足数に達しない場合でも、利害関係のない取締役の過半数の賛成により委員会がその契約または取引を誠実に承認すること」。

もしくは、

・取締役や執行役の関係または利益、および契約または取引についての重要な事実が、それについての議決権を持つ株主に開示または認識され、かつ当該契約または取引が、株主の投票によって個別に誠実に承認されること。

もしくは、

・取締役会、委員会または株主が承認、許可または追認した時点で、当該

---

92 | Oberly v. Kirby, 592 A.2d 445 (Del. 1991).
93 | 取締役会の下部組織として利害関係のない取締役から構成される委員会。

契約または取引が会社にとって公正なものであること。なお、この場合、情報開示は不要である。

　このデラウェア州会社法144条は、株主が利害関係のある取引を無効とする権限を2つの場面で制限している。1つは、利害関係のない取締役により構成される委員会が当該取引を承認した場合で、そこでは経営判断原則が適用される。もう1つは、独立委員会が設置されていない場合で、そこでは株主は取引を追認するか、裁判所でその公平性を争うかを選択できるが、自動的に無効とする権限までは与えられていない。

　しかしながら、2008年の金融市場の崩壊以降、取締役は規制当局からの圧力に直面することになるかもしれない。なかでも銀行の監督当局は特に役員報酬について圧力をかけているようである。この圧力によって、銀行の役員への報酬の削減が促されるだけでなく、銀行がリスクをとることも抑制されることになりうる（おそらく後者が主たる目的だろう）。こうして引き受けるリスクが抑制されれば、得られるリターンも低水準となり、現在の「業績」に連動する報酬体系においては、役員報酬も低く抑えられることになるかもしれない。

5　ニューヨーク州会社法

　ニューヨーク州の会社法には、デラウェア州の会社法と共通の要素が多い。ニューヨーク州の会社法も、独立取締役、または議決権のある株主の過半数による同意を原則としている。会社法において利益相反が発生するもう1つの場面として、株主が代表訴訟を提起する場合がある。そのような状況においても、株主はまず取締役会に問題に対処するよう要求しなければならない。こうした要求をせずに株主代表訴訟を提起できるのは、取締役会メンバーが利益相反関係にあり、会社を代表して損害賠償請求や訴訟を行なうことができないため、株主が取締役会に要求を行なっても無意味な場合に限られる。

第4章 信認法と任意規定

I　はじめに

信認法における任意規定と強行規定──その性質と正当化根拠

　信認法のほとんどのルールは任意規定として扱われる。すなわち、受認者と託す人が合意によって変更できる法的なルールなのである。このルールは、「ひな型契約書式」と喩えられ、当事者間で合意した具体的な契約条件を盛り込む形で修正できる。この比喩に従えば、受認者は、一般には託された財産を購入することが許されないところ、託した人が、その取引について十分な情報を得ており、自ら判断する能力を備え他に能力を否定するような事由もなく（そうした事由は一般的な契約法の欠格事由に準ずる）、不当な威圧も受けずに承諾すれば、託した人が受認者に対し、託された財産を自ら購入することを認めても差し支えないのである。

　このような考え方のもとには、取引に強行規定を課すべき合理的な理由がない限り、人は、自分たちの関係を自由に決められるべきであるという哲学がある。さらに任意規定としておけば、当事者は、取引内容を一から計画する費用を減らすことができる。そのようなルールがあれば、ひな型契約書式と同様に安定した共通の基準となる。任意規定のルールによれば、当事者間が当初の交渉で検討しなかった、合意内容の欠落を補うことができる。これらのルールは、その条件について交渉をしたらほとんどの当事者が合意したであろう条件を示しているとみなされる。したがって、任意規定は当事者が合意するための基本的なルールを提供していると見ることができる。

　加えて、当事者間の関係で定められる契約条件が任意規定の定める条件から外れることができるとはいえ、任意規定のルールは当事者の行為や交渉に影響を及ぼすこともある。「任意規定は、共同体の規範や社会の文化、大方の実務

を示すものである。さらに、当事者に客観的で第三者的な行動基準を示し、『説得の道具』として機能することもある」[1]。

このような任意規定に対して、強行規定は「どの範囲で交渉すれば合法とされるか、という基準を画定するものである」[2]。実際、ある信認法のルールが強行規定だとして、免除や変更の余地はないと裁判所が判示する時には概して、「法の根底にある衡平法（エクイティ）がかかる結果を支持する」ことを強調し、その当事者の関係を信認関係とすることはよいことだという趣旨の表現[3]が用いられる。契約法のもとでは、受認者が、弱い立場にある託す人に対し「一方的に有利な交渉」をすることを許される場合もあるが、強行規定は当事者間で公平な契約条件を強制することを目的としている。それでも、強行規定があるために、当事者が交渉を通じて、両者の置かれた状況によりふさわしい契約条件を規定する妨げになるおそれもある。結局のところ規制をする当局といえども、すべての場合に適切といえるルールを提示することはできない。実際、信認法の適用除外を認め、エクイティによってもそうした除外が正当化できる、と裁判所が判示する時、裁判所は「契約の自由」を引き合いに出すことが多いように思われる。こうした経緯から、裁判所は、「（厳格な信認法と契約の自由との）中間の基準」を採用し、「判例法で発達してきた公正の概念」が重要だとしてきた。さらに「適用除外が許されない義務は、契約により信認義務を回避することをあらかじめ制限するという当事者の合意があったものと見ることができる。このような状況下では、信認法のルールは一般的に強行規定であり適用除外を認めるべきではない」[4]。当事者が表明していない意図を推測することが許されるのであれば、それ以外の許容されうる推論条件も加えることになってしまうだろう。

信認法が任意規定であることのもう1つの正当化根拠は、信認法の根本から導かれる。信認義務のもとでは、託された財産を私物化することと、託された

1　Omar M. Dajani, *Shadow or Shade? The Roles of International Law in Palestinian-Israeli Peace Talks*, 32 YALE J. INT'L L. 61, 68-69 (2007).
2　Id.
3　Mark J. Loewenstein, *Discussions on Fiduciary Duty and Capital Lock-In: Fiduciary Duties and Unincorporated Business Entities: In Defense of the "Manifestly Unreasonable" Standard*, 41 TULSA L. REV. 411, 415 (2006).
4　Tamar Frankel, *Fiduciary Duties as Default Rules*, 74 OR. L. REV. 1209, 1213-14 (1995).

権限を濫用することが禁じられる。「他人の財産を私物化することは、当該所有者がそうした私物化に同意しない限り（かつ同意しなかった場合に限ってのみ）、不正である」。所有者の同意なく財産を私物化することは、「不正行為を構成する本質的な要素であり、それが窃盗であると、受認者が託された財産や権限を不正使用した場合であるとを問わない。したがって、そうした不正使用をしたとして訴えられた受認者は、忠実義務違反に基づく法的責任の主張に対する抗弁として、託す人の同意があったと主張することができ」[5]、そうした抗弁を提出すれば、信認関係は契約関係に移行する。

　託す人と受認者が交渉を通じて信認法のルールを適用しないことを認め、託す人が信認義務の免除に同意したことに法的効果を与えることには、それなりの理由がある。同時に、こうした交渉や責任免除について、契約交渉手続とは異なる、特別な手続を定めておくことにも、それなりの理由がある。この特別の手続は、信認関係から契約関係に移行する際に必要な手続である。加えて、託す人が自らの権利の一部を放棄する能力を制限することにも理由がある。かかる制限はパターナリスティックで押しつけがましく思えるかもしれないが、「一度ひどいやけどを負った」託す人は、もう信認関係に入りたくないと考えるかもしれず、そうなると社会にとって大きな損失となるということを懸念するのであれば、十分正当化できる考えである。良心に基づき正直で注意深い受認者がいたとしても、託す人が、悪い受認者の例をある程度経験してしまうと、自分の身を守るために費用をかけるくらいなら、信認関係を限定しようと考えるようになる可能性がある。金融市場から投資家が逃避する可能性は低いかもしれないが、「そのような事態が起こったら壊滅的事態となる。そのような悲惨な結果を防ぐためには、信認義務を課すべきであり、義務の免除は十分明確に定義された状態でのみ認めるか、まったく認めないようにするべきである。要するに、信認法は契約ではなく、そうあるべきでもない」[6]。このことは、公益に関わる受認者（public fiduciary）に関しては特にそうである。

　多くの州法では、信認法のルールのうち適用免除が認められるルールと強行的なルールとの間に線を引いている。「独立した当事者間の取引の場合は、詐

5　*Id.* at 1232.
6　*Id.* at 1276.

欺または脅迫、不当威圧、錯誤の場合にのみ取り消すことができるのであるが、[信託の]受益者の同意があったとしても、その取引は独立した当事者の間の取引とは異なりより広い範囲で無効とされうる。多くの州では、立法により受認者（または法人受認者）による自己取引を明確に禁止している。……同様に、弁護士に適用される弁護士行動準則模範規程では、弁護士が特定の受認者の義務を免れることを認めていない。……適用除外が否定されることにはさまざまな理由が考えられる。[そうした理由としては、パターナリスティックな保護、すべての受認者に公平な活動の場を与えるという目的、また社会における基本的な考え方などをあげることができる］」[7]。

　判例や立法のなかには、免責を認めるルールの範囲を拡大した例も見られる。託す人が経験豊富な場合に、相手方が受認者ではないという同意を有効とした裁判例がある。たとえばある裁判所は、ゼネラルパートナー（無限責任パートナー）がパートナーシップの事業と競合する事業を営むのを認める責任限定パートナーシップ契約の存在を理由に、パートナーシップが投資する機会があったにもかかわらず無限責任パートナー自身が投資したことは許容されるとして、当該無限責任パートナーに責任はないと判示した。デラウェア州法は、特段の合意がない場合に、当事者に一定の義務と責任を課しているが、パートナーがパートナー相互およびパートナーシップ自体にそれと異なる権利義務を定める合意をすることを認めている。しかし、この事件で原告は、パートナーシップに投資機会をもたらすはずだった情報は、もともとパートナーシップの通常の事業活動のなかで入手されたものであり、被告がこれを流用したのだと主張したが、デラウェア州裁判所は、これを裏付ける事実が訴状に記載されていないと指摘した。確かに「流用」といえる行為があったかは必ずしも明確ではなかった。要するに、裁判所は当事者間の合意に加え、パートナーシップの機会を流用したことを示す事実がないとしたのである。つまり、パートナーが個人的に情報を入手した場合には、パートナーシップや他のパートナーに対して機会を提供する義務はないということになる。

　デラウェア州法典は、遺産と信認関係の規定において、委託者の同意が認め

7 | *Id.* at 1247-48.

られる範囲と裁判所が介入すべき範囲を区別して定めている。委託者は、原則として信託証書の規定を変更できるが、その例外として、「本条（3303条）の定めは、故意による不正行為について受認者を免責し、または受認者の受けた損失を補てんする旨の定めを許容すると解釈されるものではなく、また、管轄する裁判所が故意による不正行為を理由として受認者を更迭する権限を失うと解釈されるものではない」としている。同条はさらに、裁判所が信託条項の変更を制限しており、「宗教、慈善、科学、文学、教育の目的の信託およびそれ以外の目的信託がすでに成立または存在している場合において、信託証書の条項は、当該信託の目的が我が州の憲法または合衆国の憲法に照らして非合法ではない限り、あるいは当該信託が宗教、慈善、科学、文学、教育その他の目的のためのサービスを提供できなくならない限り、裁判所は信託目的を変更してはならない」と定めている。

アメリカ法律家協会の弁護士行動準則模範規程では、利益相反が禁止されている。しかし、依頼人が十分な情報提供を受けたうえで同意したとサインをすれば、利益が相反する業務に従事することが認められる。ここでの情報には将来の活動に関するものも含まれる。

一般に言って法的な分類に関する法は任意規定とは考えられていない。法的な関係にある当事者が、自分たちの関係がどの法的分類に属するかを決定できる法的権限は制限されている。

　　今日、法的ルール、行動、および関係がどういった分類に属するかを決定するのは裁判所である。その際には、当事者が何を意図していたか、また時には自分たちの関係を法律的な意味でどのように捉えているかが考慮される。たとえば、当事者が証書を作成し、それを信託と呼ぶと共に、受託者が信託財産を自分の望むままに処分すること（たとえば受託者が誰にでも自由に贈与してよいと定めるなど）を認め、帳簿を作成し報告することを免除しているような場合には、たとえ当事者が「信託」という言葉を使っていたとしても、裁判所はその関係を贈与であると分類し直すことだろう。信認義務について広範な免責が信託設定時の当初合意に盛り込まれているような場合、裁判所は、その合意が受認者に十分な指示を与えていな

いため、不完全であるとして信託を無効にすることがある。信託が解消されると、資産は委託者の財産に戻ることになる[8]。

託す人が受認者の利益相反や注意義務違反に同意を与えた結果、受認者は厳格な信認法から解放されることになる。そして受認者が解放された時点で、託す人は契約法その他の法理を使って自衛しなければならなくなる。

Ⅱ　信認法のルールにおいて信認義務を免除するプロセス

託す人にとって、受認者に頼る権利と習慣は、託す人がこれを権利放棄することによって消滅する。かかる関係の変化には、当事者間における信認関係モードから契約モードへの移行の効力を確実にするために、特別な手続が必要となる。

信認義務を免除するにあたり、託す人の同意が法的に有効となるための条件
信認関係モードから別の関係モード（通常は契約モード）へ変わるためには、4つの条件が満たされなければならない。
（1）受認者は託す人に対し、当該具体的状況において両者の関係がもはや信認関係でないことを通知しなければならない
託す人には法的に受認者を信頼し、頼る権利があるため、信認義務の免除を得ようとする受認者は、託す人に対して言葉、合図、その他の行為により、託す人がその件では受認者をもはや頼ることができず、自らの利益を守り保護するすべての責任を負わなければならないことを知らしめなければならない。
（2）託す人は独立した意思を持ち、自分自身で判断できなければならない
契約のルールは、託す人が独立した意思を持つか否かを決めることから始まる。もし託す人が受認者に頼りきっている状態が続いていたら、交渉して決めることはできず、信認義務の免除も認定されないだろう。たとえば、託す人が未成年者であるか、または受認者から不当威圧を受けて行為する者の場合、受

---

8 | *Id.* at 1210.

認者との契約に合意してもその契約は履行を強制できないだろう。同様に、もし当事者が事実の錯誤に基づき行為したら、その契約は無効になるだろう。

ロバート・S・アドラーとエリオット・M・シルバースタインによると、「交渉力は、相手方の影響力の強さよりも、自身のニーズや恐怖、とりうる選択肢によって決まることが多い」[9]。交渉する当事者は、一般的に成果を高めるためにより大きな力を得ようとする。技能は力関係の不均衡があるときに一定の役割を果たす。奇妙なことに、「力関係のパラドックス」のもとでは、力関係の不均衡が大きくても、より力のある当事者だからといって有利な成果を得ることはない。「力関係のパラドックス」とは、「相手にいいえといいにくくすればするほど、はいといわせるのも難しくなる」というものである。この逆説は、能動的な同意が必要な場合にのみ当てはまる。しかし、沈黙は同意とみなすということになれば、受動的な同意が認められることにより「いいえ」というのが難しくなり、かつ特段の事情がなければそれが「はい」と解釈されることになろう。加えて、力関係が、相手方当事者の「意図や強み、弱み」に関する情報、または相手方の「力関係に対する認識」に影響を受けることもありうる。それゆえ、個人投資家は受認者である会社に異議を唱えようとさえしないが、機関投資家ならば受認者である会社に異議を唱えることもありうる。しかしながら、2008年と2009年に変化が起きてきた。「取締役を指名または選出するモノ言う株主の成功例が増えることで、公開会社の取締役会の構成が改められている。また、取締役会の審議は長らく神聖とされ、取締役は他の取締役と会社に対し守秘義務を負うとされてきたが、こうした前提にも疑義が生じている」[10]。よって近い将来、取締役会がグループの代表者で構成されるようになり、その結果として、これまでとは異なる新たな問題が生じる可能性もある。

(3) 受認者から利益相反取引に関するすべての情報が託す人に開示されなければならない

信認関係では、その特性と目的ゆえに、託す人と受認者の間に情報の非対称性が生じる可能性が高い。受認者は、託された資産または権限に関して行なう

9　Robert S. Adler & Elliot M. Silverstein, *When David Meets Goliath: Dealing with Power Differentials in Negotiations*, 5 HARV. NEGOT. L. REV. 1, 20 (2000).
10　CHARLES M. NATHAN, MAINTAINING BOARD CONFIDENTIALITY 1 (Harvard Law School Forum on Corporate Governance and Financial Regulation).

自らの行為について、託した人より多くの情報を有する。信認関係の変更が検討される場合に、託した人と受認者とでは、その変更や具体的条件についての情報を共有していないうえに、分析のために必要な能力も同じでない。

たとえば、ある証券会社が顧客に対し、資金を当座預金口座に類似するスウィープ口座からジョイント・ベンチャーが所有する投資ファンドに振り向けるよう推奨した。この証券会社は、こうした推奨をすることで、ジョイント・ベンチャーの20％の持分を受け取ると説明していたが、その持分をどのようにして取得したかまでは明かさなかった。これについてデラウェア州裁判所は以下のように述べている。「証券会社とその顧客の関係は、本人と代理人の関係であり、証券会社は代理人として、顧客に対して信認義務を負っている。第一審裁判所は、証券会社が顧客の利益に対して真に誠実であったなら、自社がファンドの持分を取得するのではなく、顧客の利益を最大のものとするため管理手数料の引き下げ交渉を行なったであろうと事実認定している。デラウェア州法は、重要事実を一部開示しただけでは説明責任は果たしたことにならないとしている。ゆえに、顧客は、証券会社の忠実義務違反ならびに情報開示義務違反を理由に、勝訴の判決を得ることができる。顧客は、すべての重要事実を知らされていなかったのであるから、証券会社の義務違反を黙認していたとはいえない。顧客は、訴えを提起するにあたり、自己取引を行なった当該証券会社との間で行なっているすべての取引を停止しなかったが、これも問題にはならない」[11]。

したがって、受認者が利益相反取引に関する情報を有している場合、特に情報が受認者としての立場や経験によって得られたものである場合には、その情報を託した人に対し、必ず開示しなければならない。

制定法や行政規則によって情報開示が義務付けられる場合もある。受認者に既存顧客および見込客への特定情報の開示義務を規定した法令の一例として、1940年投資顧問法がある。同法は、投資助言者の義務として、託す人となる見込客に対し、すべての犯罪記録、財務情報ならびに懲罰記録の開示を義務付けている。具体的に開示を義務付けられる情報の例として、「顧客の資産に対

---

11 | O'Malley v. Boris, No. 15735-NC, 2002 Del.Ch.LEXIS 33（Del. Ch. Mar. 18, 2002）.

し（明示あるいは黙示を問わず）裁量権限を有するかまたはこれを保管する立場の場合、または顧客に対し500米ドル以上のアドバイザリー手数料の支払を6か月以上前に求めている場合には、顧客に対する契約上の義務を果たす能力を損なう合理的可能性を伴う財務上の条件、……および投資助言者の誠実性や業務執行能力の評価にとって重大な影響のある法的、懲罰的な事象」[12]があげられている。

　そして、投資助言者またはその管理下にある者が関与する法的手続が進められ、それが業者側の勝訴で解決したか、敗訴判断が覆されるか猶予または停止によって終了していない場合には、それは、反証の余地はあるものの、「重要情報」と推定される[13]。具体的な法的手続は、「管轄を有する裁判所での民事、刑事訴訟における（ⅰ）重犯罪、軽犯罪についての有罪判決、有罪答弁、または不抗争の答弁、または係争中の刑事訴訟手続の被告人とされること。ここでの訴訟対象は、投資関連業務での不正、虚偽記載、記載漏れおよび不法な資産取得、贈収賄、偽造、恐喝が含まれる；（ⅱ）投資関連法令の違反に関与した旨の認定；または（ⅲ）投資関連業務に従事することを一時的、恒久的に禁止または制限する命令、判決または宣言」である。

　規則には、次のような規定も見られる。「情報は直ちに顧客に開示されなければならず、見込客については、書面もしくは口頭での投資顧問契約締結の48時間前までに開示されなければならない。なお、顧客との契約後5日以内の解約が違約金なしで可能となる場合、情報開示は契約締結時までになされていればよい」[14]。

　判例でも情報開示が義務付けられている。証券取引委員会対キャピタル・ゲイン調査局社事件の連邦最高裁判例では[15]、投資顧問業者は投資推奨の書面で、自社による「スカルピング」行為の有無を開示する必要があるとしている。スカルピングとは、投資推奨を出した結果、短期的に対象株式の価格が上昇する際に、そのタイミングで当該業者が自己の売却取引を行なうことである。スカルピングは、業者にとって利益相反の状況を作り出しうるが、その行為自体は

12　17 C. F. R. §275, 206 (4)-4 (2006)（1940年投資顧問法206条(4)-4）.
13　Id.
14　Id.
15　SEC v. Capital Gains Research Bureau, Inc., 375 U.S. 180 (1963).

禁止されていない。結局のところ、投資顧問業者は推奨した株式の価格上昇を信じており、自らのために当該株式の売買を行なうことがありうるからである。しかし、そうした行為には、潜在的な利益相反のリスクが伴うため、情報開示が求められている。実際、情報開示することで、何もいわない顧客はこれを黙認したものとみなされ、業者は利益相反に関する申立てから守られるのである。

(4) 取引に対する託す人の同意は明確で特定されているべきである

　託す人が取引をどの程度まで理解し、その同意が有効といえるかを示すものの一端は、明確性と特定性である。明確性の要件は、取引の条件、そしてその公平性や合理性に関わる。この条件の根拠となるのは契約法に由来する原則で、取引が不公平あるいは不合理ならば、不利な立場にある当事者の同意は、大いに疑わしいというものである。人々は、経験則上、不合理な条件や、自らの利益に不利益な影響を及ぼす条件には滅多に合意しない。条件交渉や権利放棄は、受認者の利益にはなっても託す人の利益にはならない可能性が高い以上、託す人の同意は、明示であれ黙示であれ、明確なものでなければならない。

　忠実義務と注意義務という信認義務は広範かつ標準的なルールであるから、これらの義務を回避する取引は、明示的に具体的な状況を切り分ける必要がある。一般に、受認者が託す人の権限や財産に対して広範な裁量を持っている場合には、裁判所が、交渉により信認義務を前もって幅広く回避することを認めることはなかなかないだろう。託す人はこれらの取引に同意を与える一方で、取引条件を知る術がなく、また取引に関わる利益や不利益を前もって認識する術もないのである。したがって、将来の利益相反取引への全般的な同意というものは、明確に特定されるべきという基準に合わないのである。

　全般的な権利放棄は、通常、託す人に対し法的拘束力を及ぼすのに十分でないとされる。全般的な権利放棄は、託す人にまったく情報が伝えられなかった場合をも対象とするからである。受認者の行なう今後将来にわたるすべての利益相反取引に対して権利放棄がなされても、託す人が自らの信認法上の権利を放棄すべきか否か判断するに際して必要とする情報を欠いたものとされる。したがって、権利放棄は、明示的に行なわれなければならない。

　経営陣や従業員のストックオプションについては、全般的な同意と十分に特定された同意（特に多数の株主による同意）との間でどのようにバランスをとれ

ばよいのか、検討がなされてきた。その目的は、企業の株価がオプション行使価格より下がった場合に、経営陣のためにストックオプションの条件を変える権限を取締役に与えることである。たとえば、ストックオプションが価値を失ったとする。オプションの条件変更には、株主の承認が必要である。そこで、取締役が株主代表訴訟で訴えられないようにするために、ストックオプション（これはすでに株主の承認がなされている）には「株価がオプション行使価格に届かない場合には、取締役が一定の例外的な行為をする」ことを認める文言が入れられる。しかし、このような株主の「合意」が法的拘束力を持つのか、持つとしてどの程度にまで及ぶかは、明らかでない[16]。

同様に、弁護士の依頼人も、一定の状況のもと、弁護士の利益相反（禁止）義務につき権利放棄する場合がある。弁護士行動準則模範規程では、以下の(1)～(4)の場合、すでに発生している利益相反を伴う代理行為（訴訟や契約締結の代理人になることなど）について、弁護士が依頼人を代理することができるとしている[17]。

(1) 弁護士自身が、双方の依頼人のために、有能かつ注意深い代理行為をできると合理的に信じており、
(2) 代理行為をすることが法律で禁止されておらず、
(3) 代理行為をするにあたって、訴訟その他の審判所の手続で、一方の依頼人が他方の依頼人に対して法的主張を行なうことにならず、かつ、
(4) 影響を受ける各依頼人がインフォームド・コンセント（正しい情報を得たうえでの合意）を行い、これを確認する書面を作成した場合。

弁護士の依頼人は、上記の条件が満たされる場合には、将来生じうる利益相反に対して合意することができる。その際の「インフォームド・コンセント」は、「依頼人が権利放棄に伴って生ずる重要なリスクについて、どの程度まで合理的に理解しているか」によって判断される。顧客がよくわかっている具体的な利益相反についてであれば、通常、同意は有効とされる。しかし、単なる全般的な同意は有効とされないであろう。

---

16 Eric J. Wittenberg, *Underwater Stock Options: What's a Board of Directors to Do?*, 38 Am. U. L. Rev. 75, 107 (1988).
17 Model Rules of Prof'l Conduct R. 1. 7 (b) (2002).

全般的な権利放棄を認めないことにも例外がある。たとえば、委託者が受託者を、信託の受益者でありかつ他の受益者の受託者でもあるという、2つの立場を兼ねる利益相反の立場に置いた場合である。こうした利益相反の存続を認める理論的根拠は、財産と権限を託した人である委託者が、他の受益者に関する受託者の利益相反を想定し、また認めているからである。たとえば、「受託者と受益者の利益相反状態は遺言者によって作り出された。遺言者は、受託者の行動が誠実さを欠いていた場合を除き、法的な問題とはならないと定めるにあたって、このことを認識していたはずである」[18]。

　ある事件では、信託合意により受託者が信託の受益者でもあるとされていた。信託財産は受託者が運営する事業からなっていた。事業が利益をあげている時は、受託者はすべての受益者に対して配当を支払う代わりに、利益を再投資し、この間報酬を受け取っていた。このように、受託者は、信託の配当を決定する権限と、信託から報酬をもらう権限を利用して利益を得ていたのである。しかし裁判所は、「健全なビジネス慣行によれば会社から配当が支払われるべきであるか、支払うことも可能であるのに、受託者の行為によって恣意的に配当の支払が行なわれていない、ということが示されない限り、［受託者は］取締役として配当を支払う旨の議決をしなかったことについて、不正行為の責任を追及されえない」[19]と判示した。しかし、利益相反を認める権限が亡くなった委託者の手にあるとするためには、信託文書が明確に利益相反を認めるべきことが必要である。そうでなければ利益相反は認められないだろう。

(5) 提案された取引における実質的条件が、託す人にとって合理的かつ公平でなければならない

　託す人が利益相反のある取引においても利益が得られるかどうかは、託す人が受認者との関係をいつでも断ち切れる状況にあるか、また受認者と交渉できる立場にあるかどうかによる。よって、「裁判所は一般に、託す人に対して不公平または不合理な取引を押し付けることはない。……こうした判断の前提にあるのは、多くの場合、託す人が不公平または不合理な条件に合意するのは、受認者による情報提供が十分でないか、託す人が受認者から独立性を欠く場合

18 　*In re* Gehl's Estate, 92 N.W.2d 372 (Wis. 1958).
19 　Russell v. Russell, 427 S.W.2d 471, 476 (Mo. 1968).

だ、という考え方である。同様の前提は、他の分野においてもとられる。人が不法行為を受けることに同意したとしても、同意の内容がその同意が自発的でなかった可能性が高いことを示しているとして、裁判所によって無効とされてきた」[20]。

加えて、託す人が利益相反にある受認者と不公平な取引に同意したという事実は、場合によっては、受認者の役割の変化を十分に認識できていなかったことを示唆し、受認者が交渉テーブルの反対側にいると警告された後も引き続きその受認者に依存していたことを示す。不公平な条件はさらに、委託者が交渉能力を持ち合わせていないことを示す場合もある。当然ながら、託す人がこの種の取引における判断能力という点で経験豊富である場合は、裁判所が取引の内容まで検証する可能性は低く、託す人の同意を追認する可能性がより高い。

特定の制定法が適用になる場合には、裁判所が当該法律における信認義務を免除する法的根拠があるか検討することがある。たとえば、破産手続において、債務者が弁護士の利益相反に同意することは許されない。ある裁判所は、破産手続において、利益相反に対する債務者の同意を却下している。また別の裁判所の事件で、「破産法上、債務者が利益相反に同意することを認める規定はない。破産法 327 条(a)によれば、利害関係のある立場の人が、占有を継続する債務者を代理することは許されない。たとえ債務者がそのような代理行為に同意していたとしてでもある」と述べたものがある[21]。

III 同意の性質と代理同意人

1 黙示の同意：特定の状況下では、情報開示が同意に代わるとされる場合がある

法律・規則や判例のなかには、受認者がこれから託そうとする者に対して特定の事実を開示するよう義務付けるものがある。情報受領後、託して受認者と関係を構築した者は、開示された事実に関して取引に同意したものと推定される。

---

20 | Tamar Frankel, *Fiduciary Duties as Default Rules*, 74 Or. L. Rev. 1209, 1239 (1995).
21 | *In re* Patterson, 53 B.R. 366, 374 (Bankr. D. Neb. 1985).

投資助言者と顧客との間の情報開示は、運用助言書（advisory letter）では十分とされるものでも、対面のやり取りでは適切でないことがある。対面のやり取りでは、もし顧客が開示に返答しなければ、沈黙をもって同意とみなされない場合がある。運用助言書による開示では、運用助言書を購読している投資家が自らの運用をコントロールできる立場にある。運用助言を公表した投資助言者が積極的にコミュニケーションをすることは、顧客のコストに比較して高くつく。もし投資助言者が顧客に対して利益相反の取引を提案し、顧客が沈黙していたとしたら、顧客が同意する・しないの意思表示をするコストは相対的に低いものとなる。ただし、もし顧客が何も意思表示をしなかった場合、それは必ずしも同意したことを意味しない。加えて、その顧客は運用をコントロールしていないかもしれず、そのような場合、同意は二重の意味で重要であり、黙っているだけでは不十分である。

公開会社における多数の株主への開示は、同意を示すものとして十分かもしれない。スミス対ヴァン・ゴーカム事件の判決で、デラウェア州最高裁判所は、企業を代表して当該企業を売却する契約書に署名した取締役が、売却価格以外の契約書記載事項を確認したり議論したりしなかったことが、取締役としての注意義務違反にあたるとした[22]。しかし、その売却価格は非常に望ましいものであったのである。そこでこの決定は、会社経営陣に懸念を抱かせることになった。それゆえ、デラウェア州議会は会社法を改正し、注意義務違反を禁止する強行規定を、注意義務に違反した取締役に対する損害賠償の限定を認める任意規定へと置き換えたのである。それ以降、デラウェア州に籍を置く企業の大半はこの変更を導入すべく定款の変更を行ない、他の州もデラウェア州に追随した。すなわち、デラウェア州会社法は、一定の例外はあるものの、取締役が注意義務違反を行なった場合に「企業もしくは株主に対する個人としての責任を削減ないしは限定する条項」を定款に挿入することを認めている。そのような定款オプション条項は論争の対象となっており、たとえばルシアン・アーイ・バブチェク教授は、株主が企業の定款にそのような条項があることについての影響を理解しようにも、そのための情報を得る費用がゆえに株主はこれを

---

22 | Smith v. Van Gorkom, 488 A.2d 858 (Del. 1985).

諦めざるをえず、結果として株主価値を下げることになったと指摘している[23]。こうして、裁判所が義務として課したものを、州議会が緩和し、多数の投資家の判断にゆだねることになったのである。

　このように、大半の企業の定款は、一定の条件のもとではあるが、取締役などの受認者を注意義務違反による責任から保護している。株主はこれらの条項に対して、議決権ないしは株式の購入をもって同意したとみなされる。議決権を行使しなかった投資家も、定款には拘束される。このような状況下、株主の沈黙や不作為は、注意を怠った可能性のある取締役の責任を免除する定款変更に同意を与えることになる。

　1970年代には株主の黙示の合意に対して意味を持たせるという圧力はほとんどなかった。ところが、2000年はじめには、株主に対して単に取締役の選択に賛成（もしくは反対）票を投じさせるだけなく、取締役の指名そのものまで認めさせる要求が高まっており、これらの株主の権利向上を求める動きは2010年も続く見込みである。受認者等の代理による同意によって、あまりに多くの利益相反取引が容認され、その結果託す人である株主にとってあまりにコストが高くなる状況においては、彼らがこれを公に主張することになる。株主が、受認者ないし代理同意人を直接に選任する権利を要求する声が高まっていくと予測される。

2　代理同意人

　託す人が同意をすることができない場合は数多くある。こうした場合、法は代理人が託す人に代わって行なった同意に法的拘束力を与えることがある。子供には、受託者が利益相反取引をする際に、代わって同意する者が必要となる。通常、子供の代理人は親だが、親が利益相反の立場にあるか、同意したり拒否したりすることができない場合、後見人がその目的のために指名される。

　代理同意人（surrogate consenter）は、同意をしたり拒んだりする権限を持つ当事者がその権限を行使できないときに登場する。1960年代、裁判所は公開会社の株主の代理人として行動し始めた。他のタイプの代理同意人としては、

---

[23] Lucian Arye Bebchuk, *Limiting Contractual Freedom in Corporate Law: The Desirable Constraints on Charter Amendments,* 102 Harv. L. Rev. 1820, 1836-37 (1989).

投資会社（ミューチュアル・ファンド）の受認者に適用される法的枠組みに基づく独立した行政機関があげられる。1940年投資会社法は証券取引委員会に対し、投資会社の関係者による利益相反取引への関与を禁止されているのを免除する権限を与えており、これがすでに50年以上続いてきた。証券取引委員会はミューチュアル・ファンドの持分権者の代理人として同意することになる。

(1) 代理同意人は受認者であって、託す人のように自由に同意できるわけではない

託す人は、同意を与えることも留保することも、自由にできる。自分の金銭を託しているのだから、誰かに説明する必要はない。託す人は、受認者への贈与に同意することもできるが、託す人に代わって同意する者はその人自身が受認者となるから、託す人から相当明確に贈与する権限を付与されているのでなければ、そのような提案をすることはできないだろう。公開会社において贈与をする場合は、託す人すべての同意が必要となる（単に過半数の合意があればよいということではない）。なぜならば、代理同意人は受認者であり、同意する場合も同意しない場合も説明責任を負うからである。彼等は利益相反を避けなければならないし、注意義務を遵守しなければならない。すべての場合において、裁判所と託す人の代理人は意思決定の判断基準が必要となる。裁判所（や他の代理人）が託す人に代わって同意する場合、その同意も当該判断基準と整合していなければならない。そうしないと彼らの判断は説明責任に耐えられない。

(2) 代理同意人は、同意を求める受認者から独立しているべきである

代理同意人は受認者である。たとえば公開会社の取締役会は、株主に代わり同意するか同意を留保する。執行役による利益相反取引に対する株主＝託す人の同意は取締役会にゆだねられる。しかし、取締役会が利益相反取引への同意を求める側の執行役と取締役によって占められている場合、代理同意人といえるためには、取締役会の構成員の全員か、少なくとも過半数は利害関係がなく独立していなければならない。独立した同意人としての取締役会の地位は、その会社の執行役や従業員でなかった「社外取締役」を導入することによって、高められてきた。加えて、託す人の同意に関する一般的なルールを反映する形で、会社は経営陣による利益相反について目論見書での開示を義務付けられることになった。株主は、何もいわず何も行動しないことにより、消極的に同意

したとみなされることだろう。取締役会の同意があるならば、株主が同意を示す必要はなかったのである。

(3) 誰が代理同意人なのか？

　会社の取締役は、代理同意人である。彼らは、株主の利益を体現する会社を代理して行為する。民間における信認関係は、個別的なものと公共に関わるものに大別できる。その主な違いは、受認者が関わっている託す人の数と、託された資産を集合（プール）として扱うか否かにある。託された資産が大きいときは、個別に資産を管理してもらうことに経済合理性があるが、託された資産が小さい場合はこれらを1つのプールにして管理することに経済合理性がある。資金運用において、個別的な信認関係か公共に関わる信認関係かの違いは、個別に管理するのか標準的な手法で管理するのかの違いを反映する。この違いは結果として大きな差異をもたらす。第1に個々の託す人の資産をプールしたもの（資産プール）は、規制を行なう観点から法的主体として位置付けられる場合がある。たとえば、ミューチュアル・ファンドや年金制度（pension plan）は、規制目的との関係では、法的主体とみなされている。そのため、このような資産プールにはそれ自体の受認者がいる場合があり、託した人は、この受認者によって、託した資産プールに対して他の受認者が及ぼすリスクから保護される。このような仕組みにおいて託す人が一定の役割を果たす場合がある。一例が、企業合併のケースにおける株主の役割である。

　政府の規制当局が託す人の代理同意人の役割を担うこともある。たとえば、1940年投資会社法17条は、登録を受けた投資会社の関係者と定義された者が、当該投資会社およびその支配下にある会社との間で、証券その他の財産の売買または貸借をすることを禁止している。一方で、証券取引委員会は、「申請された取引」について適用除外を認める権限を与えられていて、「取引条件が合理的かつ公正であり、すべての関係者にとって行きすぎたものでない」場合には、適用除外を認める義務を負っている。加えて、そのような取引は「当該登録投資会社が本法本節に基づく有価証券発行届出書と報告書に記載の投資方針と整合しているべき」であり、また「本節の一般目的と整合しているべき」である。

　裁判所も託した人に対して代理同意人としての役割を担うことがありうる。

1995年に筆者は、会社の株主その他の者が会社立法や会社定款で信認義務の軽減・免除を決めたとしても、特に悪質な事例においては、裁判所が受認者に対する裁判権を放棄しないであろうという思い切った予測をし、提言した。「そのような状況を放置することは、我々の経済システムに与える影響が甚大すぎるために、裁判所はすぐに反応する」[24]と思われたが、その予測は実現しなかった。裁判所は手遅れになるまで対応せず、1990年代においては、市場が金融システムと会社経営を規制し、これらに対して規律をもたらすことが期待されていた。デラウェア州裁判所は、会社経営陣および取締役の行動規範と「市場慣行」を直結させて考えていた。しかしながら、デラウェア州裁判所が2009年および2010年においても「不干渉主義」をとるか否かは定かでない。託された資産や権限をコントロールする受認者と託す人とが自由に交渉できるかどうかは疑わしい。市場は機能する、しかも託す人が自由に交渉することによって効率的に機能するという前提に基づいたルールは、商業および金融の健全な環境を支えるというより、破壊する可能性がある。

IV 任意規定と契約

1 類似点と相違点

　信認法の同意に関するルールは、契約法のそれと類似しているが、同意に関する立証責任の点で異なる。信認法の主な目的は、主として受認者が託された財産や権限を濫用すること、もしくは注意を欠いた行動をすることを抑止することにある。犯罪としての横領と不法行為の原因となる民事上の横領や過失と同じように、信認法は、託す人に帰属する財産権を保有する者、すなわち受認者を規制する。つまり、受認者には義務を課し、託す人には法的権利を与えるのである。

　契約法の目的は、当事者相互の約束を正式のものとし、法的に強制することにあり、両当事者を概ね同等に規制し、双方に等しい法的権利を付与する。2つの法制度の主たる違いは、一方当事者が他方当事者に頼る権利があるかとい

---

[24] Tamar Frankel, *Fiduciary Duties as Default Rules*, 74 OR. L. REV. 1209, 1258 (1995).

う点である。託す人は、託した財産と権限に関して受認者を頼る権利を与えられており、その権利は、契約当事者が約束に関連して相手方を信頼する権利よりも強い。これは、託す人が自らの利益を守るのにかかるコストが高すぎるためである。託す人が自衛しなければならないとなると、信認関係が社会的に望ましい場合であっても、託す人が信認関係に入りたがらなくなる懸念がある。

　契約法のもとでは、一方当事者が「私を信頼してください」と言った場合でも、不足した情報を求める責任は、信頼する側にある。相手方当事者が騙された場合でも、契約法では損害賠償は認められても懲罰的賠償は認められない。ところが信認法では、受認者が託す人に「託された財産と権限について正直にあなたの指示通りに取り扱うので、私を信頼してほしい」と言った場合、託す人には財産と権限について、受認者を信頼する権利がある。もし受認者が、横領や盗みを働き、その約束を破った場合には、損害賠償だけでなく、懲罰的賠償を請求できる場合もある。懲罰的賠償とは、懲罰という言葉が示すように、相手方に損失の補償をさせるだけでなく、罰するものである。託す人が利益相反取引につき同意することは、効果として、信認関係を契約関係のモデルに変えることになる。しかし、裁判所がその同意に法的効力を与えないことがある。一般には、詐欺や不当威圧が疑われる条件に対して同意があった場合などがこれにあたる。

　契約法では、当事者の同意に瑕疵があったと主張する場合は、主張する側にその立証責任がある。それに対し、託す人が同意したので利益相反の取引は有効だとする立証責任は、通常、受認者側にある。ただし、託す人は、当該取引が利益相反取引であったことを立証する必要がある。

　信認法に反することに対する同意と権利放棄に関する法的枠組みに対して、契約により信認義務を回避するコストの大部分を受認者側に負担させるものだとする批判がありうる。この法的枠組みを擁護しようとする者は、コストを託す人に課すよりも受認者に課す方が負担は小さくなると主張するだろう。ルールが曖昧な場合でも、受認者は、法律、利益相反取引のルールを回避するためのコスト、託す人の同意を得ようとしている取引、のそれぞれについての情報をより多く持っているからである。加えて、受認者が同意を得るコストを減らすようなルールもある（たとえば、受認者の情報開示に対して、託す人が沈黙して

いたり、何もしなかった場合には拘束力のある同意とみなされる）。

2　情報開示を前提とする契約条項として任意規定を理解することの帰結

　信認法を契約的に理解する考え方を当てはめると、信認法をすべて任意規定と考え、非常にたくさんの託す人々の声や沈黙に対して幅広く同意の効果を与えることになるだろう。1995年に筆者が書いた通り、そのようなことを続ければ、受認者の地位に、会社経営陣の地位のような財産的権利を与える方向へと向かうことになるだろう。この結果は我々を17世紀に連れ戻すことになる。19世紀になるまで、イングランドにおいて「役職（office）」は財産の一種だった。「役職」は君主から買うことができた。たとえば、軍の「任官された将校」は任官のためにその地位を購入した者だった。「役職」は財産としての特徴を備えており、売買、相続、譲渡することができた。そこに劇的な変化が起きた。19世紀はじめ、「役職」を財産とする考えが法律により廃止された。「役職」はその財産権の性格を奪われた。役職保有者は、王国、君主、市民、株主の利益のために託された管理権限を保有する、受認者となったのである。

　多くの個人的な信認関係とは違い、会社は支配者がすなわち領域の所有者であった政治制度を反映している。会社法はそこから財産権的な特徴を排除してきた。今日、会社の役職を有する者は、その地位を売買、相続、譲渡することができない。会社の役職者はすべての受託者と同様に、法的な権限を託された人となり、利益を受ける権限は託す人に属すこととなった。

V　議　論

　任意規定としての信認法ルールの本質が最もよくまとまっているのは利益相反に関する法原則である。つまるところ、信認法ルールを任意規定とする考え方は、当事者間でどのような権利義務関係を構築するかの自由と、託す人の保護と金融システム、経済、人々の幸福の維持といった社会にとって不可欠な慣習を確立することとをバランスさせるのである。信認法のルールは、受認者が託された資産や権限を濫用することから託す人を保護することを目的として設計されている。託す人が託された資産や権限の真の所有者なのであるから、託

す人は特定の利益相反取引が自らの利益になると考えることもあるだろうし、感謝の印として受認者への贈与に同意する場合もあるだろう。いずれの場合においても、託す人は法によって保護される権利を放棄する権限を与えられるべきである。しかし、託す人の脆弱な立場を踏まえ、法は、託す人が権利放棄に同意する際には、十分な事前説明がなされること、同意が受認者から独立してなされていることを求めている。しかし、明らかに不公平な取引に対して同意する場合のように、当事者の同意があっても、社会的に許容されない行為もある。そこでは、同意に瑕疵があるのではないかと、（証拠はなくとも）疑われる。すなわち、同意が託す人の自由意志でなされたものではないか、もしくは同意した取引の性格を十分に理解していなかったのではないかというのである。さらに、受認者はこのような取引から利益を得るべきでない。そのような利益は、不公平なおそれのある取引をさらに追求する誘因となりうる。したがって、この種の取引を裁判所は認めるべきではない。

　また、多数の一般市民が託す場合、受認者による利益相反に対する同意は弱く、「社会契約」の理論モデルと同じようなものである。このことは、伝統的な会社法における暗黙の前提として、株主は、十分な情報に基づいて独立した判断をすることができないし、してもいないものとして扱われ、公開会社が代理同意人を株主の代理とする構造をとっていることにも表れている。たとえば、株主が会社の事業に十分な注意を払っていない取締役を守るような提案を行なう株主議案通知書を受け取るとする。理論上は、株主は議案を読んだか否かにかかわらず、変更に対して同意したことになる。結局、株主には反対する機会があったのだから。しかしながら、実際のところ相対的に持ち分の少ない株主が議案を読んだり、議決権を行使したりすることはほとんどない。2010年の時点では、大株主は自分たちにとって好ましくない議案に対して影響力を行使することが自分の利益にかなうと考えているかもしれない。大株主は、少数株主に議決権を行使するよう組織的に働きかけるかもしれない。しかしながら、そのような状況変化が起こるまでは、これまで長年にわたりそうであったように、大規模な公開会社における株主の同意とは、実質的に空虚な、もしくは想像上のものに過ぎないのである。

第5章 なぜ信認法を独立のカテゴリーとして考えるのか

I はじめに

　一般に、受認者は1つのカテゴリーとして取り扱われていない。歴史的に、さまざまな種類の受認者が、それぞれ独立した法領域、独立したルールにおいて発展してきた。「はじめに」でも述べたように、さまざまな種類の受認者に対し（財産や権限を）託す人は、それぞれ別々の名前で呼ばれてきた。すなわち、受託者に対しては受益者、代理人に対しては本人、弁護士に対しては依頼人、医師に対しては患者、教師に対しては生徒、投資助言者に対しては助言を受ける人、会社とその取締役に対しては株主、などである。受認者すべてを契約という1つの体系のもとにまとめようとする裁判所もあれば、その起源は不法行為から来ていると考え、不法行為のカテゴリーに入れようとした裁判所もある。本書では、すべての受認者を1つのカテゴリー、「信認法」にまとめることを提案する。

　問題は、なぜカテゴリーの問題に関心を持たなければならないのかである。特定の受認者に適用される法を、個々に適用されるままに扱えばよいではないか。また別の考え方として、すべての受認者を託す人と契約した者として扱えばよいのではないか、また、信認法違反を不法行為として捉えればよいのではないか。そもそも、ルールを分類することで、何か違いが出てくるだろうか。本章では、まずこの最後の疑問から検討する。カテゴリーは重要である。また、カテゴリー分けを行なう過程や、いくつかの項目を1つのカテゴリーにまとめる際の考慮要素、カテゴリーがそこに含まれる項目について示唆する内容について議論を進める。そこから、誰がカテゴリーを分類するかの議論に移る。この問題は、ある関係が信認関係かどうかを決める当事者に関する第1章で議論した問題に密接に関連する問題であり、法分類がビジネスの領域で果たす役割

を含め、裁判所がどのようにして信認関係と分類しているかに密接に関係する問題なのである。本章の最後では、信認法を1つの法カテゴリーと見ることが是認されるべきか、それとも他の法領域、特に契約や不法行為に包含されるべきかの議論に焦点を当てる。

Ⅱ　カテゴリーは重要である

1　人間は情報をカテゴリー化する必要がある

「カテゴリーは重要であり、効率的であり、不可欠である。コンピューターと違って、我々の脳はたくさんの細々したことを蓄えておくことができないし、覚えておくこともできない。人間には細部を体系化することが必要で、通常は関係するグループと階層のなかにそれらを整理している。この理由により、理論、理論的枠組み、カテゴリー、分類は、学問的専門分野と同様、記憶と理解にとって、なくてはならないものとなっている。別に驚くことではないが、ある学問分野のカテゴリーは、1つの『目次』として参照されてきた」[1]。カテゴリーと組織化された情報がないと、我々は探したい事項を見つけ出すことができない。ある法カテゴリーは、関係する法的情報を登録する見出しであり、特定の関係に適用されるルールブックを開くときの鍵なのである。

カテゴリー化の過程はどのようなものだろうか。ある研究によると、人間は、記憶を貯めておくために、トップダウンとボトムアップの2つの過程を通じて情報を分類するという。いずれの過程とも、一般化による見出しがついたカテゴリーが必要となる。トップダウンの過程の場合は、一般化から始まって細部の中身がグループ分けされる。この「過程は、それ以前の長い間の経験によって決まる。これに対して、ボトムアップの（データに則した）過程は、（個々の）データから始まって、データを直接認識したり、きちんと整理したり、あるいは問い直したり、またそれらを統合することによってできてくるものであるが、それにとどまらず、明らかな記憶をベースとしたもの（すなわち、過去の判例や事案）によって決まってくる」[2]。

---

1 | Tamar Frankel & Joshua Getzler, *Fiduciary Law*（Draft）.
2 | Id.

コモン・ローの主要国であるアメリカ、イギリスと EU の大陸法の国々とでは、異なる方法で法を分類している。一般的に言って、コモン・ローは「ボトムアップ」による分類を行ない、「寄り道」をしながらの分類ともいえようが、大陸法はかなりの程度まで「トップダウン」による分類をしている。

ボトムアップの過程では、特定の事件がきっかけとなり、それが統合され、カテゴリーに一般化されていくことになる。たとえば、アメリカ法では「カテゴリーを生み出すのが、学者ではなく事件によることがしばしばある。カテゴリーが使われなくなるのも、また同様に事件によってであることもある」[3]。ボトムアップの過程における一般化への第一歩は、通常の場合、アメリカの弁護士や裁判官が法的議論をするときの類推である。この方法は、アメリカ法律協会による「リステイトメント」にも使われており、そこでは、判例を一般的原則のもとに統合し、これにさまざまな事例を付している。『アメリカ法大全』や『ブラック法律辞典』や種々の概説書も同様である。また州はモデル法案を採用することがあるが、その際には地域の必要性に応じ、必要な修正が加えられる。

ある事項がこれまでなじんできたカテゴリーから別のカテゴリーに類推されることがある。たとえば、代理人は本人を代理し、組合は従業員を代表する。したがって、たとえ個々のケースで本人がコントロールする内容は異なっているとしても、組合は受認者となる。組合の指導者は、権限は異なっても、会社の取締役と類推することが可能である。このように受認者の基本的なカテゴリーから始まって、細部は区別される別のものへと移っていくのである。

2　カテゴリーが示唆すること

あるカテゴリーにおける項目のグループ分けは、そのグループにおけるその項目の重要性を表している。ある事項が複数のカテゴリーに属することもある。たとえば、果物は 1 つのカテゴリーであり、色もそうである。我々がりんごを探す場合、果物のカテゴリーを探す。しかし検索をより精密にするならば、赤いりんごを探すにあたり、色のカテゴリーと果物のカテゴリーにあたることに

---

3 |　Edward L. Rubin, *Law and the Methodology of Law*, 1997 Wis. L. Rev. 521, 536 (1997).

なる。そして赤いりんごという概念とこれに属するさまざまな種類を頻繁に使うようになると、今度は「赤いりんご」という見出しを付け、独立カテゴリーとすることになるかもしれない。このようにカテゴリーとは、カテゴリー化する人や情報を求める人の目的や価値を表しているのである。法のカテゴリーは、我々が特定の概念や行動様式に注目する頻度を明らかにしてくれる。その特定の概念が議論され、行動様式が利用される頻度が高ければ高いほど、それを包含するカテゴリーは堅固なものとなる。またカテゴリーの名称にも情報価値がある。要するに、カテゴリーとは、情報と価値を体系化し、それに我々が与える重要性を示す仕組みを提供するものなのである。

3 裁判所が新しく受認者を認識するプロセス

　信認法の顕著な特徴は、「扉が常に開いている」ということである。またこの特徴は、信認法が同じような問題を生じさせる新しい状況に拡張される過程を表している。この特徴に照らして考えれば、受認者と関係を持つ相手方の名称は1つなのに、受認者の名称が2つあることも納得がいくかもしれない。受認者には、代理人、助言者、資金運用者、弁護士、医師といった個別の名称と「受認者」という一般的な名称がある。しかし、受認者と関係を持つ相手方は、本人（代理人が仕える人）、投資家（助言者や資金運用者が仕える人）、依頼人（弁護士が仕える人）、患者（医師が仕える人）と1つしか名称がない。個々の名称はあるが共通の名称がないのである。これがなぜかを説明するならば、ある関係が発生し、そこですでに信認関係で生じているのと同様の問題が起こった時点で、裁判所がその類似性に気付き、「あぁ、この人は受認者だ。すでに知っている別の受認者と同じだから！」と言うからだ、ということができる。また受認者という名称について、これと関連する説明としては、信認法の主たる目的は受認者に義務を課し、禁止することであるからだ、ともいえよう。裁判所の判決や立法でも、そのような表現が使われている。したがって、それぞれ義務を負う主体は、少しずつ異なる義務を負うかもしれないが、1つの名前を共有しているのは驚くことではない。それらは同じ家族の一員であり、似ているが同一ではないのである。

　信認関係が、さまざまな法律関係を対象としうるということは強調されるべ

きであろう。契約や不法行為が問題となる場合でも信認関係とされることはありうるし、組織のなかでの投票や、友人に高価な宝石を買ってあげるために自分の専門的知識を使うといった、法的には何の脈絡もない場合でも、成立しうる。信認関係は、第1章で述べた特徴に合致する限り、これらすべての状況下で成立しうるのである。

　しかし裁判所の信認法の扱いはさまざまである。たとえば、第7巡回区連邦控訴裁判所は、1つのカテゴリーとして信認法の存在を認めることはせず、契約カテゴリーの下位に位置付けている。この関係を、受認者が相手方に情報開示するよう義務付ける特別な契約関係と捉えたのである。もっとも連邦最高裁判所は、この考え方を退け、伝統的な信認義務の概念の定式化を採用した。

　それ以外にも、関係当事者が、契約において特定の規定を設ければ適切な保護を得ることができるとして、暗黙裡に信認関係という分類を拒む判決がある。当事者が経験豊富で交渉力のある場合は、特にその傾向が強い。裁判所によっては、信認法を1つのカテゴリーと認めつつ、新しい状況をそのカテゴリーに加えることは制限する場合もある。このようなやり方では、裁判所に新しい信認関係を認めさせるまでの立証責任が重いということになる。たとえば、カリフォルニア州最高裁判所は、ディズニー社と作家の関係を当然に信認関係とはしなかった。この事件で、作家は、著作の利用に関してディズニー社から何の報告も受けなかったと主張した[4]。同じ理由から、同裁判所は、発明の商業利用に関する契約に基づき適切な支払を受けていないと主張する発明者に関しても、信認関係を認めていない[5]。

　一方、信認法に内在する基本原則に基づき、新しい状況を信認法というカテゴリーに追加する裁判所もある。コネチカット州の裁判所は、牧師が子供にみだらなことをした場合を信認関係というカテゴリーに追加している[6]。

　また、既存の関係であっても、ある状況が加わると、法の修正が必要となることがある。その場合、裁判所は、その関係を信認関係としたうえで、典型的な受認者と新しい受認者との違いに照らし、それまで典型的な類型に適用され

---

[4] Wolf v. Superior Court, 107 Cal.App.4th 25（Ct. App. 2003）.
[5] City of Hope Nat'l Med. Ctr. v. Genentech, Inc., 20 Cal.Rptr.3d 234（Ct. App. 2004）.
[6] Martinelli v. Bridgeport Roman Catholic Diocesan Corp., 10F.Supp.2d 138（D. Conn. 1998）.

てきたルールを修正してきた。代理や信託、寄託などといったすでにある受認者の典型的な類型から類推し、新しい状況と典型的な類型とを区別したり、類推したりしたのである。たとえば、16世紀に登場したパートナーシップは、その後ジョイント・ストック・カンパニー[7]や会社へと発展していったが、そこではやや異なるルールが適用される。同様に、裁判所は、取締役に対しても、受託者や代理人、業務執行パートナーを類推し、法的義務を課すようになっていった。家主のもとでの見習いとの関係から自由になった使用人や従業員が派生し、さらに代理人や商業代理人へ発展していった。取締役と受託者との類似性が、ある側面については重要とされ、別の側面は重視されないのがなぜかを説明した判例がある。取締役は、受託者より自由に会社財産を扱うことが認められているが、それは、ほとんどの信託の場合、受託者は信託証書の定めに沿って行為すればよいが、取締役が効果的に事業を行なえるようにするには、同じような制約をかけるべきではないからだ、というのである。

4　裁判所によるカテゴリー化にビジネス環境が果たす役割

　裁判所は、ある当事者間の関係がどのカテゴリーに属するかを決めるために、当事者の事業活動を斟酌することがある。たとえば、ワシントン鉄鋼社対ティー・ダブリュー社事件では、銀行による借入人の情報の利用の是非が検討された[8]。その際、裁判所は、借手企業の情報に関して信認義務を課してしまうと、銀行が融資部門を注意深く経営する能力を損なうのではないかとの懸念を示した。裁判所はこうした懸念から、この長期間の借手顧客には、銀行に対し自らに対する買収資金を融資するのをやめさせる権利がないと判断したのである。「［借入人の情報に関して信認関係を認める］ルールを採用するのは、銀行に関わる政策として賢明でない。銀行が融資判断をする際に、利用できる情報をすべて考慮することを禁じてしまうと、2つの問題が発生し望ましくない結果をもたらす。第1に、銀行に目隠しをして融資取引をするよう強いることになり、

---

[7]　現在の会社につながっていく団体・組織。19世紀初頭のイギリスにおいて、コモン・ロー上の存在として登場したのが起源。法人格のない会社または組合（partnership）の大きなものといった性格を有しており、譲渡可能な持分証券を発行する。アメリカでは、現在も法人格がなく、持分が持分証券に分割されて流通する営利企業をいい、会社（corporation）やパートナーシップとは区別されている。

[8]　Wash. Steel Corp. v. TW Corp., 602 F.2d 594 (3d Cir. 1979).

預金者に対する義務に反することになりかねない。第2に、こうしたルールを設けると、ある銀行の顧客が、同じ銀行の別の顧客の株式を購入することに関心を示した場合に、銀行としては融資を控えることになりかねない。この結果は資金の自由な流れに反することになるため、我々はワシントン鉄鋼社のような、当然に融資を禁ずるルールの主張を受け入れないのである。銀行の信用は、結局のところ、国家の通貨供給の非常に大きな部分を占めている」。裁判所は、銀行内の融資部門から他の部門への情報の移転の是非に関しては特に意見を述べず、「融資部門内で、ある借入人から得た情報を別の借入人の融資判断に利用することは、それ以外の事情がない限り、銀行に対する訴訟原因にはならない」とのみ判示した。しかし他方で、銀行がビジネスのために情報を利用しない場合には、ローン担当者が個人の利益を図った場合を除き、ローン担当者と銀行はその情報に関して受認者とみなされることがあるとする判例もある。

III 信認法は、1つのカテゴリーとみなすべきか

1 一貫性の問題

　カテゴリーを「一貫性のあるもの」にするためには何が必要か。あるカテゴリーが、同じような（しかし完全に同じではない）事項を含めることができたり、そのカテゴリーに含める事項が十分に特定されていなかったりする場合、これは一貫したカテゴリーでないということになるだろうか。こうしたカテゴリーを認めると、思考の混乱を招き、ルールの適用を誤る原因となりかねない、との議論もありうる。しかし、あるカテゴリーに同じような事項を含めることを制限しすぎたり、あるカテゴリーに含める事項をあまりに特定しすぎると、そのカテゴリーを使うときに「既存の枠組みに捉われない考え方」、革新的な考え方が難しくなるかもしれない。実際、そのようなカテゴリー分けをしてしまうと、対象となる事項がほとんどないようなカテゴリーが多く生まれてしまうことになりかねない。いつもながら、正しいカテゴリー分けをするためのパラメータを設定することは最も難しい。また、仮に設定できたとしても、文化や社会環境の変化に応じて、その時々で見直しや調整がされるべきものである。したがって、カテゴリー分けを行なうという作業は、常に進行中のプロセスで

あり、常に議論の対象となり続けるものである。その意味で、信認法というカテゴリーも特殊なものではない。

　法的カテゴリーにおける「一貫性」は、法に対する見方から影響を受ける。一定の活動領域において法的制約をなくすべきだと信ずる人は、境界が明確かつ特定されたカテゴリーのなかで、適用範囲も狭く限定されたルールを望ましいと考えるだろう。特定性や明確さを求める人にとっては「一貫性がないこと」は悪いことなのである。一方、社会にとって善であることのために、法によって行動の自由により強く介入することを求める人は、状況の変化を受け入れる余地のある、より開かれたカテゴリーを使った、より柔軟な規定を求める。そうした人々は、明確な「一貫性」が欠如していることには多くの利点を伴うと考える。そして、ある事項がどのようにカテゴリーされるかは、どのようにその事項が発生したかよりも、その事項の特色（その事項から生ずる問題やそこから必要となる対処法）によって決まることになるだろう。事項同士の関係の特色が類似したものであれば、法的環境であれ法と関係ない環境であれ、異なる環境で発生した関係であっても、同じカテゴリー内に属するものと扱うのである。

　一部の学者は、無制限に新たに信認関係を広げていくことに危惧を感じている。ある学者は「信認義務の理論を統一することを支持する者の間でさえも、どちらかというと考え方に一致が見られない」と強調する。したがって、「その他の法学者らが、信認法は大体において一貫性を欠き、適用にも矛盾が多い」し、「一般論としてはよいが、実質的内容に欠けていると批判するのも驚くに値しない」という[9]。しかし私は、そのような危惧は正当でないといいたい。すべてではないとしてもほとんどの法的カテゴリーは「一貫していない」。

契約法のカテゴリーは一貫しているか？　信認法は、たとえば契約法と比較して、あまりにも無制限で、特定のされ方が十分でないといわれてきた。しかし、契約法をざっと見ただけで、この法的カテゴリーも無制限で、調和がとれておらず、自己矛盾を抱えていることがわかる。契約法は、論理に基づいたルールから、環境によって決まるルールへと進化してきた。契約というカテゴリ

---

[9] Robert W. Hillman, *Closely-Held Firms and the Common Law of Fiduciary Duty: What Explains the Enduring of a Qualities of a Punctilio?*, 41 TULSA L. REV. 441, 442（2006）.

ーには、非常に多岐にわたる契約的な取り決めが含まれており、そこからさまざまな問題が発生し、さまざまなルールも生じているのである。

　ウィリストン[10]が構築した契約法によってもたらされた「実用的な枠組みでは、ほぼ同等の交渉力を持つ契約当事者が1回ごとの取引を対等な関係で行なう。この枠組みにおける当事者の義務とは、合意に基づく取引条件を完全に記録した文書に明記されたものだった」。続いて現れた新古典派の契約法理[11]には、「非良心性の法理、誠実義務、取引慣行、そして法的責任の根拠として信頼をしばしば使う」[12]といった特徴があった。しかし、それらの義務には、当事者による単発の交換というイメージが反映されていた。1974年にイアン・マクニール教授は、契約についてさらに異なる考え方があることを示した[13]。つまり、契約とは「過去に交換が行なわれ、現に交換が行なわれ、あるいは将来交換が行なわれることが予想されるという人々の関係である」[14]。彼は以下のように強調する。「あらゆる交換は、関係から生まれる。……すべての契約関係は一定の行動から成り立っており、多くの関係に見られる行動のパターンが規範となる」[15]。したがって、交換が今も契約法の基礎的概念であったとし

10 　サミュエル・ウィリストン。ハーバード大学教授で、約因の交換的取引理論を客観主義の立場から契約法の一般理論として集大成した。これは、ある約束が契約法上拘束力を持つのは、その約束と交換で相手方から約因を受け取った場合、すなわち相手方が履行をするか、または反対約束をした場合に限られる、とする理論である。契約当事者の主観的な意思ではなく、当事者の行為という客観的な外形を重視するので、客観主義という。この理論は、ウィリストンがレポーター（起草者）を務め、1932年に刊行された第1次契約法リステイトメントに反映されたものであり、これを一般に古典的契約理論という。

11 　ウィリストンの客観主義的古典派契約理論に比べ、当事者の内心や約束における期待など主観面を重視する契約理論。この新古典派の立場を代表するのがイェール大学教授のアーサー・コービンで、その考え方は1951年に成立した統一商事法典や、1981年に刊行された第2次契約法リステイトメントに影響を与えている。その具体例が、契約内容が良心に衝撃を与えるほど不公正である場合には裁判所が契約の実現を拒むことができるとする非良心性の法理、契約の履行において当事者は当然に誠実かつ公正な取扱いをする義務があるとする法理、契約の解釈にあたり取引慣行も考慮する立場、一方が相手の約束を信頼して地位を変更し損害を被った場合には契約の拘束力を認めたり契約違反として救済を認める法理、などである。

12 　D. Gordon Smith & Brayden G. King, *Contracts as Organizations*, 51 ARIZ. L. REV. 1 (2009).

13 　イアン・マクニール教授が提唱した関係的契約理論を指している。これは、契約を単発の取引として捉えるのではなく、関係者の長期にわたる信頼関係を重視して契約の要件と効果を捉える理論である。この考え方を明らかにしたのが、次の1974年の2つの論文である。Ian Macneil, *Restatement (Second) of Contracts and Presentiation*, 60 VA. L. REV. 589 (1974); *The Many Futures of Contracts*, 47 S. CAL. L. REV. 691 (1974).

14 　D. Gordon Smith & Brayden G. King, *Contracts as Organizations*, 51 ARIZ. L. REV. 1 (2009).

15 　*Id.*

ても、契約法の発展により、人々が互いに影響し合う関係や状況が認知されるようになった。「学者は契約の規範的理論を『発見』することに多大な努力を費やしてきた。……しかし、契約に関する基本的なことが見逃され、その研究ははじめから困難をかかえることとなった。一言でいえば、契約法理は、理論というものが求めるような簡潔な体系化を拒否しているのである」[16]。さらに、契約の自由と契約のカテゴリーは、法より文化の変化と関係があり、それを反映しているのかもしれない。

　アメリカの裁判所が約因、約束に対する信頼、申込みと承諾という法理を適用する場合、不利益な交換や信頼、意思の合致などは気にしていないのである。裁判所が気にするのは、取引がいかに関係当事者の富に影響を与えるかである。約束した者の負担によって約束された者が利益を得ることを目的とした約束も、約束した者の判断が理にかなうと思われる場合には法的に有効とされる。約束した者が費用を負担しない約束は自由に強制力を持たせることができる。資源を交換する約束も法的効果を与えられるが、それも一方当事者が相手方の負担のもとに利益を得ることを防ぐ保護策がある場合に限られる[17]。

したがって、契約法は論じられているほど一貫性があるわけではなく、その意味では信認法とさほど差がないのである。

契約に対するアプローチは時代とともに変化した[18]。「ギルモア[19]は客観主

---

16 | Peter A. Alces, *Unintelligent Design in Contract,* 2008 U. Ill. L. Rev. 505（2008）.
17 | James Gordley, *Enforcing Promises,* 83 Cal. L. Rev. 547（1995）.
18 | 　20世紀初頭の古典派の客観主義的契約理論（前注10）、20世紀半ばのより主観を重視した契約理論（前注11）、さらに1970年代以降に、マクニールらの関係的契約理論（前注13）や、法と経済学派の契約理論、ギルモアの主張した「契約の死」（後注19）などさまざまな理論が展開したことを指している。
19 | 　グラント・ギルモア。英米法では、契約法が独立した実体的分野として確立されたのが19世紀半ばだとされる。その際に、もともと不法行為に包含されていた契約法の独自性を説明するため、不法行為上の義務が法によって生ずるのに対して、契約法上の義務は当事者の合意によって生ずるという区別が強調された。しかし、合意を契約の客観的基礎と位置付ける古典派契約理論が、新古典派の契約理論によって浸食されるなかで、契約法上の義務も、当事者の合意によらずに生ずることが認められるにつれ、古典派契約理論の理論的基礎も、契約法と不法行為法の区別も有名無実となってきた。これを指摘したのが、ギルモアによる1974年の著書 Grant Gilmore, The Death of Contract（1974）である。

義的アプローチに『死』を宣告するとともに、19世紀に不法行為法とは異なるものとして確立した契約法固有の特徴についても『死』を宣告した」[20]。一方、アーサー・レフ、イアン・マクニールらは別の考えを持っていた。「ビジネスの国際化が進めば、我々の個人主義的で、抜け目のない契約法のパラダイムとそれに伴う二元論的思考にも影響が及ぶと期待できるかもしれない」[21]。しかし実際には、1980年から2010年を見る限り、契約法が公正さや道徳に大きな影響を与えるほど「成熟していた」かどうかは疑わしい。契約法のサブカテゴリーにおいても「一貫性はない」。たとえば「今日に至るまで、［強迫の］法理[22]を定義し、適用しようとする試みがなされてきたが、そこから一般的にわかることは、法的議論とは本質的に曖昧で不確定だということである」。また一部の論者は「この法理が市場参加者の自由な意思を保護するものだというが、……懐疑的な論者は、……抑圧された意思（すなわち、強迫）という概念は誤謬に過ぎないことを明らかにした」。この法理が「ファジー」で、概念も無限定で自己矛盾をはらんでいるが、「経済的強迫の法理[23]は、法文化の主流に属する人々にとってはイデオロギーの面で重要な意味を持っている（そしてそれが普及することによって我々にとっても重要な意味を持つ）。自由意思を強調し続けることは、「自由市場」が現実に存在するというメッセージを発信することにほかならず……［そして］契約を無効とする理論的理由として強迫を認めることは、自由市場がビジネス倫理の最低基準を保っていて……他者の弱みにつけこんだ不公平な搾取が発端となった取引は法的効力を与えられないというメッセージを送ることにほかならない」[24]。

20 William J. Woodward, Jr., *Clearing the Underbrush for Real-Life Contracting*, 24 LAW & SOC. INQUIRY 99, 115 (1999); GRANT GILMORE, THE DEATH OF CONTRACT (1974).
21 Id.
22 契約当事者が、相手方から自由や身体に対する物理的な圧迫を加えられて合意した場合には、契約の拘束力を否定する英米法の契約法理。伝統的に、強迫の法理による救済は、物理的な圧迫を受けた場合に限定されていたが、20世紀の間にそれが経済的な圧迫についても、被害者の自由意思が圧殺された場合には広く認められるようになってきた。
23 契約に応じないと経済的な不利益を被らせると圧迫をかけられ、自由意思によらずに合意した場合に、契約の拘束力を否定する法理で、伝統的な強迫の法理（前注22）の救済を拡張したもの。この法理による救済をどの程度広く認めるかには争いがあり、経済的な強者が経済的弱者に対して優位な立場で契約交渉を行った場合に、契約の自由を強調する立場は強迫の法理の拡張に否定的であるのに対し、経済的弱者の救済を強調する立場は同法理の適用に肯定的な態度をとる。

不法行為法、医事法、手続法、行政法の各カテゴリーには一貫性があるか？　不法行為法も「一貫性」をめぐる議論から逃れられない。学者は、ルールの特定性とカテゴリーのパラメータについてずっと議論し続けている。医事法では今まさに「一貫性」をめぐる議論が火を噴いている。手続法と行政法もともに議論を避けられなかった。文献中の特筆すべき点は、信認法だけでなく他の法分野も、同じあるいは似たようなアプローチをもとに議論しているということである。ルールとカテゴリーはもっと特定され、要素を明確にしなければならないのであろうか？　また、その判断にあたって論理、原則、環境のいずれに規定されるべきなのであろうか？

2　開かれたカテゴリーであることの公平性に関する疑問

　カテゴリーの扉が開かれている場合、そのカテゴリーのルールに服する者に対して公平といえるだろうか？　何も知らず疑いも抱いていない者に新しいルールを当てはめることに対する懸念はさまざまな分野で議論されてきた。公平の観点からは、人がルールを順守するためにはルールを知っていることが必要である。新しいルールに違反しているからといって罰せられるべきではない。似たような法理で、そのルールの存在を知らなければ、そのルールに服すべきとはされないというものがある。しかし、法の基本原則からいえば、法の不知は弁解にならない。法を知らずに違反した場合でも違反に対しては責任を負うことになる。この考えが適用される理由は、法の不知を盾にした抗弁を認めると、いかなる法も執行できなくなる可能性があるからである。この法理は、人に、何が法かを調べ、理解する義務を黙示的に課すものである。開かれたカテゴリーは、人々にそのカテゴリーのルールが依拠している原則を理解することを義務付ける。具体的には、託された資産や権限を濫用することが禁じられていることが例としてあげられる。この議論は、信認法に限らず、どの法体系にも一般的に当てはまる。

　事実、公平性の論点はどの判決でも問題となる。法がいかなるものか、当事

24　Frank C. Huntington, "One Truth Is Clear, Whatever Is, Is Right?": The History of Indeterminacy and Ideological Significance of the Doctrine of Economic-Duress, 1-3 (2009) (unpublished manuscript, on file with author).

者は裁判所が宣言するのを聞くまで知らない。しかし、当事者は裁判所の判断に拘束される。したがって、裁判所は信認法を適用できる事象を拡大してはならないという議論は、ルールを個別の行動に当てはめる場合において、法は完全に予測可能でないという大きな問題に行き着いてしまう。

　さらに、特定されているということには欠点がある。明確なルールは僭脱されやすい。受認者の違反を暴くには費用がかかるため、受認者から利益を奪う法的リスクのある分野であっても、信認義務を強制する費用を減らすことによって社会の利益となる場合がある。結局のところ受認者や「受認者かもしれない者」は、特定されていないとはいえ、信認法の一般的な原則に立ち戻ることができ、これから起こそうとする行動がその原則と両立するかどうか自問することもできる。確かに、カテゴリーのパラメータと法が特定されていない場合、一部の受認者は裁判所から法律違反とされるリスクをとることになるかもしれない。これに対し、リスクをとることに、より消極的な受認者もいるだろう。2008年の金融危機に関する1つの見方として、金銭と権限を託された者が信認法の法原則を厳格に守らなかったことが指摘されている。もしルールの解釈に特定性が求められるのであれば、具体的に禁止されていないことは許される。加えて、「グレーゾーン」から始まった行為が、具体的に禁止されたゾーンに入り込むケースがある。たとえば、マーケットタイミングは、曖昧な部分のある法律問題から始まり、最後は明確な法律違反となった。またエンロン社は、既存契約の評価を変えることから始めて、損失の出ている資産を証券化することでバランスシートから消し去り、最終的には当該資産を保証するために自己株式を詐欺的に利用する事態にまで発展した。E・F・ハットン[25]は、インフレ時に「フリーローン」から利益を得ようと時間差を利用することから出発し、最後には小切手詐欺を犯すこととなった。

25 　1904年創業の証券会社。1980～1984年に、銀行間で決済されるまでのタイムラグを利用して手持ち資金以上の小切手を振り出したとしてスキャンダルとなった。その後別のスキャンダルが露見し、また1987年の株価暴落で大きな損失を出したことから、シェアソン・リーマンブラザーズに買収された。

Ⅳ 議　　論

1　信認法を契約法として分類すべきとする議論

　過去 25 年間、弁護士、学者、裁判官の間で、信認法の位置付けをめぐり、論争が展開されてきた。デラウェア州最高裁判所は、誠実義務（good faith）は信認義務であるという立場をとっていたが、その後のデラウェア州の判例は、有限責任パートナーシップ／LLC（有限責任会社）の場合に「そこでの誠実義務は、一般的な契約における誠実義務と質的に異なるわけではない」[26]と述べている。また株式会社に関しても、株主と経営者の関係は本質的に契約的関係であるとの議論がある。株式の市場価格は、「最適な契約条項への発展を促すことができ、そうした発展には、信認義務などの法的制約への依存度を最適なものとすることも含まれる」[27]。そして、変更を許容する契約条項についても、「市場の力が、当初の契約を変更する権限の範囲と変更手続そのものを共に制約するから」[28]法的効力を与えるべきだ、たとえ市場に欠陥があるとしても、法の強行規定の効果には疑問が残る、というのである。

　市場参加者の保護は、信託における託す人の保護に優先される。現行の法においては、「受託者が、信託財産を、それが信託に属するとは知らない第三者である債権者に対して、自分に対する融資の担保として抵当に入れたとしても、債権者は信託財産に対して担保権を行使することはできない」[29]。このルールの根底には、財産法と「託す」概念がある。泥棒は所有していない財産権を譲渡することができない。他方、契約法では受認者が単に約束を破ったとみなすだけである。そのような契約当事者が財産権を移転すれば、信託の受益者はより弱い立場に取り残され、委託者は本質的に契約上の第三者に過ぎなくなってしまう。こうして、流用された信託財産を買った者は、財産に対する権原を取

---

[26]　Andrew S. Gold, *On the Elimination of Fiduciary Duties: A Theory of Good Faith For Unincorporated Firms*, 41 WAKE FOREST L. REV. 123（2006）.
[27]　Henry N. Butler & Larry E. Ribstein, *Opting Out of Fiduciary Duties: A Response to the Anti-Contractarians*, 65 WASH. L. REV. 1（1990）.
[28]　Id.
[29]　Henry Hansmann & Ugo Mattei, *The Functions of Trust law: A Comparative Legal and Economic Analysis*, 73 N. Y. U. L. REV. 434, 455（1998）.

得することになる。同様に、契約法のモデルは、集団的信認関係にも適用されてきた。会社とは、さまざまな会社関係者間で縦横に結ばれる契約が集まったものであると定義され、パートナーシップの関係も契約的な関係であると定義された。

一部の学者は、信認関係を「契約的なもの（contractarian）」と名付けている[30]。そのうえで、利益相反を禁ずる保護ルールを少しずつ削り取り、同じ名称のもとに分類し直している。信認関係を契約的に捉える考え方に傾く裁判所でも、必ずしも信認関係や信認法のルールの再分類を根拠に判断をしているわけではない。しかし、そのような裁判所の理由付けと判決の結論は、いかなるカテゴリー分けよりも雄弁である。たとえば、ある裁判官は、投資顧問会社＝受認者がミューチュアル・ファンドの投資家に証券仲介手数料として市場価格を請求した場合には、たとえ投資顧問会社が「費用」を請求するものとしながら実際にブローカーに支払った額がファンドへの請求額の３分の１しかなかったとしても、投資家はクレームをいうことができないと述べた。裁判所は投資顧問会社の受認者としての注意義務違反に対する救済はないと述べたが、実際には義務の存在自体を否定したのである。カリフォルニア州最高裁判所は、著作の製作に関してディズニー社から報告を受けていない作家について、自動的に信認関係を認めることを拒否した。また裁判所は、発明の商業化に対し、開発業者との契約に基づいて支払われるべき額を受け取っていない投資家に関しても、信認関係を認めることを否定している。

信認法というカテゴリーに対する反対論の１つは、いくつかの種類の受認者の起源と歴史に基づいたものである。パートナーシップの義務を発展させたのは教会であるが、教会は市場と商業主義の台頭に反対の立場をとっていた。それゆえ、信認義務のルールは「中世の宗教的起源を持つパートナーシップ法の名残であり、非宗教的な商業世界である現代には不向きであり」、「もともと実用的価値に基づいていたものではなかった」。むしろ「パートナー間の信認義務は、パートナーシップの合意によって変更できる任意条項であるべきだ」とされる[31]。もっとも、これに反対する論者もいる。パートナー法は契約法に

---

30 | John H. Langbein, *The Contractarian Basis of the Law of Trusts,* 105 YALE L. J. 625 (1995).

基づいているとすれば、「忠実義務を契約的構成に変形することになる」[32]という反論である。このような変形は「法理の混同、古びた経済学および脆弱なポリシー」に基づいており、「むしろ、忠実義務は強化されなくてはならない」という。「信認義務は契約的だとする考え方は、関係の外部要因を無視し、静態的な分析の枠組みのなかで完全な交渉を前提としており、取引コストや制度的な分析を軽視している」[33]。経済学用語を平易な表現に言い換えると、信認関係を契約とみなすことは、当事者間の不平等な立場を無視するということを意味する。これを認めると、弱い立場の当事者がそのような関係を結ぶことを差し控えてしまうおそれがある。そうなると、我々の経済、金融システム、社会全般にとって大惨事となりかねない。

2 反　　論

「契約の束」としての会社。信認法から「契約」ないし「契約主義的な見方」へという潮流は、契約法をそのまま適用すること、あるいは信認法の制約から契約法による制約へと転換することを提唱するものではない。そのようなことをすれば「澄んだ水を濁らせるような」ことになる。たとえば、「契約の束」としての会社、という表現は、すでに人口に膾炙して久しいが、このモデルには、信託の要素が少し含まれている。しかし、法的には、会社に関与する者の関係は契約ではない。それはずっと信託に近いものである。会社を契約の束と考えるモデルでは、受益者の利益は概ね契約条項によって決まることになるだろう。いわゆる「契約の束」は法的概念ではない。それは契約の本来のモデルとはかけ離れている。「束」は必ずしも書面化される必要はなく、曖昧であったり、自己矛盾があったり、合意ですらなかったりする。信認から契約へという動きは一定の仮説に基づいた合意を「擬制する」。それは、当事者が共同の利益が最大となるような条件を選択したであろうという仮定、当事者が「情報を完全に」保有していたであろうという仮定、そして当事者の交渉がゼロコス

31　Dennis J. Callahan, *Medieval Church Norms and Fiduciary Duties in Partnership,* 26 Cardozo L. Rev. 215, 218（2004）.
32　Reza Dibadj, *The Misguided Transformation of Loyalty into Contract,* 41 Tulsa L. Rev. 451, 452（2006）.
33　*Id.* at 452, 470.

トであろうという仮定のうえに成り立っている。これらの仮定は、関係が成立した状況を反映しているとは限らない。託す人全体の「利益を最大化する」ことが、信認関係を法的に解釈する際の適切な指針となるとは限らない。

対照的に、会社関係のなかに登場する当事者のなかには、受認者として行動することを期待される人々がいる。それは、経営陣、取締役、多数株主である。信認モデルでは同じ忠実義務や注意義務が使われるが、一方、契約モデルでは、その関係に適合するよう、より柔軟な形で法理を使うことが許容される。しかし、そうすると、「契約の束」という名称は、会社の受認者の義務と、託す人である投資家の保護とを変容させることを意味することになるのではないだろうか。

自発的な無償のサービス。信認関係に契約は適用できないことを論証するもう1つの議論として、託すことが伴っていれば、自発的な無償のサービスの帰結として、信認関係が発生しうることがあげられる。当事者は、個人の利益や全体の利益以外の目的を持っているかもしれない。加えて当事者（たとえば、株主）が全体利益を最大化することに反対する場合がある、また全体利益を最大化することが、富を最大化しないような契約条項と矛盾する場合もある。結局、「理想の契約」には2つの定義がある。それは「全条件想定請求」（「将来にありうるすべての状況」をカバーした）契約と、「すべての情報があり、かつコストがかからない」契約である。2つの定義は、同一ではなく、当事者は想定した契約の想定される条項について、すべての情報を持っているとは限らない。信認関係を契約として分類し直すことは、法の基本原則を変えることになる。この再分類は、託す人の保護を低下させ、伝統的な任意法規を覆し、ルールの目的と具体的な意味に矛盾を生じさせることになる。

信認法の法理は、契約アプローチには従わない。ロベルタ・ロマーノ教授によれば、受認者と託す人との情報の非対称性を根拠とする説がある。また財産関係（信託受託者と受益者、会社経営者と株主など）を根拠とする説によれば、財産関係は他の関係（たとえば、経営者と債権者、フランチャイザーとフランチャイジー、大株主と少数株主など）より強い信認義務を負うとしている。さらに、権限を根拠とする説によれば、「託された財産を管理運用する専門家には、より高いレベルの義務を負わせることが正当化される」という[34]。

託された財産を流用しない約束としての契約。 契約法のもとでは、財産を託すことは財産の交換（買いもしくは売り）や、サービスに対する支払とされるだろう。契約法では、託す人に対する情報開示義務といった義務を、明示的であれ黙示の前提としてであれ追加することもできるし、託された財産の「交換」を行なった目的以外で使用することを明示または黙示的に制限したり、サービスまたは目的が終了した後に財産の返還を定めたりすることも可能である。

契約法のもとでは、財産を託されるということは、金銭債務として、自己の自由を制約する義務を負うことと捉えられる。しかしながら、託された財産の利用に関する受認者の義務には、債務の本質と矛盾するところがある。債務者は借用した財産を自分の思うままに使用してよい。債務の返済を確保するための条件として、債務者が借用した財産を自己の利益のために用いてはならない等といった制約をかけることはありえない。また、債権債務関係においては、債務者の負う義務は、特定の金額（あるいは定められた計算方法による金額）または特定の財産を返済することである。託された「債務」が滅失するリスクは、債権者、すなわち託す人が負うべきものではなく、あくまで債務者が負うべきものである。

さらに、約束に反し、託された財産が返還されない場合は、契約法上の救済が適用される。しかし、財産を流用した場合は、もっと厳しい懲罰がふさわしいだろう。結局、託した人の許可なく目的外の用途にいわゆる債務が使われた場合は、もはや窃盗に近いものとなる。「契約的な交換」では、代理はサービスの売買とみなされ、これには専門職によるサービスも含まれる。弁護士、資金運用者、専門エージェント、ファイナンシャル・アドバイザー、医師などはサービスの売手とみなされる。彼らは信頼のもとに権限を託されるのではなく、利害の対立を認められ、かつそれが許されるのである。

これに対し、信認法では、託された財産は、それが受認者の手中にあっても、託した人が受益者として所有する。託す人が託した財産の資産価値の変動リスクを負っている。信認義務違反は着服および信託違反とみなされることになるだろう。権限を託された代理人や専門家は、その権限の行使に関し、セールス

---

34 | Roberta Romano, *Comment on Easterbrook and Fischel: Contract and Fiduciary Duty*, 36 J. L. & Econ. 447, 448–49 (1993).

マンが負う義務より重い義務を負う。

　信認義務を契約に転換することにはそれ以外の効果もある。ロマーノ教授は次のように述べている：

　　　信認法を契約法と再分類しても、その帰結は必ずしも決まったものとして、契約主義的アプローチから論理的に導けるわけではない。結局のところ、信認法のルールを契約法に取り込み、そうしたルールを特殊な契約類型と関連付けることもできるのだから。しかしながら、名称というのは、事実上の心理的影響と法の体系化の両面において重要な意味を持ち、分類を変えることには危険な面もある。信認関係と契約関係の区別を曖昧にし、この２つを同じ名称で呼ぶと、これらの２つの異なるルールが適用されている理由を無視することになりやすい。そうした理由を忘れ去ってしまうと、我々は欠陥を抱えたルールを提案することになり、それは後々になって亡霊のように我々に付きまとうことになるだろう[35]。

　したがって、法律が異なるカテゴリーとして分類されている場合、そこでは法が対処する問題の重要性が強調されるものである。もしその問題の価値が低いものとされ、重要でないと考えられるならば、信認法というカテゴリーが生まれる必要はなくなる。「裁判所は、個々の事案で信認義務の内容を定めるために裁量権を行使することは少なくなるだろう。受認者を規制するルールはもっと具体的になり、当事者間の合意条項に従うことが多くなるだろう」[36]。

3　信認法と契約法の類似点・相違点
（1）信認法と契約法の類似点
　信認関係も契約関係も当事者の同意のもとに成り立っている。信認法を独立した法カテゴリーとすることをやめて、契約法に吸収するべきであるということを主張する論者は、いずれの関係も「合意に基づく」「自発的な」ものであると指摘する。そのことは、ほとんどの信認関係で正しく、例外としては、信

---

35 | Id.
36 | Tamar Frankel, *Fiduciary Duties as Default Rules*, 74 Or. L. Rev. 1209 (1995).

託関係において受益者ではなく委託者が受託者を選任することくらいである。代理やパートナーシップ、患者と医師、依頼人と弁護士の関係など、多くの関係が合意に基づいているのは確かで、双方当事者が合意の条件に従う必要はあるが、関係を終了させることができる。しかし「人は、ただ相手を信じていることだけをもって相手方に義務を負わせることはできない」[37]。契約法の義務では、それぞれの当事者は、相手から質問された場合、真実を語ることを求められ、双方とも契約で引き受けた約束を履行しなくてはならない。また契約当事者はいずれも相手に対して公正に臨まねばならない。

信認法には、「誠実義務」が含まれている。この義務は、事実上、「信認関係における誠実かつ公正な取扱いについての黙示の合意」なのかもしれない。誠実性が「独立した信認義務」であるかどうかについて、裁判所の見解は一致していない。デラウェア州最高裁判所はこれを認める立場をとっている。しかしデラウェア州裁判所の判決のなかには、「有限責任パートナーシップや有限責任会社契約によれば、信認義務の代替として契約上の義務を定めることが可能だ」としつつ、有限責任パートナーシップや有限責任会社の分野では「契約上の誠実義務は、一般的な契約における義務と質的に異なるわけではない」とするものがある[38]。

(2) 信認法と契約法の相違点

信認法と契約法は、一方当事者の相手方への開示義務の点で異なる。受認者は託す人が求めなくても、利益相反に関する情報も含めて、重要な情報を提供しなくてはならない。受認者は自らの行動について説明しなくてはならない。さらに、託す人が真実の情報を得る権利を放棄することが法的に有効かどうかは疑わしい。これに対し契約当事者の場合は、契約の相手方が求めるか、契約条項や特定の法で求められていない限り、情報提供する必要はない。

託された財産と権限に関して、受認者は託した人の利益のために行動しなくてはならない。契約法にはそのような義務は存在しない。託された財産に関するサービスにおいて、また一般的にも、受認者は注意深くサービスを履行しな

---

37 | Branson Sch. Dist. RE-82 v. Romer, 161 F.3d 619, 633 (10th Cir. 1998).
38 | Ardrew S. Gold, *On the Elimination of Fiduciary Duties: A Theory of Good Faith for Unincorporated Firms,* 41 WAKE FOREST L. REV. 123 (2006).

ければならない。契約法のもとでは契約当事者がそのような義務に拘束されることはあまりない。

　信認法は、約束を反映した関係である点で契約と共通するものの、託された財産と権限に関しては、財産法に由来する。これがゆえに、託す人は、購入者が財産の購入にあたって十分な対価を支払い、信託された財産であるとまったく知らなかった場合を例外として、原則として誰に対しても、託した財産を追及し、取り戻す権利を有している。契約の義務は、約束のみを根拠としており、通常の場合、復帰信託による救済を含まない。

　裁判所は、契約条項に従って履行させることが多く、当事者間に契約を成立させることはあまりない。「タフな交渉」は契約において法的効果を与えられるが、それと比べて信認法ではその可能性ははるかに低い。信認義務は、裁判官が作るもので、裁判官が当事者間の条項を解釈し、評価することによって決まる。今日、契約主義者が信認法を取り込もうと総攻撃を仕掛け、また利益相反については、利益相反を生じさせる状況を事前に知っていたら当事者がどんな合意をしたかを探求するようになったが、裁判官が当事者の合意内容を推測し、信認法のルールを裁判によって作り出すといった裁量権を行使することは、依然として多い。最も大事なことは、信認法は信認関係が公平であること、すなわち、受認者が信頼でき、正しいと推定されることを前提にしているということである。そのような前提は契約法においては存在しない。

　信認義務違反に対しては、契約義務違反の場合と同様に損害賠償が認められる。しかしながら、受認者の義務違反に対する損害賠償額が「効率的な契約違反」の法理によって限定されるとは考え難い。そのような契約上の義務違反には、不正な意図や不正な行為が含まれていない。ある論者によれば、契約を破るのは「自発的なものではあるが……効率的なもの」であり、「法の役割は、強制的に契約を遵守させることではなく、当事者同士が契約に沿って履行するか、履行がうまくいかなかった場合に生じた相手側の損害を補てんするか選択させることである」[39]とされている。

　「効率的な契約違反のアプローチ」に倣うことを思いとどまる契約当事者も

39　RICHARD A. POSNER, ECONOMIC ANALYSIS OF LAW 119 (2007) にて以下参照：Oliver Wendell Holmes, Jr., *The Path of the Law*, 10 HARV. L. REV. 457, 462 (1897).

いるかもしれない。しかしそれは、法の抑止力によるものではない。それは社会における恥やモラルといったレベルの問題である。「効率的な契約違反」に類似した状況というのは住宅ローンの返済に見られる。債務者は、住宅ローンの返済残高が住居の資産価値より高ければ、負債を返済しない方が得だと考えるが、負債を返済しないことは倫理的に正しくないと思いとどまるのである。

　さらに、信認義務違反に対しては、利得の清算と返還が認められる場合があり、この状況は契約法における原状回復と似ている。ただ契約法と異なり、信認義務違反が悪質な場合には懲罰的賠償が認められることがある。そのような観点からは、信認法は不法行為法に近い。

　受認者は、たとえ近くに警察がいなかったとしても、他人のものを自己のものとしたいという誘惑を断ち切ることが求められる。これに対し契約当事者は、自己の利益を最大とすることと、自己の利益を最大にしようとする相手方から身を守ることが許され、ある意味推奨さえされている。諺の表現を借りれば、契約当事者の場合はどんなに不満があっても「自分で作ったベッドなのだから、そのなかで寝なければならない」が、託す人の場合にはこのような言葉は当てはまらない。

　契約法とは異なり、信認義務違反を道義的に非難すべきと認める法分野が多い。たとえば、破産手続では、事業に資金を提供したパートナー、すなわち投資家に対する支払を怠った受認者は、託した人に対する債務の支払から免除されない。同様にアメリカ量刑ガイドラインのもとで、裁判所は悪質な犯罪に対して量刑を加重する権限がある。この量刑加重は、何年にもわたり投資家を欺き、私的利用のために資産を横領してきた者に適用された。裁判所は有罪とされた犯罪のレベルによってこの量刑加重を適用したのである。

　対照的に、「契約法では少なくとも形式的には無過失責任が貫かれている」。当事者は「契約違反に落ち度がなく、契約通りに履行しようと最大限の努力を払っていたとしても、契約違反に対する責任を負う」場合がある[40]。それゆえに契約違反は、刑法違反や一部の不法行為ほどの道徳的な烙印を伴わない。ロン・フラーは、「裁判で負けると、その敗訴判決のほとんどには、一定の社会

---

40 | DAN B. DOBBS, THE LAW OF TORTS §2, at 5 (2000).

的批判という要素が含まれる。……しかし、過失運転や契約違反によって民事責任が認められても、刑事上の有罪判決ほどの烙印を押されることにはならない」と指摘している[41]。「懲罰的賠償という例外を除けば、英米の理論では契約違反は道徳的要素を伴わない行為として取り扱われ、履行しなかった者が罪に問われたり、恥辱や道徳的非難による不名誉にさらされたりすることはない」[42]。契約において懲罰的賠償が認められることは通常ない。ただし、「契約違反が民事上の権利侵害にあたるような場合は」この限りではない[43]。

信認法を契約法の一分野と再分類することの帰結は、受認者の義務を契約のレベルに下げることになるだけではなく、懲罰的賠償を回避することによって救済手段を弱め、信託義務違反についてまわる道徳的な負い目（信頼されていた者が泥棒の烙印を押されること）を棚上げすることになる。最後に、信認法を独立した法体系として取り扱う重要な理由として、信認関係を規制する必要性が増していることがある。信認関係を独立して扱うことの重要性は、長きにわたり否定されてきたが、近年改めてその認識が強まりつつある。

4　信認法を独立した法カテゴリーと認識する理由

信認法の位置付けに関する議論は、理論だけでなく現実的な結果にもつながってくる。まず第1に最も重要な点として、関係が契約だとされると、受認者は一定の義務、たとえば、託す人の利益のためにだけ行動する義務から免除されるか、少なくともその義務を軽減されることになる。このような受認者は、託す人のためだけでなく、自分またはその他の者の利益も最大とするために行動するかもしれない。受認者を契約当事者と分類し直すと、託す人に自らを守る必要があると教え、かつ自衛を求めることになる。託す人は、託された財産または権限をコントロールする者に対抗する力を備えるため、団結しなければならないということになりかねない。しかしながらこの解決方法では、十分な解決とはならない。経営者が支配する一方で、託す人である株主が結束し、対

---

41 | Lon L. Fuller, *The Adversary System,* in TALKS ON AMERICAN LAW 30, 38-39 (Harold J. Berman ed., 1961).
42 | Alexander J. Bolla, Jr., *The (Im) Probable Future in Japanese Charter Parties: The Language of Law,* 29 J. MAR. L. & COM. 107, 112 (1998).
43 | E. ALLAN FARNSWORTH, FARNSWORTH ON CONTRACTS §12. 8, at 194 (3d ed. 2004).

抗力を得るためには、個々の託す人は代理人を選定しなければならず、今度はその代理人が、託す人の資産の命運を握ることになる。

　さらに、経営陣が、裁判所や議会その他の政府の規制当局のコントロールから自由であれば、「経営者資本主義」といわれる状況が生じうる。所有者ではなく、他人から託された財産または権限をコントロールする者に新たな財産権を与えることになり、それでは「役職」が財産とみなされていた中世の世界に後戻りすることになる。

　最後に、信認法は文脈により多様な形で現れるが、同時に、対処する問題、確立された原則、指定された解決法に関しては、かなり共通している。なかでもこの法分野では、当事者間の権限のバランスと、社会で信認関係を維持するニーズが考慮される。さらに、環境が変化するなかで、さまざまな受認者を「ひとまとめ」にして、1つの原則に基づいた、分析的な観点から見ることは、信認法のルールを新たな状況に適用し、創出する手助けとなるし、現在の法規制の負担から解放する手助けにもなる。このような考え方は、どのような者が新たに受認者となり、現在は受認者とされているものがそうでなくなるかを予測することに役立つだろう。

5　民事上の権利侵害としての信認法（不法行為）

　信認法を民事上の権利侵害に関する法（civil wrong）とする考え方があるかもしれない。歴史的には、権利侵害の一種とみなされていたという意見は以前からある。しかしながら、その類似点は、独立した法カテゴリーとしての信認法の存在を否定するほど強くはないようである。そのような考え方は、受認者にとって過酷な救済方法を課すことにつながりかねない。信認法が権利侵害に起源を持っていたかもしれないという事実は、今日決定的なことではない。過去からの問題は今日も存在するが、過去のアプローチや制約が今日も妥当するとは限らない。以下では、2つの法カテゴリー間の類似点と相違点をあげてみよう。

(1) 権利侵害と信認関係の類似点

　信認法と同様、不法行為のルールは、すべてではないにせよ大部分が任意規定であり、交渉によって排除できる。さらに、不法行為法の救済は、信認法の

救済と同様に、現実の損害に限定されない。悪質な不法行為の事件では、侵害者に懲罰的賠償——金銭的制裁を負わせることもできる。この2つが信認法と不法行為法の共通点である。

(2) 不法行為法と信認法の相違点

民事上の権利侵害と信認関係には明確な相違点がある。信認関係では、当事者双方の利益を図ることが目的とされ、信認関係の条件違反があった場合にのみ、一方の当事者の損害が問題となる。それに対し、不法行為法では、一方の当事者が他方に加える損害に焦点が当てられている。

さらに、不法行為の「関係」は合意に基づくものではない。損害を被った当事者があらかじめその損害について合意していたと推定されることはない。確かに、ある経済的理論では、すべてを合意（契約）に基づいた関係として整理しようとし、権利侵害に関するルールと救済においては、損害が発生した場合、損害を加えた者が損害を被った者に対して支払うべき賠償額に両者が合意するだろうと推定された内容が反映されるとする。しかし、このルールは、被った損害に対して受け取りに合意する損害賠償額が人によって異なっていても、すべての当事者に一律に適用される。また、ある1組の当事者をとっても、彼らが正確に未来を予測した場合にどのような判断をしていたか決めることは難しい。さらにその事象が発生する前に合意内容がわかっていたとしても、損害を被った後に、合意内容が変わる可能性がある。そして、不法行為に関するこのような考え方は、社会を統治するルールのモデルとして、1対1の関係と合意を強いることになる。しかし、社会全体の利益は不法行為の犠牲者の利益と異なる場合もある。

6　議論の結び

信認法を独立した法カテゴリーとして統一的に考えることに対する反論には、主に2つの考え方がある。1点目は、信認法を契約として再分類する考え方である。2点目は、これとは正反対に信認法を権利侵害、つまり不法行為と見る考え方である。

それらに代わる考え方として、他の法分野では十分解決しきれない状況や問題について検討するアプローチがあってもよい。このアプローチでは、信認法

を特別視し、具体的な課題に独自の方法で対処するものだと考えることになる。外延においては明確ではないところもあるが、このアプローチは、数千年にわたり、さまざまな社会環境や慣習のもとでも極めてよく似たかたちで存在してきた同様の社会的な課題に対する判断基準を提供してくれる。この「課題」アプローチともいうべき方法は、受認者のカテゴリーに入る者が誰かを決めるのに役立つだけでなく、それらの者の類似点と相違点を明確にし、そこで適用されるルールを合理化することにもつながる。信認法のカテゴリーから外れるものもあるだろうが、もしそれが深刻な社会問題にまで発展すれば、その時点で受認者のカテゴリーに入ることもありうる。逆に、ある信認義務が長きにわたって問題視されないようであれば、契約のカテゴリーに移行するかもしれない。あるカテゴリーの境界部分で状況が変わっても、そのカテゴリーが存在することの有効性には影響しない。

Ⅳ 議論

第6章 裁判所による受認者の規律、救済方法、裁判手続

I はじめに

　本章は3つの関連するテーマを扱っている。最初に扱うのは、裁判所が信認関係の存在を認め、信認法のルールを形成する時に、どの程度裁量権を行使するかという問題である。第5章までに触れたように、法の形成に関して「積極主義」に立つ裁判所もあれば、「保守主義」の立場をとる裁判所もある。本章では、裁判所が裁量権を拡張したり制限したりする際に用いるルールについて考察する。裁判所は、国民の健康など公共の利益を保護するために積極的に信認義務を負わせようとすることがあるかもしれない。他方、受認者の専門性に関する領域において、特に託す人自身が受認者を選んだような場合には、裁判所が裁量権の行使を制限する場合もあろう。

　次に本章では、信認義務違反があった場合の救済の問題を概観する。救済の問題は、本書全体を通じて触れてきたが、ここで改めて救済に焦点を当ててその独特の性質を論ずる。信認義務違反に対する救済は、信認法一般と同様、他の法分野に由来するものであるが、託された財産や権限の流用に対処するため、独自の特徴と強調が付け加えられてきた。

　3番目に扱うのは、エクイティとコモン・ローで区別される裁判手続の問題である。ここではイングランドにおけるコモン・ロー裁判所とエクイティ裁判所の歴史的な法の源と、アメリカの裁判所がそれを信認法などに適用する際にどのように使ってきたかを述べる。

II 裁判所による裁量の行使

　裁判所がどのような形で信認関係に関与するかは、その裁判所が「積極主

義」の立場をどの程度取り入れるかによって、また受認者のタイプや裁判所の介入が求められる状況によって異なってくる。裁判所が関与する際のもう1つの観点のなかには、社会規範をいかに維持するかということが含まれている。当事者にとってよいことが社会全体にとってもよいとは必ずしもいえないと信じている人にとっては、社会の利益と衝突することがありうる当事者の合意に対し、信認法のルールが優先する必要がある。裁判所は、実際にさまざまな時代、さまざまな局面において、この信認関係に介入するアプローチをとってきた。

1 裁判所の「積極主義」と自己抑制

裁判所が受認者により高い行動基準を課した時代もあったが、制約を緩和した時代もある。たとえば、1928年、カードーゾ裁判官は、ジョイント・ベンチャーの義務をとりあげて、次のような有名な言葉を述べた。「独立当事者間で行なわれる日常世界において許される行動様式であっても、信認関係で結ばれた者の間では禁じられることも少なくない。受託者［受認者］は市場の道徳より厳しい責任を負うことを期待されるのである」[1]。これに対し、デラウェア州裁判所は、2005年、会社の取締役および執行役の義務が問題となった事件で、裁判所が法によって会社の受認者に課している注意義務（自己の利益という要素を少し加味している）よりも会社に関する市場の実務の方が厳しいとした[2]。また、第7巡回区連邦控訴裁判所は、信認法のルールの本質を厳密に解釈し、開示義務の付いた契約と同じだとしたが[3]、第8巡回区連邦控訴裁判所は、より介入的な態度をとった[4]。そして連邦最高裁判所は、受認者の義務の水準を決める際、個々の事案の要素を斟酌しながらも、第8巡回区連邦控訴裁判所や他の裁判所の考え方を採用したのである[5]。

裁判所は、組織の細かい日常的な運営に関する受認者の判断に自由に口出しすることは控えており、「ある行動が『明らかに団体の内規に反している』と

1　Meinhard v. Salmon, 164 N.E. 545, 546（N. Y. 1928）.
2　*In re* Walt Disney Co. Derivative Litig., 907 A.2d 693（Del. Ch. 2005）.
3　Jones v. Harris Assocs. L. P., 527 F.3d 627（7th Cir. 2008）.
4　Gallus v. Ameriprise Fin., Inc., 561 F.3d 816, 822-23（8th Cir. 2009）.
5　Jones v. Harris Assocs. L. P., No. 08-586, 2010 U.S.LEXIS 2926（U.S. Mar. 30, 2010）.

いえない限り、その団体の内規に違反するかどうかといった団体内部の紛争」[6]に介入することはない。このような謙抑的な態度は、裁判所が受認者の判断について監督する際に自己抑制をきかせるということを示している。このルールはいくつかの名称で呼ばれている。経営判断原則と呼ばれるのが一般的だが、カリフォルニア州最高裁判所は、これと同じ結果とはなるが、「差し控え（abstention）の法理」と呼んでいる[7]。「しかしながら、裁判所は、そのような権利・義務が問題となる多くの場合において、裁判権の行使を差し控えることがある。介入しないという決定の背後には、裁判権を行使することによる裁判所にとっての負担が、当事者の利益より大きくなってしまうという判断が見られる。かかる場合に問題となるのは、私的組織の儀礼的で曖昧な規則や法を裁判所が解釈しようとすると、裁判所がシャフィー教授のいう『憂鬱な泥沼』にはまるおそれがあることである。もう１つの問題が、そうした組織の自律の維持に関わる点である。……『団体のルールが恣意的だとする原告の主張に対し裁判所が判断を下すにあたっては、裁判所として限定的な審査を行なうのが適当である』」。裁判所は、団体に代わって自ら判断を行なうべきではない。問題に対処する能力は団体の方がある。裁判所による介入は、団体の管理者が明らかに内規に違反した場合に正当化される。「裁判所は、組織に代わって判断を行い、組織の自律に不当に介入することのないよう、慎重でなければならない」。

　裁判所は、受認者が多くの場合託す人によって選ばれ、サービスの履行について優れた専門性を持っていることが多いということをわきまえている。したがって、裁判所は、受認者が信認義務違反をしているという証拠がない限り、受認者の判断には「不干渉」の態度をとるのである。

　しかし、受認者の行動が常軌を逸していたり、自己の利益を図るものであった場合には、裁判所が介入することになる。たとえば、会社の取締役が破産手続を利用して、会社による売買契約を破ろうとした場合に介入したケースがある。同様に、裁判所は敵対的企業買収の場合には積極的に介入する場合もある。そこでは、取締役や経営陣の運命が問題となり、利益相反の問題が生ずるから

---

6 | Oakland Raiders v. Nat'l Football League, 32 Cal.Rptr.3d 266 (Ct. App. 2005).
7 | Cal. Dental Ass'n v. Am. Dental Ass'n, 152 Cal.Rptr. 546, 550 (Cal. 1979).

である。加えて、この取引が株主に与える影響は極めて大きい。したがって、このようなケースでは経営判断原則の果たす役割は小さくなる。

　そうはいっても、パートナーシップのような法人化されていない団体や有限責任組合のような団体は、より曖昧な経営判断原則に服するのが一般的である。加えて当事者の合意を重視する裁判所も存在する。このような裁判所の態度は、信認関係を契約の一種と捉える、あるいは受認者に対する市場の圧力に任せるべきだとする流れの一環なのかもしれない。このような場合、たとえばパートナーのように、託す人が企業の経営により積極的に関わっていることが考えられる。有限責任組合の場合でも、有限責任パートナーの数は少数で（必ずしもそうである必要はないが）、信認義務を負う業務執行パートナーとの接触や彼らに与える影響はより濃密である。したがって託す人は、事業に関する情報をますます頻繁に受け取ることができるようになり、当事者間で合意される内容も、株式会社における株主との「契約」のような「応諾するか、拒否するか」といった状況で署名されたものではなく、しっかりと交渉した結果となっている可能性が高い。

2　公共の利益への考慮

　裁判所が個人または団体に社会に対する信認義務を課すことがある。グライスマン対ニューコム病院事件がその一例である[8]。この事件では、資格を持ったある医師が、ある私立病院からそこで診療を行なう権利を与えられなかった。その病院は、その医師が自宅と診療所の付近で診療を行なえる唯一の病院であった。病院側が拒否した理由は、医師がアメリカ医師会の認定した学校を卒業していないこと、郡医師会の会員でないことであった。この2点は、病院の内規で定められた要件だったのである。しかし、多くの医師会は、この医師と同じような経歴を持つ医師を受け入れていた。裁判所は、病院の内規は州の公序良俗に反するとした。病院は、自らの裁量で運営することができる私立病院ではあるけれども、その医師が住むエリアの少なくとも100マイル以内で唯一の病院という立場であり、かつ人々の健康のためにサービスを提供していること

---

8 | Greisman v. Newcomb Hosp., 192 A.2d 817 (N. J. 1963).

から、通常よりも重い義務が課されるべきだとした。そうした義務には、原告を診療する医師として受け入れることも含まれるとされたのである。

グライスマン事件では、裁判所が信認法の発展において自ら果たすべき役割について考え方を示しており、これは示唆的である。

　　時代の要請を満たす方向へたゆまず流れてゆくコモン・ローの特徴が、その漸進性にあることは健全なことである。その段階を経た過程においては、将来の道筋を導くいわば光のように、継続して経験を積むことが可能になる。かつては、裁判所が会員組織の入会手続の合法性について細かく審査するのを差し控えたが、それは社交クラブや宗教組織、友愛団体に関するものであった。裁判所が介入すべきではないとする政策的理由も強かったし、そうした理由を打ち消すような理由も大きくなかったのである。その後、実質的に独占的な支配力をもつ商業団体や職業団体について裁判所が判断を求められるようになると、別の要素が入ってくる……。事案における個々の事実関係や政策上の考慮が十分に説得力を持つ場合には、裁判所が入会を命ずるという救済を与えることになる……。

　　整骨医は、州当局の免許を取得し、医療一般に従事し、地域の学校や工場の勤務医としても悪い評判がないにもかかわらず、自ら住み、医療に携わる、比較的人口の多い都市部で唯一の病院において、医療スタッフとして不適格であるとされた。その判断も自動的になされ、個人としての評価を受けることもなかった。今日、本裁判所としては、かかる立場を恣意的だとして退けることに躊躇すべきではないだろう。公共の利益と公正と正義の観点から、病院の立場はまったくもって認められない。我々は病院の立場を拒否した第一審裁判所の判断に同意する……。

　　……病院は私的な目的のために運営されるのではなく、公共の利益のために運営される……。その存在目的は、医療専門職に必要な施設を誠実に供給し、もって彼らが一般市民にサービスを提供するのを助けることである。病院は、自らに与えられた権限、特にスタッフの選任に関わる権限が、託された権限であり、常にそのように扱われるべきだと認識すべきである。合理的で建設的な判断は尊重されるべきである。しかし本件では、その権

限がスタッフとなる資格の申請を退ける基準として用いられ、それも個人的資質に欠けるところがあったからではなく、健全な病院としての基準や公共の利益の促進と何ら無関係な理由によって権限が行使された。かかる場合に裁判所が介入を差し控えるとすれば、怠慢のそしりを免れないだろう[9]。

　これと矛盾するアプローチをとった裁判所がある。それは、古い家から鉛系塗料を除去する費用を節約するための実験において、治療とは無関係にある子供が被験者にされたという、子供を犠牲にして公共の利益が図られた事例だった[10]。この事件では、公共の利益は子供の権利に優越しないとされた。この２つのケースは、事実関係が異なり、区別することができる。前者は、社会が資格ある医師のサービスを受ける機会を奪われた事案であった。第２のケースも、社会が利益を得られなくなる事件であったが、これは子供が深刻な健康上の危険にさらされるという犠牲のうえでのことだった。個人を犠牲にして公共の利益が図られる余地は、はるかに限定されている。

Ⅲ　信認義務に違反した場合の救済

1　はじめに

　救済の端緒となるのは、法的ルールに対する違反である。そうした法的ルールについて繰り返し述べることなく、救済について論ずるにはどうしたらよいか。１つの解決は、託す人が信認関係によって負うリスクの深刻度や、そのようなリスクを回避するための代替手段に関連付けて救済を説明することである。救済の目的は、不正行為の被害者に損害を補償すると共に、違反者を抑止することにある。このアプローチをとれば、数ある多様な救済を一般的に説明し、その理論的根拠についても一般的な説明を与えることができる。加えて、適切な救済の適用範囲を合理的に特定し、適用にあたっての指針を与えることもできる。さらに、救済は信認法の違反の場合に特有なものではなく、また裁判所

9 　*Id.*
10 　Grimes v. Kennedy Krieger Inst., Inc., 782 A.2d 807, 823-25（Md. 2001）.

も違反に対して1種類の救済手段しか認めないわけでもない。損害賠償は、将来に向けて特定の行動を禁ずる差止命令や、利益の償還命令と併せて命ずることもできる。

　信認法違反に対する救済の起源は、契約違反に対する救済（たとえば損害賠償）や、不法行為に対する救済（たとえば懲罰的賠償）のなかにも見出すことができる。本章ではこれらの救済の間の相違点の詳細な分析は行なわないが、より詳細な議論を望む読者のためにそれらの由来について言及する。しかしながら、コモン・ローとエクイティの間の救済の違いについては、より詳細に検討する。その違いが、手続上の帰結をもたらすからである。

　最後に、過去の信認法違反に対してではなく、将来の権利侵害や不公正な行動を問題とする救済が存在する。そのような行動がある場合には、財産をコモン・ロー上合法的に所有することが財産を託したものとみなされ、適切な救済手段が適用される。実際のところ、状況が変わった場合においてはそれまでのコモン・ロー上合法的な財産所有が不正な行動とされることがある。

2　信認義務違反に対する救済：裁判所の姿勢

　裁判所は契約違反よりも信認義務の違反に対する救済をより厳格に捉えている。裁判所による信認義務違反に対する救済は、エクイティを起源とするもので、次の事例によってその特徴を見ることができる。会社の社長と財務担当者が、会社の資産を浪費して信認義務違反を繰り返し、さらに前役員が会社への義務に違反した事例で、裁判所は次のように判示した。「閉鎖会社における紛争を解決するための適切な救済を決定するためには、裁判所は権利を侵害された株主の合理的な期待と会社にとっての最善の利益を考慮する必要がある。［被告が自ら支配する会社を徹底的に食い物にしようとするような行動］に対して、株主への賠償を行なうために適当な救済はコモン・ローには存在しない」[11]。

---

11 ｜ Dan B. Dobbs, Law of Remedies (2d ed. 1993).

3　差止命令

　差止命令は被告に特定の行動を義務付けたり、特定の行動を禁じたりするために用いられる。たとえば、第3巡回区連邦控訴裁判所の判決に、被告雇用者に対し、原告退職者に不利益変更前の医療保険制度を適用するよう命ずる差止命令を支持した事件がある。裁判所は、保険の変更を禁ずる措置は、最終的に金銭の支払を命ずる救済であるが、エクイティ上の救済を認めたエリサ法502条(a)に定められた救済権限を逸脱するものでない、と判示した。そして、ここで認められた差止命令で問題とされたのは、過去の確定した金額ではなく、将来支払われる予定の、不確定な金額であるため、法的性質としてコモン・ローよりもエクイティの側面が強い差止命令ということができる、とした[12]。エリサ法には、差止命令を過去と将来双方の目的で用いることができるような手段が規定されている。エリサ法502条(a)(3)は、「加入者、受益者または受認者」は、「本節または規約の定めに違反するあらゆる行為または慣行の差止め」、または「(i)当該違反を是正するかまたは(ii)本節もしくは規約のあらゆる定めを強制する、その他適切なエクイティ上の救済」を求める民事訴訟を提起することができる、と規定する。エリサ法の立法経過では「エクイティ上の適切な救済」には「信認義務の違反を予防するための……差止命令」を含めることができる旨明記されている。

　同様に1934年証券取引所法21条(d)は、証券取引委員会に対し、同法の定め、または同委員会の規則もしくは規制に違反したか、または違反しようとしている当事者に対して、問題の行為または慣行を禁ずる裁判所の差止命令を請求する権限を与えている。証券取引委員会はこうした手続を通じ、証券取引所法10条(b)またはこれに基づく規則もしくは規制に違反した者に対し、「その行動から、同法に基づいて登録された証券の発行者、または同法に定める報告義務に服する発行者の執行役または取締役を務めるに適しないと認められる場合」には、そのような発行者の執行役または取締役として行為することを禁止することができる。

　E・I・デュポン・ヌムール・パウダー社事件判決[13]は、裁判所が、前従業員

12　Adair v. Unisys Corp., 579 F.3d 220, 236-37 (3d Cir. 2009).
13　E. I. Du Pont de Nemours Powder Co. v. Masland, 244 U.S. 100 (1917).

に対し、会社の営業秘密を利用するのを禁ずる差止命令を出した事例である。同様に、会社を辞める従業員は、従前の会社の顧客を自らの新規ビジネスに勧誘することを禁止される場合があるが、その場合禁止される内容は明確でなければならない。また印刷機器の製造業者や販売者が、競合他社に対して差止命令を勝ち取り、競合他社が不適切に得た営業秘密の使用禁止が言い渡された。会社法の領域では、会社の取締役や執行役が会社と競合するビジネスに参入し、自らが管理する業務においてビジネス機会を不適切に利用したとされた事件で、裁判所が、会社に対する信認義務違反を認め、差止命令を支持した事件がある。この差止命令では、取締役と執行役に対し競合行為の継続が禁止された。「差止命令による救済は、会社の支配権の売買に関連した特定の信認義務違反に対して、株主を救える唯一の救済となる場合がある」[14]。仮差止命令は信認義務違反、著作権侵害やその他の請求に適用できる。

契約法上、「契約に不作為義務が規定されている場合」であれば、裁判所は契約違反を理由にそうした契約上の義務に「矛盾した行為」を禁じる差止命令を言い渡せる[15]。よって、契約違反を受けた者の期待利益を保護するのに損害賠償で十分な場合には、差止命令は認められない。損害賠償の十分性を判断するにあたっては、主に3つの要素として、「(a)合理的な確かさをもって損害を立証することの困難さ、(b)損害賠償として支払が認められる金銭によって代替的な履行を確保することの困難さ、(c)認められた損害賠償金を回収できない可能性」[16]があげられる。伝統的に、差止命令に対しては、消滅時効や「クリーン・ハンズの原則」[17]といったエクイティの抗弁が認められてきた。

差止命令の請求は、次のような理由で不公平と判断された場合には退けられる。

　　(a)契約の誘因が錯誤または不公平な慣行による場合

14 　Police & Fire Ret. Sys. of Detroit v. Bernal, No. 4663-CC, 2009 WL 1873144, at 3 (Del. Ch. June 26, 2009).
15 　Restatement (Second) of Contracts §357.
16 　Restatement (Second) of Contracts §360.
17 　「エクイティ裁判所に救済を求めに来る者は、その手が汚れていてはならない」という法格言で表現される原則。エクイティ裁判所は、良心の裁判所として、当該事案に関連して原告側に良心に反する行為があったり、エクイティ上の信義則に反したりする場合には、原告の主張に正当性が認められる場合であっても、救済を拒否する。

(b) 救済が、違反者や第三者に対して不当な負担や損害を強いる場合
(c) 取引が一方にとって極端に不当な場合、その他契約条件が不公平な場合また公の政策に反する場合や、裁判所による執行や監督に伴う負担が均衡を失する場合にも差止命令が否定される場合がある。

4 擬制信託
(1) 擬制信託は救済であり、信認関係を成立させない

「擬制信託は本当の意味での信託ではない。……受託者に広範な受認者の義務を課すことはなく、原状回復の義務のみを課す」[18]。実際、「擬制信託の受託者」という表現は、擬制信託の受託者が託した人に何らかの義務を負うことを否定するものである。擬制信託とは「不正に財産を取得した者に対して、裁判所が命じるエクイティ上の救済である……。『所有権者が財産を取得した経緯が、良心に照らしてその利益を享受すべきでないようなものであった場合、エクイティの裁判所は、その人を受託者として扱う』」[19]。これは不正な行為に対する救済措置であり、損害賠償を命ずるのではなく違反した義務の履行を強制するものである。一般にこの救済措置が問題とするのは被告が不当な利得を得たかどうかである。それゆえ、当事者の意図は重要でない。むしろ擬制信託が重点を置いているのはその救済目的である。

「財産の法律上の名義が、何らかの理由で、受益者としての利益を享受することが正義に反する状況にあるような者のもとにある場合には、本来その財産の権利者たるべき者を受益者として黙示の信託が認められ、擬制信託が成立する。これはエクイティの擬制によるものであり、当事者の意図とは関係がない。ある者が現実の詐欺や、相手方からの信頼を踏みにじり、エクイティと良心の観点に照らして不適切な利益を得たり、その他疑わしい手段によって本来保持を許されるべきでない財物を取得したりした場合、エクイティは擬制信託が成立しているとし、原状回復を命じる」[20]。

擬制信託とは、原告がエクイティ上の所有権を有する一方で、被告は特定の

18　United States v. Fontana, 528 F.Supp. 137, 143 (S. D. N. Y. 1981).
19　BLACK'S LAW DICTIONARY 1649 (9th ed. 2009).
20　Seventh Elect Church in Israel v. First Seattle Dexter Horton Nat'l Bank, 299 P. 359, 360 (Wash. 1931).

財産を保有しているが、それは単にコモン・ロー上の権原のみを有するものとする裁判所の宣言である。それゆえ裁判所は、あたかも擬制信託の受託者が実際に受託者であるかのように、その者に対して財産をエクイティ上の所有者に移転するよう求めるのである。

　契約違反に対する救済は、信認義務の違反に対する救済とは異なる。契約違反に対する通常の救済は損害賠償であり、被告に対し、契約上の特定の義務の履行や、原告への特定の物品の引渡しを命じることではない。しかし不履行を受けた当事者が土地または特別な物を受け取る権利を有する場合、違反者に対して等価の現金でなく、特定履行、すなわちその土地あるいは特定の物そのものの引渡しを請求できる。被告が破産状態にある場合も同様の請求をすることができる。

　財産が信認義務に違反して取得された場合、コモン・ローに適切な救済措置があるかどうか、すなわち金銭賠償が適切な場合であるかどうかにかかわらず、特定履行はより容易に認められる。ある事件では、信認義務違反に対して擬制信託による救済が与えられた。CIA の元職員が有していた情報を無許可の出版物により公表した事件で、裁判所は当該職員が信認義務に違反したとして、「違反による利益に対しては、政府を受益者とする擬制信託が適用される」[21]と判示したのである。同様に、受認者がその義務に違反して財産を取得した場合、たとえそれが自ら出捐した金銭による場合であっても、擬制信託の適用を受ける。たとえば代理人が、本人のために行動する間にある機会を見つけたが、その機会を自らのものとして流用し、自らの資金で財産を購入したとする。この場合にも、代理人は取得した財産に関して擬制信託の適用を受けることになる。

(2) 擬制信託下にある財産と託す人の同意の効果

　ある託された財産に対する擬制信託は当初の財産の代位物にも及ぶ場合があり、その効果は、当該代位物の現在の所有者が何ら問題のある行為をしていない場合にも生ずる。そのような取引に関しては、詐害取引にかかる救済も適用される可能性がある。したがって、集合住宅が詐欺により取得され、後に他の財産と交換された場合、詐欺により奪われた財産の当初の所有者は、代位物た

---

21 | Snepp v. United States, 444 U.S. 507 (1980).

る財産に対し「擬制信託の適用を受ける権利を有する」[22]。しかしながら、擬制信託は一方当事者の曖昧な「理解」によっては適用されず、明白な義務違反の場合である必要がある。加えて、擬制信託による救済は放棄することができる。託す人(本人)からその受認者たる代理人に対する口頭の同意があるだけで、代理人は擬制信託の適用を受けなくなる(すべての義務違反に対する責任も免除されうる)。

5 託された資金の清算と信認義務違反によって得た利益の返還
(1) 清算と利益の返還

　信認関係が資産を託すことにより発生するものだとしたら、清算(accounting)はその信認関係の副産物である。したがって、清算は信認義務なのである。その義務が果たされていない場合、裁判所は被告が受認者として保有している金銭または財産の返還を命ずることになる。

　利益の返還による救済の根拠は、受認者は自らの不正な行為により利益を得ることが決してあってはならないという原則にある。受認者が託された財産を自らのものにしてはならないことと同様に、託された財産が生んだ利益を自らのものにすることも許されない。受認者は託された財産や権限に対して権利を有していないと同様に、そのような利益に対しても権利を与えられてはいない。したがって受認者が信頼を裏切ることで得た利益は、託した人が損害を被っていなくとも、託した人に支払われるべきである。そのような利益が、受認者の努力と能力によって生じた場合でも、その利益が受認者に帰属するのは許されない。裁判所は擬制信託を適用し、受認者の不正な利益を託す人に返還するよう命ずる。

　この利益はあらゆる資産の形態をとりうる。エセックス信託会社事件[23]は、新聞記者が、自分の雇い主が事業を行なっている不動産の賃借権更新を考えていることを盗み聞きし、その賃借権を自ら秘密裏に取得した事例である。この記者は取得した賃借権に関して擬制信託の受託者とされ、その権利を雇い主に移転するように命じられた。記者が取得し、悪用した情報は、彼の新聞記者と

---

[22] Meadows v. Bierschwale, 516 S. W.2d 125 (Tex. 1974).
[23] Essex Trust Co. v. Enwright, 102 N.E. 441 (Mass. 1913).

しての業務には何の関係もなかった。それでも、「守秘義務ないし信認義務を負う立場にいる者が、その義務に違反して知りえた事実を利用して自ら利益を得た場合には、当該利益を返還する責任を負う……」[24]とされるのである。

　証券に関わるインサイダー取引は、託された情報が濫用される例である。このような内部者による情報利用の禁止は、1934年証券取引所法における規則10b-5と16条に明示されている。16条は取締役や執行役、さらに会社の10％以上の株式を所有する株主といった内部者の定義に該当する者を列挙し、6か月以内の当該会社の株式売買によって得た収益を返還しなければならないと規定している。これは、証券市場では、このような情報も6か月あれば周知となるとの推定に基づく規定である。利益の返還に関連する救済としては報酬の吐き出しがあり、これは義務に違反した弁護士等に課される。

　信託の忠実義務違反に対しては、受託者に損失補てん（逸失利益を含む）を認め、受託者に利益を返還させるものとし、救済できる。受託者に対しては、さらに個人的に利益を得ることが禁じられる義務が付加されることもある。

　もし信託財産の売却価格が不適切だが、受託者自らが取引の相手方でない場合、通常受託者は適正価格との差額についてのみ責任を負う。受託者が信託における指示に従わずに財産を売却した場合、受益者は不正な売買時の価格に基づく取引を取り消すことができる。受託者自らが取引の相手方となる自己取引の場合は、受託者に資産売却の権限があったか、また売買価額が適正であったかにかかわりなく、受益者は財産そのもの、あるいは売買時の資産価額の取り戻しができる。ロスコーの遺産事件[25]は受託者が不当に安い価額で絵画を売却した事例である。利害が相反するなかで売却した受託者は絵画が転売されて利益が生じた時点の評価額に基づいて賠償が命じられたが、利害関係のない遺言執行者は当初売買時の価額についての賠償のみを命じられている。

　受託者が忠実義務に違反して自らのために信託財産を購入した場合、受益者はその取引を追認することも、否認することもできる。取引を否認した場合は受託者に財産を返還させるか、受託者が取引した価格とその時点での資産価額の差額を受託者に請求することができる。受益者は、受託者に対して資産の交

24　Brophy v. Cities Service Co., 70 A.2d 5 (Del. Ch. 1949).
25　*In re* Estate of Rothko, 372 N.E.2d 291 (N. Y. 1977).

換価値としての対価を払い戻させることもできるし、資産処分により信託が被った損害の賠償責任を負わせることもできる。破産法に関する2件の控訴裁判決において、裁判所は、弁護士が（依頼人からの支払を除く）報酬の内訳を開示しなかった場合、適切な救済は当該弁護士がそれまでに受領したすべての報酬を否認することであると判示した。

(2) 清算と損害の原状回復

　原状回復による救済を図る場合には清算が必要となるだろう。この清算と原状回復はその起源は異なるが極めて似ている。ある株主が会社資産を着服した事案で、裁判所はこれら株主に、着服した資産から、他の株主の持分相当額を支払うように命じた。清算による救済は、会社から詐欺的な株主に渡った資産に限り適用された。具体的に、裁判所は、問題の資金を着服した株主から解散に向けて清算中だった会社に取り戻し、会社が清算された後に他の株主に引き渡されるまで追及した。それでも、会社の取締役として受認者でもあった株主は、義務違反をしたものの、株主として受領できる金銭まで失うことはなかったのである[26]。

Ⅳ　エクイティ上の救済手段

　信認義務の法理は、イングランドのエクイティ裁判所を起源とするものであるから、信認義務違反の場合、エクイティに基づき救済を求めていくことになる。第9巡回区連邦控訴裁判所の判決では「会社の取締役の信認義務違反に対する訴訟は、エクイティ上の訴えの性質を持つ。オレゴン州裁判所が、会社の取締役が不正に流用した資産を保持することを許し、被害者に何らの救済もないままにしておくとは考え難い」と判示されている[27]。

1　原状回復

　原状回復は清算の救済と近い関係にあり、場合によっては擬制信託とも親和性がある。原状回復の1つの特徴は、その起源が契約違反に対する救済にある

---

26 | Bostic v. Goodnight, 443 F.3d 1044, 1046, 1049（8th Cir. 2006）.
27 | Watson v. Button, 235 F.2d 235, 237（9th Cir. 1956）.

ことである。E・アラン・ファーンズワース教授が述べるように[28]、契約関係では、一方当事者が相手方にすでに利益を与えてしまった時点で、その相手方が契約上の約束に違反している場合がある。たとえば、物品に対する前払いを受けた契約当事者は、受領した金銭を使用することができる。このような場合、裁判所は前払いを行なった契約当事者に対して原状回復を認めることができる。すなわち、前払いを受けた当事者がその金銭から得た利益が前払いをした当事者の損害額を上回ったとしても、その利益のすべての剥奪を命じることができる。加えて原状回復は、約束が金銭以外を対象とする場合でも与えられうる。要するに被告は契約違反により利益を得てはならない、ということである。古くは原状回復はコモン・ロー、エクイティのいずれにおいても許容されており、同じ救済が契約義務違反によって金銭以外の利益を得た場合にも適用されていた。特定の資産の原状回復といった、目的物を特定した原状回復命令は「エクイティの領分に属す」とされ、コモン・ローによる救済が不十分な場合にのみ認められる。

　信認法においても原状回復に似た救済が認められる。たとえば、支配株主はその権限を用いて、会社のサービスを通常より安く利用してはならない。もし支配株主が実際にこのような方法でその権限を濫用した場合、裁判所は原状回復による救済として、支配株主に対し、会社のサービスに対する適正価格と実際に支払った価格の差額を支払うよう命ずることになる。

2　特定履行

　特定履行が認められれば、受認者に対し当事者間で合意したサービスの履行を強制することができる。しかしこれは、一般に信認義務の違反に対して認められる救済手段ではない。金銭賠償が十分な代替手段であると考えられる。しかしながら「特定履行としての差止命令は、コモン・ローによる救済が何らかの理由で不適当な場合に認められる、エクイティ上の救済である」[29]。時には託された特別な財産、たとえばピカソの絵画の引渡しを命ずることが不可欠となることがある。同様の方法は土地にも該当するが、これが動産に当てはまる

---

28 | E. ALLAN FARNSWORTH, FARNSWORTH ON CONTRACTS (3d ed. 2004).
29 | RANDY E. BARNETT, CONTRACTS : CASES AND DOCTRINE 197 (3d ed. 2003).

度合いは低い。信認関係はほとんどの場合サービスの提供を伴い、かつ信認関係は信頼に立脚しているので、託す人はすでに信頼関係が失われた受認者に対して、特定履行を求めることはない。裁判所も、差止命令を執行することが困難であるから、受認者が託す人に対しサービスを継続するよう命じるとは考えにくい。裁判所は個人的なサービスを提供する契約に特定履行を強制しない。それは紛争当事者が相互に協力することへの期待がないためである。このような個人的なサービス提供に関するルールは、一定の他人に移譲できない義務に適用され、それには「役者、歌手、スポーツ選手」などを含み、また「主人と使用人」といった労務関係にも適用される[30]。同様に、他の雇用主に個人的サービスを提供するのを禁ずる差止命令も、実際に労働者が特定の雇用主のために働くよう強制する結果となる場合は、発せられない。

V 懲罰的賠償

　懲罰的賠償とは、その名の通り懲罰を意味する。たとえば土地売買のブローカーが、売主の代理人として行為しつつ信認義務違反を犯した場合、懲罰的賠償はそのような不適切な行為を抑止するために必要であることを根拠として認められてきた。

　陪審は損害の額を決定するが、それは現実の損害を上回る。しかし裁判所は陪審に対して無限の懲罰的賠償の評決を下すことを許可するものではない。裁判所は、懲罰的賠償が過剰かどうかを判断する際に用いる3要素として、受認者の行動の性質とそれが「非難」されるべき場合の性質、付与される損害賠償額そのもの、そして被告となる受認者の富裕度、がある。これらの基準は被告に対する懲罰的賠償の抑止力を考慮したもので、それゆえに「法的に許容される（けれども誤った）契約解釈に従った行為をした場合でも、『卑劣』で、『非難』され、『恥ずべき』で『軽蔑されるべき』ものとみなされうる。……決定的な論点は、受認者が相手方に対する優位を利用するために、自ら間違っていると知っていた解釈に依拠していたかどうかである。陪審は、ジェネンテック

---

30 | Restatement (Second) of Contracts §367.

がまさにこのような行為に出たと暗黙のうちに認定したのである……」[31]。連邦最高裁判所は「裁判所は被告の非難の程度を決定する際に、その権利侵害が経済的なものだけでなく身体的なものを含むか、不当な不法行為が他の者の健康や安全を意に介さないものであったかまたは過失による無視であったか、行為の対象が経済的な弱者であったか、行為が繰り返されたものか単発であったか、そして侵害行為が確信的な悪意、詐欺、虚偽によるものか、単なる偶然であったか、といったことを考慮すべきである」[32]と判示した。年金資産の管理者の信認義務違反に対してエリサ法が懲罰的賠償を許容しているかどうかについては、裁判所の意見が分かれている。

　懲罰的賠償は他の救済手段に加重して認められることがある。原告が損害について完全に補償されている場合であっても、「原告はその損害について完全な賠償を受けており、懲罰的賠償は被告が損害の賠償を終えた後においてもその非難の程度が未だ重く、懲罰または抑止の観点でさらなる罰則が必要な場合にのみ許容される」[33]とされる。

VI　会社の解散

　エクイティ上の救済手段が他にない場合、裁判所は信認法に基づき、不正に関与した会社の解散命令を検討する場合がある。会社が「株式の保有割合に応じて企業利益を配分する方針を長期間採用していた」にもかかわらず、多数派株主がその方針を変更した事件において、裁判所は、これを「会社の取締役会による詐欺的、抑圧的な行為であり、それにより原告の株式は『事実上無価値な資産』となってしまった」と認定した。「企業資産の清算は、重大で厳しい救済手段ではあるものの、原告が公平な価値を受け取ることのできる唯一の救済である」と判示したのである[34]。

---

31 | City of Hope Nat'l Med. Ctr. v. Genentech, Inc., 20 Cal.Rptr.3d 234 (Ct. App. 2004).
32 | Id. at 270–73.
33 | Action Marine, Inc. v. Continental Carbon Inc., 481 F.3d 1302 (11th Cir. 2007).
34 | In re Kemp & Beatley, Inc., 473 N.E.2d 1173 (N. Y. 1984).

Ⅶ 刑事法上の制裁

　信認義務違反は、犯罪の構成要素となりうる。すなわち犯罪行為は信認義務違反という結果を招きうる。たとえば、1934年証券取引所法の規則10b-5は、託された情報であるインサイダー情報によって取引した者に刑事責任を課している。このような者は、会社経営者や弁護士のように、情報源の受認者となることで情報を入手した者である。信認義務違反が犯罪の要素を構成しうる別の例として、1940年投資顧問法により投資助言者に適用される刑法上の禁止行為がある。これらの刑法規定は、投資助言者が受認者に任じられ、受認者として行動することを理由として適用される。

　横領の罪は信認義務違反に直結する。実は、横領は長年の間窃盗罪の定義に含まれていなかった。その理由は、「窃盗」の構成要素の１つが、所有者の同意がないことだったからである。しかし、信認関係の場合、所有者はその財産を受認者に託すことについて同意している。この問題は、託された財産の利用を目的外で行なうことについては、所有者の同意がないとされたため、今では解決している。

　加えて横領の罪は刑事没収を伴う。「刑事没収の一環として金銭の支払を命じる判決を下す理由は主に２つある。１点目は、刑事的没収は財産そのものに関する判決というよりも、被告人個人への制裁だという点である。制裁が、『刑罰の一部として被告人を追及する』ため、検察側は、被告人が有罪判決の時点で没収の対象となる収益を所持しているか証明する必要はない。２点目としては、没収命令の一部としての金銭支払を命ずることにより、［有罪判決を受けた被告人］が没収の制裁を免れるために不正な稼ぎを処分することを防ぐことができる」[35]。

　賄賂罪。外国および国内いずれの公務員に対する賄賂も犯罪であり、仮に受認者がこれを行なった場合は信認義務違反となる。1970年代、外国の公務員に対する賄賂は、企業の取締役による信認義務違反にあたるとした判決が１件

---

35 | United States v. Hall, 434 F.3d 42, 59 (1st Cir. 2006).

ある。それ以降、賄賂禁止立法によって、企業やその取締役に対し、より厳格な義務を課してきたように見受けられる。2006年初頭から、証券取引委員会と司法省は同法に基づく捜査と訴追を増加させている。

証券規制。証券規制の分野では、信認義務違反は背任といったような犯罪を構成しうる。インサイダー取引は信認義務違反に加えて犯罪となる。他の場合もそうであるが、受認者が、託す人が罪を犯すことをわかっていながらこれを助けた場合、その立場ゆえに受認者は教唆犯・幇助犯として責任を負う可能性がある。すべての犯罪行為が信認義務違反の要素を含んでいるわけではないが、多くの犯罪行為が、当然にではないにせよ、信認義務違反にもなる可能性が高い。

Ⅷ 訴えの提起と手続上の問題：コモン・ローとエクイティ

1 歴史への一瞥

コモン・ローとエクイティの違いはイングランド法に由来する。イングランドでは歴史的に、コモン・ローの裁判所で訴えを提起するには、令状を購入しなければならなかった。この令状と訴訟方式によって、被告は訴えの内容、原告が求める救済、そして陪審審理が行なわれるかどうかを知ることができた。また、令状により、当該事件は具体的な法律問題や事実問題に絞られた。コモン・ロー裁判所で認められる救済方法が限られていたため、特定履行や差止めといったエクイティ上の救済を与える権限を有する大法官府裁判所[36]や請願裁判所[37]が発生したのである。

アメリカの独立革命後、アメリカ植民地の人々は、イングランドの複雑な裁判所制度と訴訟手続を採用し、コモン・ローとエクイティの間での訴訟上の請求の違いも踏襲された。しかしながら、1912年連邦裁判所のエクイティ規則によりコモン・ローとエクイティが統合[38]され、1915年コモン・ローとエクイティ法によって裁判所の管轄権が統合され、1つの裁判所でコモン・ローと

---

36 | エクイティを扱う裁判所。イギリスでは、大法官がエクイティを管轄していたことに由来する。
37 | イギリスでチューダー朝およびステュアート朝時代に栄えた特別の裁判所で、通常では裁判所を利用できない貧困者・弱者のために設けられた。

エクイティ双方の観点から判断を下せるようになった。この2つの規則を受け、コモン・ロー上の裁判とエクイティ上の裁判との違いはわずかなものになった。連邦民事訴訟規則2条はさらに、原告の請求が従来はコモン・ロー、エクイティ、あるいは双方に起因するかにより手続的に区別していたものを、ほぼすべて統合した。こうした手続的差異を解消することには、訴訟原因がコモン・ローかエクイティのいずれであるかによって訴状や答弁書を書き分けることの重要性を失わせる意味があった。

　一般に、訴訟手続上の差異には、合理的で一貫した理由がない限り、コモン・ローとエクイティという古臭いレッテルに依拠するべきではない。コモン・ローとエクイティの統合により訴訟手続が統一され、訴えを提起する者は、請求原因がエクイティかコモン・ローであるかにかかわらず、請求を提起し、適切な救済を受けることができるようになった。さらに抗弁における手続上の制約も排除され、コモン・ロー上の請求に対してもエクイティ上の抗弁ができるようになった。コモン・ローの事件とエクイティの事件は、2種類の裁判所に分かれることなく、共に1つの法廷で審理できるようになった。

　コモン・ローとエクイティの統合は主に司法制度の効率化を主眼としていたため、手続の分野では一貫して統合が進められた。しかしそれ以外の分野では、裁判所はエクイティで認められる救済手段の柔軟さと公平性を維持するため、コモン・ローとエクイティの区別を維持し、強化してきたように見受けられる。エクイティはあまりに柔軟すぎるので、コモン・ローのなかに取り込むのを正当化しにくい。しかし、裁判官はコモン・ロー上の救済よりもエクイティ上の救済を認める方が、原告の訴えをより公平に取り扱うことができる。

38　イギリスでは中世以来、コモン・ローとエクイティは別々の裁判所によって判例法が形成され、異なる管轄として運用されてきた。アメリカ各州の裁判所では管轄を分けない法域が多かったが、訴訟手続の面で異なる扱いが残っていた。また連邦裁判所も1938年の連邦民事訴訟規則以前は、原則として州の訴訟手続に則って裁判が行なわれていたが、エクイティの分野ではエクイティ規則により手続が定められていた。1912年エクイティ規則により、訴訟手続上はコモン・ローとエクイティの区別はなくなったが、判例法国であるため、実体法上は両者の区別が残っており、その結果救済方法にも違いが出てくる。本節ではその違いが論点となっている。

2　コモン・ローとエクイティの法原則の間に残された違い

　コモン・ローとエクイティに今日でも残された違いは、詐欺、不実表示、違法行為といった実体法上の要素にある。これらはエクイティ上の救済の根拠として認識されているものである。加えて、原告はコモン・ロー上適切な救済がない場合でもエクイティ上の救済を認められる場合がある。しかしながら、エクイティ上の救済は、原告が「自らの手が悪に染まっていないこと（クリーン・ハンズ）」、つまり自らに責に帰すべき理由や過失がないと示せない場合には認められない。コモン・ローとエクイティの違いは、他にも出訴期限、訴訟手続を一時中止して中間上訴する権利、陪審審理を受ける権利などに残っている。

(1) コモン・ローにおける出訴期限とエクイティにおける消滅時効

　エクイティにおける請求の出訴期限とコモン・ローにおける請求の出訴期限の定めは異なる場合がある。請求の性質によりどの出訴期限が適用されるかが決まる。請求に対する抗弁は適用される実体法に従う。たとえば、コモン・ローの出訴期限に対応するエクイティ上の抗弁である消滅時効（laches）は、一部の州ではコモン・ロー上の請求に対する抗弁として認められるが、これが必ずしもすべての州で認められるわけではない。エクイティ上の消滅時効が認められるのは、抗弁する当事者が、請求を起こされるまで時間が経過したために不利益を被ったと示すことができる場合に限られる。それが示されない場合には、裁判所は、特定の場合にのみエクイティ上の抗弁たる消滅時効の主張を認め、コモン・ロー上の請求に対してエクイティの抗弁を認めない。裁判所は、出訴期限が争われた場合には、当該事案で問題となる法的論点に従って結論を出すことになる。

(2) 陪審審理を受ける権利

　陪審審理を受ける権利はコモン・ローの訴訟に付随する。会社の取締役や執行役が利益相反であるかまたは真の被告となる場合に株主が提起する代表訴訟は、エクイティ上の訴えである。その場合でも、訴えられた側がコモン・ロー上の抗弁を行なう場合には、陪審審理を受ける権利があることになる。当事者の陪審審理を受ける権利は、手続がコモン・ローかエクイティのいずれであるかによって影響を受けない。

陪審審理を受ける権利は次の2つの論点によって決まる。まず、原告の請求が歴史的にエクイティによるとされてきたものと似ているかどうかである。次に原告がエクイティ上の救済を求めているかどうかである。陪審審理は、訴訟で求められる救済の目的が、責任ありとされる個人を罰することにある場合に必要となる。今日の連邦裁判所では、コモン・ローとエクイティの法原則が統合されているので、株主代表訴訟には陪審審理を含めることができる。しかし、コモン・ローとエクイティの法原則が混在する場合は、裁判所が陪審審理を認めるかどうかを決める場合がある。

　株主は会社の権利を主張できる地位を有する。これには2つの条件がある。第1に、会社の取締役が会社の権利を主張するのを怠り（これは信認義務違反にあたる）、第2に、訴訟を起こした株主が公平かつ適切に全株主を代表できることが前提である。そのときだけ、株主は他の株主と会社を代表して、訴訟を提起することができる。これら2つの必要条件が満たされない限り、株主代表訴訟は提起できない。もし原告である株主が提訴を認められた場合は、訴えを提起する権利がエクイティに基づいていたとしても、会社のコモン・ロー上の主張について、陪審審理を求める権利がある。訴状がコモン・ロー上の請求権に基づくものであれば、陪審審理が保障される。

（3）中間上訴

　中間上訴[39]を求めようとする場合、当初の訴答書面の外形によって上訴できるかどうかが決められる。申立てがコモン・ローによる場合、訴訟手続の停止が申立て可能である。申立てがエクイティによる場合、訴訟手続停止の申立ての審理をエクイティ裁判所自らが命じることができないため、そのような申立ては審理されない。コモン・ロー上の請求とエクイティ上の請求が複合する場合、どちらの主張が優勢か（「主目的」テスト）、あるいはエクイティ上の管轄における伝統的な原則に従うか（「沿革」テスト）によって判別される。

　このように、コモン・ローとエクイティは同じ裁判所の同じ請求で共存しているが、その違いは完全に取り除かれてはいない。その相違が何に由来するか

39　第一審裁判所が最終的な判断を下す前に、訴訟中に中間的争点についてされる上訴。中間上訴を認めるか否かについて、伝統的にはコモン・ローとエクイティで扱いが異なっていた。現在では、原則としてこれを許さないが、例外的に制定法などの一定の要件や上級裁判所は裁量によって許すことを認めることが多い。

は引き続き重要であり、そのことはとりわけ信認法の分野に当てはまる。それはおそらく、エクイティ上の救済の必要性が、かなりの部分まで、信認法が依拠する論理と共通の根拠に基づくからではないかと思われる。つまり、信頼を不当に裏切ったことが認められる、また被告受認者に託されたものであって、受認者に帰属せずまた帰属させる意図もなかったような財産が不正に流用された、さらに道徳的な堕落に染まった行為が伴っている、といった論理が共通して認められる。

IX 託された財産だと知りながら財産を譲り受けた者の責任

　信認関係の重要な利点は、受認者が託された財産や権限をその所有者として扱うことができる点にある。これによって、受認者はより効率的にサービスを提供することができ、また信認義務違反があって、託された財産を善意の第三者が受領した場合にも、当該第三者を託した人の請求から護ることができる。このルールの趣旨は、託された財産の買主が、合理的な価格を支払い、その財産が信認義務違反により売却あるいは権利移転されたことを知らなかった場合には、当該買主を保護することである。そのような買主には取引を有効とする権利がある。しかし当該財産が信認義務違反によって移転されたことを知っていた買主は保護されない。

X 復帰信託

　復帰信託とは、「譲渡人が譲受人に財産の受益的権利を帰属させる意図がないにもかかわらず譲渡が起きた場合のエクイティ上の救済手段である」[40]。復帰信託は、財産を不正に取得した者に対抗する救済手段としての擬制信託とは区別される。次のような場合、復帰信託による救済となりうる。

　明示信託が有効に成立しない場合。第3次信託法リステイトメントによれば、

---
40 ｜ BLACK'S LAW DICTIONARY 1653 (9tn ed. 2009).

復帰信託が成立するのは、「ある者が……財産を譲渡したか、または譲渡される状況にした場合であって、(i)譲渡人の受益権の一部またはすべてが相手方に有効に移転せず（かつ譲渡人が明示的にそれを保持していない場合）、かつ(ii)財産の譲渡人が、譲受人に……残存した受益権を享受させることを意図しなかったとの推定が覆されない」場合だとされる[41]。たとえばAがBに財産を遺贈し、Cの存命中はCのために、そしてCの死後はCの相続人に財産を分配することとしたものとする。Cが相続人なくして死亡した後、Bは信託の残余財産をAの相続人のために復帰信託として保有することになる。信託の受益権が有効に移転しない場合としては、ほかにも永久積立禁止則[42]や永久拘束禁止則[43]に抵触する場合、あるいは受益者がその権利を否認する場合、または信託が信託財産を残した状態でその目的を完全に達成したような場合などがある。

　明示的に設定された信託が、それ以外の理由でも有効に成立しない場合がある。たとえば公序良俗に反する場合や違法な場合、詐欺防止法に従って設定されていない場合である。これらの場合にも、信託を設定するための譲渡が、当初はある形式の譲渡として行なわれ、後に別の形式によるものだということが明らかとなる。この場合には、財産の保有者による財産の扱いも別の形とならざるをえない。同様に公益信託も、信託の公益目的が特定の基準を充足しない場合や、それ以外の限定された例外事例に該当しない場合には、有効に成立しないことがある。不確定性によって明示信託が成立しないことがありうる。アメリカ法と同様にカナダ法も、不実表示や不当威圧、脅迫、あるいは要素の錯誤の結果として、明示的に設定された信託が成立しない場合があることを認めている。このような場合の救済として復帰信託を認めることにより、復帰信託

---

[41] Jennifer Liotta, Comment, *ERISA Fiduciaries in Bankruptcy: Preserving Individual Liability for Defalcation and Fraud Debts Under 11 U. S. C. 523 (a)(4)*, 22 BANK. DEV. J. 725, 731 n. 54 (2006).

[42] 不動産権を信託財産とする信託において、設定者が当該財産より生じる収益の消費を禁じこれを基本財産に組み入れるべしという制限を付けることができる期間を限定するルールのこと。

[43] ユース法（1535年）により、それまで認められなかったさまざまな権利設定が可能となった結果として、権利者が長く不確定となることを防ぐために確立した法準則。伝統的には、権利設定時に生きている者（life in being）の死後21年以内に、不確定な権利についてすべて権利者が確定することを必要とし、確定しない場合には当該権利が設定当初から無効であるとされた。今日では、イギリスやアメリカ各州でもこの要件を緩和する立法がなされている。

の受託者が委託者を犠牲にして利益を得ることを防ぐことができる。

　復帰信託は、財産の買主が売主に対し、財産の名義を第三者に帰属させるように指図した場合にも発生する。その場合、支払を受けた者は指図通りに財産を移転しなければならず、その意味で受託者となる。こうして、買主が購入した財産の名義を第三者に帰属させようとすることで、復帰信託が成立する。このような「購入資金の復帰信託」は特に慈善団体関連の訴訟でよく見られる。たとえば「全国的な宗教団体において、購入代金は一地方組織が出すが、名義は地域あるいは州レベルの代表組織が持つ場合」[44]、復帰信託が成立する。大抵の人は、何らの対価も受け取らずに財産を提供することはない。そのようなことをする明示的な意思表示がなければ、その慈善団体は購入者のために購入代金の復帰信託を保持することになる。購入者が復帰信託を望まない場合、慈善団体が所有権を有するとする意思を明示的に表明しなければならない。同様に、2人が共同で銀行口座を開こうとしたが、口座は開設されたもののいずれか一方の名義でなされた場合、口座名義人はもう一方の当事者の資金を復帰信託として保有しているものとみなされる。

XI　結　論

　信認法違反に対する法的な救済手段は、体系性を欠いているように見える。しかし、それら救済手段の拠り所を理解すれば、救済の内容がより明確となり、救済を選択したりそれを正当化したりするのに役立てることができる。多くの救済が拠り所とする第1の点は、信認義務の仕組みそのものである。裁判所は、信認義務と信認関係に基づき、それら義務の要素のなかからふさわしい救済を認める。擬制信託や復帰信託がその例である。信認義務違反に対する救済の第2の拠り所は、不法行為法である。これは特に、託された財産や権限の不正流用があった場合に当てはまる。その場合には懲罰的賠償が併せて認められる。

　裁判所による救済の第3の拠り所は、コモン・ロー裁判所と比較した場合のエクイティ裁判所の裁判所としての歴史である。これは特に陪審審理を受ける

---

[44]　Patty Gerstenblith, *Civil Court Resolution of Property Disputes Among Religious Organization*, 39 Am. U. L. Rev. 513, 554 n. 238（1990）.

権利と手続上の救済に特徴がある。第4の拠り所は近代的制定法である。制定法の定めが具体性を欠き不明確な場合には、裁判所は前述の3つの拠り所を援用し、立法者がこれらの拠り所に従って救済を導き出し、微調整を行なっただろうとの推定に基づき、法解釈を行なう。これらの判断基準は、信認義務違反に対する救済のあるべき方向を指し示してくれるであろう。

第7章　託すことと信頼を促進するうえで信認法が果たす役割

I　信頼の本質と役割

　他人を信頼するということには、多くの定義が存在し、それは記述の仕方や、何を重視するかによって変わってくる。本書では信頼を「相手が真実を語っており、その約束が果たされるであろうと、合理的に信じること」と定義する。信頼は人間関係を形造るものであるから、このような単刀直入な定義でも、人間や人間社会と同じくらい複雑だということになる。もっとも信頼とは、細かな定義がなくとも、ある程度までは「見ればわかる」ものである。

　一般に信頼とは、社会にとって欠くことのできないものであり、我々は、医師、弁護士、金融機関などの能力や倫理を見込んで製品やサービスを購入する際のように、他人を頼って生きている。信頼があるからこそ、我々は検証や保証に時間や費用をかけずに、他人に頼ることができる。確かに人間の動機がどこにあるかは、捉え方によって変わる。次の話で考えてみよう。ニューヨークのあるタクシー運転手は、ある乗客から乗車賃とわずかばかりのチップを受け取っただけであった。しかし運転手は、その乗客がダイヤモンドの指輪の詰まったカバンを車に置き忘れていったことに気付くと、何時間もかけて、その乗客の居場所を突き止め、指輪を返したのである。ここまで手間をかけたにもかかわらず、運転手は捜索にかかった時間による逸失額相当の謝礼しか受け取ろうとしなかった。このタクシー運転手を道徳心が高く信頼に値する人だと見る向きもあるだろう。一方、彼には他に選択肢がなかったと指摘する人もいるだろう。忘れ物をした乗客は、運転手の勤務先に連絡をする可能性が極めて高かった。彼がダイヤモンドを自分のものにしてしまおうと目論んだと疑われるのを避けるためには、乗客を見つけるしか選択肢がなかったのである。宝石を返すのは、早ければ早いほどよい。あるいは、彼は、世間からよい評価を受ける

ことがよいことだと考えており、それを受けたいと思った（そして受けた）のかもしれない。この2つの見方は、タクシー運転手を信頼するといったときに、2つの異なる見方がありうることを示している。1つは、彼は自制心が強く信頼に値する人間だという見方である。もう1つは、彼は自分の仕事を守り、盗んだ場合の法的な帰結を避けるために、信頼に値する人間として振舞わざるをえないから信頼できるという見方である。

　この話は故ロナルド・レーガン大統領がよく冷戦時代に引用していた「信頼せよ、されど検証せよ」というロシアの諺の具体例といえる。この表現は自己矛盾しているように思えるかもしれないが、信頼することは望ましいことである一方で、合理的な根拠なしに他人を頼ることは望ましいことではない、という点において正しいのである。「かように信頼は1つのパラドックスを提起する」[1]。つまり人は、生きていくには信頼し、かつ検証しなければならないのである。他人の助けを得るためには信頼しなければならない一方、他人から自らを守るためには検証もしなければならない。信頼が提起するもう1つのパラドックスは、個々人が専門化しなければならないということである。個々人は、専門化によって生み出される商品やサービスから満足を得るためには信頼しなければならない。専門家となるために、人は独立していなければならない（つまり信頼とは正反対）が、専門家となるために必要な専門性を高める時間を得るためには、他人を信頼しなければならなくなる。

　騙されるリスクと信頼してよい程度は、その時の社会のあり方と社会規範によって決まる。アメリカのe-Bayのオークションサイトでは、正直であることへの動機付けが設けられている。買手と売手は互いに相手方から採点される。点数が低くて評判が悪いほど、リスクが大きいことを示す。その結果、より低い価格で売り、より高い価格で買わなければならなくなるかもしれない。

　　信頼する必要があるか否かは、検証に要する費用と予想される損失によって決まる。たとえば新聞を買う時には、特に信頼する必要がない。というのも、買手は容易にその完全性と価格を検証できるからである。売手は、

---

1 | TAMAR FRANKEL, TRUST AND HONESTY: AMERICA'S BUSINESS CULTURE AT A CROSSROAD (2006).

信頼される必要がないので、誰かに保証してもらう費用もかからない。対照的に、投資家はミューチュアル・ファンドの投資助言者を信頼せざるをえない。なぜなら投資助言者の能力と倫理水準を検証するには費用がかかり、かつ投資家のリスクが高いからである。

　これらのパラドックスに対処する1つの方法は、信頼できる業界団体やシステムを通すことである。アメリカ人は個々の証券ブローカーや投資助言者、投資銀行家よりも金融システム全体を信頼し、個々の弁護士や裁判官、当局担当者よりも法制度全体に信頼を置く傾向にある。システムは個々人の特性によらないものであり、あるいは社会の総意を表すものと捉えられるがゆえ、個々人よりもシステムを信頼するのかもしれない。加えて、大勢の個人や団体の正直さを個々に検証するよりも、制度全体を信頼する方が、より効率的でもある[2]。

II　信頼の濫用や不正直に対する防御策

1　防御策

　不正直に対する防御策としては、道徳的行動、自己防衛、そして法の3つがあげられる。まず道徳的行動は、信頼された人が誘惑に対して自己を抑制することを意味し、自己防衛は、信頼する側の人が信頼の濫用を市場で制裁することを意味する。道徳的行動は「信頼せよ、されど検証せよ」のうち「信頼せよ」に関係し、自己防衛は「検証せよ」に関係し、法は両方に関係しうる。すなわち法は、信頼された人にとっては誘惑を防御するものとなり、信頼する人にとっては情報が伝わるよう求めることができるものである。

　このような防御策にはコストがかかる（すなわち、道徳は信頼された人にコストがかかるし、自己防衛は信頼する人にコストがかかる。法は社会全体にコストがかかる）。これら3つは、一つひとつで効果的でないかもしれないが、互いに支え合うことで、効果の度合いとコストが変化する。

[2] | *Id.* at 50–52, 55.

2 道徳

「本書の目的に照らすと、誤ったことをする誘惑をコントロールし、正しいことをしたいと思う人は、道徳的な人である」[3]。これには次の内容が含まれる。(1)人の信頼を裏切らない、(2)自らの利益のために人を誤導しない、(3)所有者の許可なしにその人の財産を持っていかない、(4)捕まりそうにない時であってもこれら((1)～(3))を行なわない。

道徳的な人は、強制されなくても自発的にルールに従う。そのような人は、自己抑制による対価、たとえば自分の弱さを律する権限など、を得ていると考えられる。また報酬や罰は、人に権限を与えるものではなく、強制されるべき人を他人のコントロール下に置くものであるということになる。したがって誰かを信頼しようとする人は、自発的にルールを守ろうとする人をそれ以外の人より信頼することになる。

道徳教育と「利己的な遺伝子」

子供は道徳的であれ(たとえば、嘘をつくな、盗みをするな)、特に、監視する人がいなくとも道徳的であれ、と教えられる。ここでいう道徳とは、「自己犠牲」というよりは「自己抑制」である。

人は生まれつき善人だったり悪人だったりするのであろうか、それとも環境によってそうなるのであろうか。複数の調査によると、人は生き延びようとする利己的な傾向を持つ(利己的な遺伝子)という。しかしそれは道徳と矛盾するものではない。人は生きていくために社会を必要とするが、社会はその構成員が社会に貢献することなく社会から搾取するだけであれば、存続しないだろう。

「リーダーシップと道徳的圧力が道徳的行動を決定しうる」[4]。ジムバルド教授[5]によるスタンフォード大学での刑務所の実験では、22人の男性に囚人か看守の役が割り振られた。看守の幾人かは囚人に対し冷酷で乱暴となり、その役柄に楽しみすら感じている者がいた。そのような看守たちは、囚人に対し強くあたらないことは弱さの表れだと考え、自らは乱暴をしない看守たちもそれを止めなかった。

3　　*Id.* at 106.
4　　TAMAR FRANKEL, FIDUCIARY LAW 309 (2006).
5　　アメリカの心理学者。スタンフォード大学名誉教授。スタンフォード監獄実験の責任者として知られている。

不正直な行動を防止するための法の役割は、想像以上に大きいかもしれない。実験を通じて被験者の脳の活動を調べた最近の調査では「正直で道徳的な意思決定は、誘惑に対する積極的な抵抗によってではなく、誘惑がないことによって決定される」と結論付けられている。「正直に行動した人には、その正直な行動を選択する際に、制御された認知プロセスが追加的に働いた形跡が見られなかった。また、それらの人が不正直によって利得を得る機会を利用することを差し控える選択をした際に、そうした機会がない状態との対照実験との比較において、神経活動が追加されることはなかった。……不正直な行動は、認知を制御する脳の部位の神経活動に関連していた。……さらに、これら制御に関連する部位の活動パターンは、不正直な行動の頻度に個人差があることと相関していた。しかし、先行研究とは逆の結果なのであるが、認知制御に関する脳内活動は、嘘をつくこと自体ではなく、特定の場面で嘘をつきたいと思って個人の正直さが制限されることと最も強く相関する」[6]。もしこれらの結論が正しければ、受認者が直面する誘惑はとても強いから、行為者が誘惑に直面しない場合に比べて、不正直さを抑止する力が強くなくてはならない。驚くなかれ、信認法は受認者が（好むと好まざるとにかかわらず）正直であり続けるうえで、決定的な役割を果たしているのである。

3　法と文化

1930年代の禁酒法に見られるように、法とは自発的な法令遵守によって成り立つものであり、大半の人々が従わなければ効果がない。発覚して刑罰を受ける可能性は低くても、人は法に従う。

自発的に法令を守ることは強制することができない。道徳も法もそれだけでは文化を変えることはできない。道徳には文化を変えるほどの強制力はないが、手助けにはなるかもしれない。また、法が文化全体に強制力を持つことはありえない。

会社や団体は、内部的な方針という形で事実上の法を有しており、これを報酬や制裁が支えている。こうした組織の文化は、経営トップによって決定され

---

[6] Joshua D. Greene & Joseph M. Paxton, *Patterns of Neural Activity Associated with Honest and Dishonest Moral Decisions*, 106 Proceedings of the Nat'l Academy of Science 12506, 12509 (2009).

る部分が大きい。たとえば、経営トップが浪費好きか質素かだけでも、他の従業員が法に従うべきか否か判断するきっかけとなりうる。

(1) なぜ大抵の人は法に従うのか？

　人が法に従う理由は、いろいろある。1つには、刑罰に対するおそれが考えられる。この見方によれば、法や捜査、刑罰を強化することが遵法文化につながる。

　他方、人は相互関係によって、つまり他の人が法に従っていると信じることによって法に従う、という見方もある。同僚が法に従っているのを見て法に従うというのも同じことだ。さらに、ある集団の構成員が法に従っている場合、違反した者は烙印を押されることになるだろう。他方、集団の構成員が法に従っていない場合は、違反者が仲間外れにされることはないだろう。

　立法者や会社のリーダーは、自らどのような文化を作るかを決め、それを広める。彼らの法に対する姿勢は、社会が法に従うか否かに影響を与える。もし彼らが法を非難したり、けなしたりすれば、誰も従わなくなるだろう。事実、政府権力者に不適切な動機がある、たとえば彼らが「企業犯罪者」によってコントロールされていると疑われる場合には、人々は法には従わないだろう。

(2) 法はどのようにして変わるか

　法の変化は、現在は強制力を与えられていない法に強制力を与えたり、あるいは法律には含まれていないが社会が従っているルールに強制力を持たせたりすることにより、実現する場合がある。世論は民間の受認者（会社の経営陣など）や公的な権限を持つ者（立法、行政、司法関係者）といった権力者たちに対し、社会的圧力をかけることができる。

　法律のなかには空文になっているものが多くある。社会の文化が変化したとき、これらの法は廃止されていなくても、ほとんど適用されなくなる。一方、法律にはなっていなくても人々が従っている各種ルールも存在する。世論はこれらを強制するための十分な圧力となりうる。

　2008年以降、法とその適用について変化が起きる可能性がある。それまでの30年間は、信認法の強制力は緩和され続け、それは特に力の強い民間の受認者に関し、顕著であった。2000年初頭に企業の不祥事や詐欺が噴出した後ですら、その傾向は続いた。一般市民から資金を何十億ドルも預かる強力な受

認者たちは、自らの考え方や行動を改めようとはしなかったのである。経営している企業が倒産するような状況であっても大企業の経営者たちは（誰もがそうではないにせよ）自らの個人的利益をひたすら気にしている。2008年の金融危機以降においても、これらの強大な力を持った受認者たちは、その生活様式や態度を変えることはなかった。しかし政治権力や世論において、何かが変わってきた。この変化が民間の受認者たちに、徐々に変化をもたらした。たとえば、投資銀行ゴールドマン・サックスの経営トップは、2009年、会社自体は利益を出しているにもかかわらず、ボーナスを放棄した。キャタピラ社とその従業員の401Kプランの手数料に関する和解事件で、会社は、さまざまな方法で従業員からの預り金から利益を得ることはやめると約束した。しかし闘い（おそらくは戦争）はまだ終わっていない。商工会議所は連邦議会に闘いの場を移してきている。権力が集中した民間経営者たちが支えとしてきた議論は、「我々がAIGに関して知っていることに基づくと『大きすぎて潰せない』金融機関というが、本当にそうなのかどうか、定かではない」[7] という程度の話なのである。政府により任命された報酬査定官（compensation czar）が、役員報酬の削減に向けて準備を進めている。大株主は何人かの取締役を取締役会に任命する権限を持ち、役員報酬についておそらく何らかの発言権を行使できるようになるかもしれない。また民間の保険会社に対しても同じような圧力がかかりつつある。こうした展開においては、強力な世論がまず最初に現れ、インターネットや出版物を通じて発信されてきた。これに立法が続き、裁判所も同じように少しずつその見方を変えていくことになるであろう。

III　議　論

　信頼については、いくつかの考え方がある。1つ目は心理学的な観点から見るアプローチであり、人は、なぜ、どうやって他人を信じたり、信じなかったりするのであろうか、というものである。2つ目は、真実性と信頼性を検証することの費用対効果の観点から見るものである。3つ目は、社会全体の利益と

---

7 |　Hal S. Scott, *Do We Really Need a Systemic Regulator?*, WALL ST. J., Dec. 11, 2009.

いう観点から見るものである。個人が（集合的に、あるいはバラバラに）自己の利益を追求することが社会全体としての最善の利益を表していると信ずるならば、個人の利益の集合が社会を表すものと見ても十分であろう。しかし、もし社会の利益が、必ずしも個人の利益あるいは個人の利益の集合と一致するわけではないと考えるならば、我々は社会の利益を、別途考察しなければならず、その社会の利益を個人の利益と比較考量しなければならない。

　信頼に関する問題は、これら３つの見方が、それぞれ他の見方と相互に影響し合うがゆえ、さらに複雑になる。信頼に値するということを、望ましい水準で実現し、それを実践させるのは、心理的方法や経済的方法、あるいは社会的方法を使うことによってである。そして、これらの構成要素の相互関係は時と共に変化する。また、法は人が信頼に値する行動をとるように仕向けることもあるが、一方で、受認者が正しい行動をしているのは、その者自身が信頼に値するからではなく、法の制裁を恐れるがためだということになりうるので、不信を増加させることにもなる。信頼と不信が互いに混じり合うものだということは、これまでも認識されてきた。しかし少なくとも、その間に明確な線を引くことなしに、相反する方向性を可視化することは難しい。ジェニファー・ハルパーンは、人間の相互関係の根底には「構造や筋書き」があるという仮説を立てた[8]。たとえば友人同士または未知らぬ者との交流、あるいはパートナー間の取引などがその例である。そこには、将来の関係に対する相互理解、「関係を持つ当事者が互いに『好意』を持つこと」、そして「平等な関係を作り、互いに進んで情報を開示し、将来に向けたやり取り」を実現していく、といった筋書きを見出すことができる。人が友人と取引をする時は、知らない人と交渉する時ほど厳しい交渉をしないであろうし、友人から物を買う時は通常より高く買い、友人に物を売る時は通常より安く売るだろう、と期待される。したがって当事者が友情と信頼を維持したいと望むのであれば、商取引が成立する頻度も高まっていくであろう。

　ラリー・リブスタインは論文のなかで次のように述べている[9]。「信頼は一

---

[8] Jennifer J. Halpern, *The Effect of Friendship on Personal Business Transactions*, 38 J. Conflict Resol. 647, 648-49 (1994).
[9] Larry E. Ribstein, *Law v. Trust*, 81 B. U. L. Rev. 553, 553-55 (2001).

種の社会の接着剤のようなものであり、人々が安い取引コストで関係を持つことを可能にする。信頼している人々が互いに協力するのは、それが生来の資質であるから、または協力し合う社会を作ってきたからであり、信頼を保証するために費用のかかる構造が築かれたからではない。これは、信頼があれば、生産のための投資が増え、社会の富も増えることを示している。したがって、法のルールが信頼に寄与しうるものかどうかを考えることは、論理的なことである」。「しかし信頼が重要だからといって、そのために契約の自由に代えて強行法規的なルールを導入することが直ちに正当化されるわけではない」。たとえ規制をすることで当事者間に信頼関係が醸成されたとしても、コストとなる制約要因を減少させ、富の増大につながるような信頼が形成されるとは限らない。信頼を増大させようとして強行法規的なルールを設計しても、それがどんな形であれ、意図と正反対の結果を生むこともありうる、というのである。

　リブスタインの結論は、社会とその構成員は経済的アプローチに導かれつつ、契約関係を結ぶことでより豊かになっていくだろうと示唆する。このアプローチは、人間の行動は個人の費用と利益によって導かれる、ないしは導かれるべきだということを前提としている。法が信頼や信頼関係を高めることができるかどうか、またそれがどの程度できるのかといった議論にはおそらく終わりはないが、はっきりしていることは、信頼は社会にとって重要だということ、そして信頼の濫用が今後も続くだろうということである。本書でとりあげたさまざまな題材から得られる示唆とは、信認法が、託された人が信頼を濫用したくなる誘惑を制限するのに、一定の役割を果たしているということである。したがって、人が人を信頼し合える文化を守り、それをさらに高めていくために、法が一定の役割を果たしているのである。

エピローグ

　今まで述べてきたように、信認法は、託すことに関する法である。つまり、財産と権限を託すことによって、託す人と社会の利益になるようにするための法であって、民間の個人や組織が受認者である。しかし、本書を終える前に、同じように託す人と社会の利益のために財産と権限を託すことを扱っているもう1つの法分野があることに光を当てなければならない。それはアメリカ合衆国憲法とそこから派生した法分野で、公共部門における政府機関の権限を対象とする法である。いわば、アメリカ合衆国憲法（United States Constitution）は公的権力（public power）に関する信認法であり、一方で、民間の信認法は私的権限（private power）に関する憲法（constitution 権力を構成する法）なのである。

　民間の受認者と政府の官吏には多くの共通点がある。受認者を規律する法と官吏を規律する法は、機能も託されている対象も異なるものの、同様の問題を扱っており、両者の法制度における基本理念は似ている。すなわち、託されたものが濫用されることを防ぎ、専門的なサービスが真摯に実行されるようにすることである。さらに、この2つの法分野は、互いに参照し合ってきた。会社のような民間の組織構造は、地方政府のモデルを反映している。アメリカ合衆国憲法の起草者は民事の信認法に精通していたのであり、信認法を参考にした。

　民間・公共の両部門において法が目指しているのは、託されたものが濫用されるのを防止することである。政治の分野においてアメリカ合衆国の民主主義は、統治に関する主要な構造上の特徴として、権力の分立を採用している。これは絶対的な権力に対する恐怖に基づくもので、時に効率性を犠牲にすることさえある。以下の独立宣言からの引用は、このことを述べている。

　「我々は、以下の事実を自明のことと信じる。すなわち、すべての人間は生まれながらにして平等であり、その創造主によって、生命、自由および幸福の

追求を含む不可侵の権利を与えられているということ。こうした権利を保障するために、人々の間に政府が樹立され、政府は統治される者の合意に基づき正当な権力を得ること。そして、いかなる形態の政府であれ、政府がこれらの目的に反するようになったときには、人民は、政府を改造または廃止し、新たな政府を樹立し、かかる原理をその基盤とし、人民の安全と幸福に資すると思われる形で、権力構造を組織する権利を有すること」[1]。ここで表現されているのはまさに信認関係であって、託された権限の行使をコントロールする法規範である。

ロバート・G・ネイテルソン教授は、強くに主張している。「アメリカ合衆国憲法は、信認関係を定めた文書として着想されており、実行可能な範囲において受認者の規範を取り込んだものである。……その目的の1つは（これは非常に重要なものであるが）、アメリカのために、私法における受認者と同じように行動する連邦政府を採用することであった」と。以下における引用は、すべてネイテルソン教授の優れた研究からの再引用である[2]。

政府権力は人民のために託されたものだという発想は、アリストテレスやキケロ、プラトンの「国家」に遡る。「プラトンによれば、国家の目的は社会全体の利益を促進することであり」、社会の守護者は自らの利益よりも社会の利益を優先させるべきだとされる。ジョン・ロックは「市民は政府に一定の権力（委譲可能な権力）を委譲し、それによって市民はその後も保有し続ける権力（委譲不可能な権力）をより一層享受することができる。そして政府は託された権力を適切に行使する信認義務を負う」と指摘した。

公共の信託（public trust＝国民の負託）という発想は「アメリカに移植された。1662年、イギリス国王チャールズ2世は、アメリカ、ニュー・イングランドのコネチカット植民地の入植者の利益のための信託として、植民地総督と植民会社に特許状を授与した。そして独立宣言が採択された後、ほとんどの邦の憲法の起草者たちは、同様に、公共の信託という理論を用いた[3]。いくつも

---

1 | The Declaration of Independence para. 2 (U. S. 1776).
2 | 本章において、以下の「 」を付した部分は、別段の注が付されていない限り、Robert G. Natelson, *The Constitution and the Public Trust* 52 Buff. L. Rev. 1077 (2004); *Judicial Review of Special Interest Spending: The General Welfare Clause and the Fiduciary Law of the Founders* 11 Tex. Rev. L. & Pol. 239 (2007)からの再引用であるが、引用頁の掲載は省略した。

の邦における憲法が、公の官職と同義語として『信託』や『公共の信託』という言葉を使用した」。「総督および植民会社は、現在の構成員の受託者としてだけでなく、将来、植民地で自由身分の居住者となる人々のための受託者としても役割を果たすものとされた。翌年、ロードアイランド植民地に発行された特許状にも公共の信託という言葉が使われ、1732年のジョージア植民地の特許状も同様であった」。

　建国の父たちは「民間・公共、いずれの部門においても」信認法の規範に精通していた。民間部門と公共部門の受認者は、そのルールに基づき「それぞれの権限の範囲内において」のみ行動することができた。受認者は、「別段の定めがない場合、自らの権限を自分自身で行使しなければならず、忠実に、注意深く、公平に役割を果たさなければならなかった。権限は明示的に付与されることも黙示的に付与されることもあったが、権限の付与は狭く解釈された。裁判所は、信託違反に対し、違反行為を無効にすることを含め、多様な救済手段を通じて救済を図った」。

　さらに、「政府の官吏は奉仕する人たちに対して公平義務を負うという根本的な規範は、政府業務に関わる受認者の理想像の一部として、アメリカ合衆国憲法が起草され、議論され、承認される以前から広く認められていた」。「1787年に憲法制定会議が開催された時、ほとんどの邦の憲法にはすでに受認者という文言が含まれていた。アメリカ合衆国憲法の批准の是非に関して開催された州会議においても同様であった」。「バージニアの憲法会議では、アメリカ合衆国憲法は辛くも承認されたが、『すべての権力は当然の理として人民に賦与されており、したがって人民に由来する。行政官は人民の受認者でありかつ公僕であって、常に人民に対して責任を負うものである』という宣言を含む『権利章典』を付加すべきとの付帯決議がなされた」。「合衆国憲法は、それ自体に数

3　アメリカ独立宣言は、13の植民地がそれぞれ主権国家（state）として独立を宣言するものであった。この時のstateを一般に「邦」と訳している。しかし、独立を達成した後に13邦の連合という形での統治が行き詰まりを見せたため、より強力な連邦国家を樹立する必要があるとの声が高まった。その是非を論じたのが1787年の憲法制定会議であり、そこで採択されたのがアメリカ合衆国憲法である。この憲法が成立するには、9つの邦による批准が必要とされたので、その後それぞれの邦において憲法会議が開かれ、批准の是非をめぐり議論がなされた。最終的に必要な9つの邦による承認がなされ、1788年にアメリカ合衆国憲法が成立した。この憲法成立後のstateは一般に「州」と訳される。

か所において『公共の信託』という文言を用いており、公の官職を『信託』として言及している」。

建国の父たちは「政府は信託を実行するために十分な権限を授与されるべきであると考えた。しかしながら、大きな権限を与えすぎないように注意が払われるべきである。ペンシルバニア・ヘラルド紙は、すべての権力は人民から人民自身の利益のために委譲されたものであり、目的を遂行するために必要となる以上の権限は授与されるべきではない[4]という見解を述べた。連邦派と反連邦派の双方とも、制限された権限の範囲を逸脱した官吏の行為は公共の信託に反するものだという考えでは一致していた」。

さらに、「官吏が注意義務を負うこと」についても異論はなかった。官吏は、「その職務を執行するために十分な知識」を有しなければならず、「軽率な行動」を制限されなければならなかった。執行府は「有能な代理人」を選任する義務を負っている[5]。そして、その職務の遂行には、「民間で適用されるよりも高い注意義務」を要するものである。

「アメリカ合衆国憲法の草案には、連邦政府の官吏に関して可能な限り利益相反を排除し、人民に対して忠実であるようにさせることを意図したさまざまな規定が設けられた。さらに、上院議員および下院議員は執行府に勤務してはならず、辞職後も、新たに設立または強化された執行府の役職を引き受けてはならないとされた[6]。これと併せて、大統領と議会との癒着を防止するため、立法府は大統領の在任期間中、大統領の報酬を変更することもできない[7]。大統領が外国と癒着する機会を減らすために、出生によりアメリカ合衆国市民となった者だけが大統領の地位に選出されうるとされた」[8]。上院議員に関しては、年齢と居住要件についても制限がかけられた[9]。党派による腐敗の可能性を減らすために、大統領は、起草者が考案しうる最も公平な方法で選任されるべきとされていた」。

4 | *Editorial*, PA Herald, June 9, 1787.
5 | Nathaniel Gorham, Journal（July 18, 1787）.
6 | アメリカ合衆国憲法1条6節(2)。
7 | アメリカ合衆国憲法2条1節(7)。
8 | アメリカ合衆国憲法2条1節(5)。
9 | アメリカ合衆国憲法1条3節(3)。

論　争

　ロバート・G・ネイテルソン教授による論文「アメリカ合衆国憲法と公共の信託」が公表された後、少なくとも1人の論者が、彼の受認者モデルに部分的に異論を唱えている。ネイテルソン教授もまた、その後の論文で、受認者の裁量権の行使に関して基準を提示した。すなわち、「建国の父たちの信認法は、受認者の権限を創設する文書が裁量権を認めている場合、その裁量権は当該文書に明記されているガイドラインの範囲内で行使されなければならない。文書が受認者に『受認者が適当と考えるように』行動する権限を与えている場合のように何らの根拠も明記されていない場合には、受認者は、公平性の原則から明らかに逸脱する際には、正当な理由を示さなければならないとされた」。したがって、この考え方によると、アメリカ合衆国憲法に明記されていないものはすべて行為者の裁量にゆだねられていたが、その例外として、当該行為者は、自己の行為がアメリカ合衆国憲法の一般原則に沿っている、あるいは一般原則を実行しているものであることを示し、正当化しなければならないとされたのである。公共の政治の分野においても契約を強調する動きが登場してきた。何よりも、共和党が政権を握った時に提示したのが「アメリカとの契約」であった。その後、民主党のクリントン大統領は「アメリカとの誓約」を提示した。しかし、これらの言葉の使い方はいずれも適切だったとはいえない。人民の意思に従うことを約束するという表現がより適したものであったであろう。願わくはこれが2つの文書の意味することであってもらいたいものである。

　民間の受認者と政府の受認者との類似は顕著である。この2つの権力保持者は互いにバランスをとっている。民間の権力が強くなると、それは政府の権力を上回りかねない。しかし、民間の権力が自らを制御せず、経済や金融システムを過度に害する結果になれば、政府は規制を強めようとする。大恐慌時代、フランクリン・ルーズベルト大統領は、労働者や金融システムに財産などを託す人々を保護し、民間の受認者に制約をかける法案を数多く議会に提出し、連邦議会はこれらを成立させた。こうした受認者を抑制する法律は、過去30年間で徐々に骨抜きにされたが、そうしたなかでの有権者の反応は、これまでと

大きく異なる大統領を選ぶというものであった。そして、より厳しい規制や説明責任が民間の受認者に課せられつつある。

　この国の繁栄は、政府や民間の受認者へ託すことにかかっている。この国の人々の自由と福祉は、政府と民間の２種類の受認者がきちんと説明責任を果たすか、そして受認者が託された財産と権限を濫用するのを防止できるかにかかっている。実際、政府も民間部門も、それぞれの活動領域において、グローバルな取引に絡む類似の問題に取り組んでいる。

　信認法について民間・政府を問わず見解が分かれるのは、従うべき原則についてではなく、ラインをどこに引くべきかについてである。いかなる種類のものが託され、どの程度のものが託されれば、法的な制約がかけられるべきであろうか。世論の圧力や価値観など、法に代替し、かつ法よりも効果的な制約手段はあるだろうか。受認者が誘惑に駆られたり、自分に利益を受ける権利があると感じたりするのを押しとどめるには、どのような制度的制約が望ましいだろうか。法は託す人にどのような種類の保護を提供すべきで、託す人が自らの利益を自分で守るべきとされるのは、どのような場合だろうか。政府の公権力の行使に際しての説明責任と比較して、民間の権限行使における説明責任はどう異なるのであろうか。そして、イノベーションに必要な自由は、法の介入とのバランスをとりながら、どのように維持され促進されるべきであろうか。託された権限（民間と政府の別を問わず）が肥大しすぎたとされるのはどの時点であろうか。それはいつどのようにして制御されるべきであろうか。これらはすべての社会にとって永遠の課題であるから、われわれはこれらの問題をじっくり考え、歴史から学び、過去の教訓を現在の環境と比較することができる。

　一般に、答えは、託されたものの範囲と性質、託された信頼の濫用のおそれ、そして民間および政府の権力保持者を制御するメカニズムによって異なるだろう。公的な分野において、我々には、説明責任を構築してきた長い伝統と経験がある。しかし民間の大きな力を持った者に関しては、理解が不十分で、経験も乏しい。無制限の民間権力に対する１つの防御壁は法である。民間でもこれを制御するメカニズムが少し現れてはきているが、その効果は誘惑や野心を制圧するのに十分強いものではない。民間権力に政府の統治構造を反映させた抑制と均衡の体制は1930年代に確立された。たとえば、1933年グラス・スティ

ーガル法や反トラスト法といった法律がそうであるが、この2つの法律は、とりわけ無制限で制御不能な権力につながる大規模な民間組織を抑えるために制定されたものである。しかしながら、これらの仕組みは1980年代以降、ゆっくりと解体されていった。2008年と2009年の歴史を踏まえると、民間の権力が、個人の弱い権力として捉えられることはなさそうである。託された財産や権限のとてつもない集中が、政府の介入から保護される必要があるものだと考えられることもなさそうである。

　2010年以降は、政府と民間の権力保持者が激しく衝突することになるかもしれない。民間部門自らが権力を分散し、託された信頼の濫用を防ぐ強力な防壁を築くことができなければ、信認法が憲法と並んで最も広く活発に用いられる法分野の1つになるだろう。信認法が憲法からいくつかのルールを採用し、逆に憲法が信認法のルールを採用することもあるだろうし、場合によっては、互いに他方の構造を採用することもあるかもしれない。2つの分野におけるルールに差異が残っても、それぞれのイメージは、権限が託されたかたちでゆだねられるという構造に変化をもたらし、より強固なものにするであろう。この予想は比喩的で明晰さに欠けるように思われるが、信認法の将来の発展のために、アメリカ合衆国憲法の基本原則、また場合によってはいくつかの具体的な仕組みにも、関心が向けられることであろう。

事項索引

あ
アドラー，ロバート・S（Adler, Robert S.）……203
アメリカ合衆国憲法………………………279-285

い
E・F・ハットン（E. F. Hutton）社の小切手詐欺
　……………………………………………………230
医師……………………………42-43, 135-140,
　　　　　　　　　　157-162, 173, 184, 247
　──と利益相反…………………………112-114
イスラム法（シャリーア）…………85-87, 90-91
インサイダー情報・取引………20, 72, 120, 163,
　　　　　　　　　166, 184, 256, 261, 262
インフォームド・コンセント………………………207

う
ウィリストン，サミュエル（Williston, Samuel）
　……………………………………………………226
運用助言書（advisory letter）………………210

え
永久拘束禁止則・永久積立禁止則……………267
エクイティ………………………………262-266
　会社法に関する──上の権利主張…………265
　──規則（連邦裁判所）（Equity Rules of 1912）
　……………………………………………………262
　──上の消滅時効……………………………264
　──と陪審審理を受ける権利…………264-265
　──の抗弁……………………………………252
エクイティ上の救済手段………………257-259
　──としての原状回復………………………258
　──としての特定履行…………………258-259
エシュヌンナ法…………………………………82
エリサ法──従業員退職所得保障法

お
雄牛の清算ルール………………………………82
横領（使い込み）
　犯罪としての──と信認義務違反
　……………………………………35, 214, 261
　──と刑事没収………………………………261

か
オーストラリア連邦控訴裁判所…………3, 72, 119

海外腐敗行為防止法（Foreign Corrupt Practices
　Act（FCPA））……………………………169-170
会計士
　──の専門家サービスとビジネス……………136
　──の利益相反…………………………114-116
会計報告義務……………………………………131
会社──→会社法／非営利団体
　「契約の束」としての──……………………233
　公開………………………51, 70, 203, 210, 212, 217
　──の解散……………………………………260
　──の社会的責任……………………………126
　──の利益と経営陣の個人的嗜好
　……………………………………………126, 160
会社法……………………………98-99, 178, 196
改正模範非営利法人法（Revised Model Nonprofit
　Corporation Act）……………………………123
仮想空間における財産…………………………24
家族………………………………………………93
カテゴリーが変わることの公平性………229-230
カードーゾ裁判官（Benjamin N. Cardozo）
　………………………………………20, 50, 245
監査人……………………………………89, 115
官職………………………………22, 116, 281-282
看板理論…………………………………………48

き
議決権信託………………………………………78
基準，原則とルール………………………106-108
擬制信託
　救済としての──………………………253-254
　──の下にある財産……………………254-255
救済………………………………………249-257
教会の裁判権……………………………………95
強行規定……………………………197-202, 210, 231
教師………………………18, 36, 116, 136, 172
行政紛争解決法（Administrative Dispute
　Resolution Act）………………………………55
強迫………………………………………………228
ギルモア，グラント（Gilmore, Grant）………227

銀行
　　——が貸手として受認者になる場合………… 63
　　——が受託者になる場合……………………… 42
　　——が受認者にならない場合………………… 11
　　——による借入人の情報の利用……………223
　　——の信託部門の利益相反……… 117-119, 151
金融仲介機関と金融制度の信認関係………… 37

く

グラス・スティーガル法（Glass-Steagall Act of 1933）……………………………… 118, 284
クリーン・ハンズの原則………………… 252, 264

け

経営者資本主義………………………………241
経営判断原則……………… 69, 126, 130, 196, 246
刑事法上の制裁……………………………261-262
刑事没収……………………………………261
契約
　　建築請負——と信認関係の比較……………… 27
　　託された財産を流用しない——……… 235-236
　　——関係を築く自由…………………… 90, 197
　　——モデル……………… 133, 215, 232, 234
　　——違反……………… 238-240, 250, 252-255
　　効率的な——……………………………238
　　——で十分とされる場合…………………… 40
　　——と信認義務違反の対比…………………106
　　——に対する原状回復……………………258
　　——による差止命令で十分とされる場合……252
　　——の救済と信認義務違反の救済の違い
　　　…………………………………… 250, 254
契約法
　　——と信認法の類似点と相違点
　　　……………………… 214-216, 236-240
　　——の義務………………………………237
　　——の不法行為化…………………………… 61
ゲッツラー，ジョシュア（Getzler, Joshua）……… 4
権威の印………………………………… 23-24
原状回復………………………… 83-84, 257-258
　　契約法上の——…………………………239
権利侵害………………………………………241
　　——と信認関係の類似点……………… 241-242

こ

公共信託（一般市民の信頼）………… 64, 127-128, 129-131, 280-283
公共の利益…………………………… 247-249

小切手両替商（Check-cashing Institutions）… 57-58
コモン・ロー………………………… 3, 262-266
　　取締役が会社の権利を主張することを
　　　怠った場合の——上の主張………………265
　　——上の公共信託法理……………………127
　　——上の出訴期限…………………………264
　　——上の所有権……………………………… 12
　　——とエクイティの統合…………………262
　　——と制定法の関係………………………186
　　——とユース…………………………… 75, 98
　　——と連邦法……………………………… 50
　　——における陪審審理を受ける権利… 264-265
コモン・ローとエクイティ法（Law and Equity Act of 1915）………………………………262
コーラン…………………………………… 85, 90

さ

財産権………………………………… 14-17
　　——の社会的な認識………………………… 15
　　——の定義…………………………… 14, 18
　　——を託すこと………………………… 18-20
「最善の利益のために」の基準（Best interest test）
　　……………………………………… 150-152
裁判所
　　代理同意人としての——…………………213
　　——による公共の利益への考慮……… 247-249
　　——による裁量の行使………………… 244-249
　　——の「積極主義」と自己抑制……… 245-247
　　——の不干渉主義…………………… 214, 246
　　——の利益相反……………………………116
詐欺防止法……………………………………267
差止命令………………………… 250-253, 259, 262
サーベンス・オクスリー法（Sarbanes-Oxley Act）
　　……………………………… 143-144, 178
サリカ法……………………………………… 96

し

事業組織
　　ユダヤ法における——……………………… 87
　　ローマ法における——……………………… 93
資金運用者………………………… 45, 190-191
自己執行義務………………………………132
市場が託す人の危険を減らさないこと…… 30-35
慈善団体………………………………… 122-123
シティグループ・グローバル・マーケッツ・
　　オーストラリア………………… 72, 119-120
自発的な無償のサービス……………………234

ジムバルド教授のスタンフォード大実験……273
社会契約…………………………………217
従業員退職所得保障法（エリサ法）… 1-2, 186-188,
　　　　　　　　　　　　251-252, 260
　　──による免責………………… 188-189
　　──の信認関係を定義する要素………1-2
　　──の懲罰的賠償……………………260
受託者……………………………………245
　　擬制信託の──……………………253
　　──と会社の取締役との違い………50
　　──の忠実義務…………………83-84
　　──の定義……………………………44
受認者
　　新たに登場してきた──………53-62
　　裁判所による──の認定……………67
　　準──…………………………………69
　　伝統的な──…………………… 42-52
　　──による自己抑制の仕組み… 119-121
　　──のサービスの事前特定…………28
　　──の報酬…………………… 132-147
遵守義務…………………………………124
証券取引委員会……………33, 47-50, 121, 143,
　　　　　　　　　163, 190, 205, 212-213, 252
証券取引所法（Securities Exchange Act of 1934）
　　──規則10b…………………171, 251, 261
　　──による刑事法上の制裁…………261
　　──による差止命令…………………251
　　──による利益の返還による救済… 256-257
情報開示（義務）………………204-206, 209-211,
　　　　　　　　　　　216, 235, 237, 245
情報の非対称性（受託者と託す人の）…………234
シルバースタイン，エリオット・M（Silverstein,
　　Elliot M.）……………………………203
新古典派…………………………………226
信託──→受託者
信託基金……………………………………50
信託証書法（Trust Indenture Act of 1939）………42
信認関係
　　──を新たに認めるプロセス………222
　　──を契約的なもの（contractarian）とする考え
　　……………………………………232
信認義務
　　制定法における──……………185-196
　　代理人の──…………………………111
　　同業者が損害を生じさせることを
　　　防ぐという──…………………160-165
　　取締役の──………………………176

人間の本質と──………………… 102-104
弁護士の──………………………… 162-165
利益が相反する託す人に対する──… 179-184
──違反の主張に対する防御………… 184-185
──としての注意義務→注意義務
──としての忠実義務→忠実義務
──と社会に対する義務→公共の利益
──の基準，原則とルール………… 106-108
──の構造と特徴………………… 108-109
──の焦点……………………………109
──の発生………………………… 105-106
──の免除……………………199, 202-209
──の歴史的背景…………… 74-78, 80-98
信認義務違反
　　横領の罪と──……………………261
　　──の救済………………………250, 254
信認法
　　──と契約法の類似点と相違点
　　……………………………214-216, 236-240
　　──の原則……………………………8
新約聖書…………………………………84-85

す
スカルピング……………………………205
ストライン，レオ（Strine, Leo）………43-44

せ
清算と返還
　　託された資金の──………………255-257
　　利益の返還による──……………255-257
　　──と損害の原状回復……………257
誠実義務……………………69, 131, 226, 231, 237
政府の規制当局が代理同意人になる場合………213
専門家
　　──である受認者の特徴………43-44
　　──と公益…………………………160
　　──のサービスのビジネス化………136

そ
贈与………………………………9, 201, 212
ソシエタス・ププリカノルム……………93
損害賠償…………………………………250
　　原状回復としての──……………257

た
対人的（in personam）……………………19
対物的（in rem）……………………………19

代理（人）······················· 3, 9, 23, 36, 42
　イスラム法（シャリーア）における—— ···· 85-86
　中世盛期における—— ···················· 94-95
　ハンムラビ法における—— ················ 81-82
　ユダヤ法における—— ···················· 87-88
　ローマ法における—— ···················· 91-92
　——と擬制信託························· 254
　——と契約······························ 235
　——としての証券会社···················· 204
　——と信託の相違··························· 6
　——とパートナーの類推··················· 77
　——とブローカー··························· 46
　——における財産または権限を託すこと··· 6, 9
　——の技能と注意義務···················· 173
　——の定義································· 5
　——のルールと信託のルールの混合としての
　　取締役······························· 70
　——への懲罰的賠償······················ 259
代理同意人························· 211-214
　受認者としての—— ····················· 212
　——の独立性························· 212-213
託すこと（託されたこと）··················· 8-14
　情報を—— ······················ 22, 106, 120
　——が託す人にもたらすリスク ········· 25-35
　——がなくても受認者となる場合 ········ 35-36
　——の境界線························· 35-41
託す人
　——が市場の影響を受けること ········· 30-35
　——が受認者をコントロールする能力····· 13
　——の数·································· 12
　——の自己防衛····················· 39-41, 272
　——の専門性······························ 11
　——の独立した意思······················ 202

ち

力関係のパラドックス···················· 203
知的財産······························ 17, 69
注意義務···························· 109, 171
　医師の—— ······························ 161
　会社の取締役の—— ················· 175-178
　占有を継続する債務者の—— ············· 178
　——の基準··························· 173-175
　——の基本原則······················· 171-173
中間上訴·································· 265
忠実義務
　非営利団体および慈善団体の—— ···· 122-123
　予防のためのルールとしての—— ···· 111-112

——とウォール···························· 119
——と外部専門家の推奨··················· 121
——と「最善の利益のために」の基準
　······································ 150-153
——と「受益者のためだけに」の基準
　······································ 150-153
——と情報開示··························· 121
——と独立した者の登用············· 120-121
——と利益相反······················· 112-119
——の２つの側面························ 110
忠実の定義······························ 110
中世盛期······························· 94-98
調停人·································· 54-56
懲罰的賠償················ 60, 215, 239-240,
　　　　　　　　　　　　　　 250, 259-260, 268
チョーダス，ラファエル（Chodos, Rafael）······ 136

て

デラウェア州会社法··············· 194, 196, 210
デラウェア州法（典）···················· 200, 204

と

同意
　代理同意人による—— ················ 211-214
　沈黙は—— ······························· 203
　——の性質··························· 209-214
統一信託法典································ 1
同業者が損害を生じさせることを防ぐ義務
　······································ 160-165
投資会社············· 36, 45, 48, 146, 189-190, 212, 213
　——の関係者····························· 36
投資会社法（Investment Comapany Act of 1940）
　········· 36, 45, 124, 146, 175, 189-190, 212, 213
投資銀行··················· 22, 35, 120, 134, 272, 276
投資顧問法（Investment Advisers Act of 1940）
　················ 42, 49, 106, 175, 186, 204, 261
投資助言（者）／投資顧問··········· 2, 38, 46-50,
　　　　　　　　　　　　　　 88-89, 134, 139, 272
　エリサ法の—— ····························· 2
　——による情報開示と同意··············· 210
　——の注意義務························· 173
　——の報酬····························· 146
　——の利益相反····················· 190-196
道徳················ 15, 56, 89-91, 100-101, 102-104,
　　　　　　　　 161, 177, 228, 239, 240, 266, 273-274
特別な利益の法理························· 123
ドブリス，ジョエル・C（Dobris, Joel C.）······· 135

取締役···50-51, 69
　代理同意人としての──··························213
　──と債権者の関係····································40
　──に対する株主代表訴訟·········44, 144, 176,
　　　　　　　　　　　　　　　　196, 207, 265
　──の免責··211

に

ニューヨーク州会社法····································196
任意規定··································71, 197-218, 241

ね

ねずみ講詐欺··123
年金（基金）·······2, 45, 156-157, 175, 186-188, 260

は

配偶者···53-54
破産財産の占有を継続する債務者···········12, 52,
　　　　　　　　　　　　　　　　　　178, 209
破産手続と取締役··40
破産法（Bankruptcy Code）····················12, 209
発明と商業化開発業者··············14, 21, 26, 56,
　　　　　　　　　　　　　　　59-62, 142, 222
パートナーシップ···············10, 42, 68-70, 77, 88,
　　　　　　　　　　　　　　93, 95-96, 106, 164,
　　　　　　　　　　　　　　178, 189, 200, 231, 247
バブチェク，ルシアン・アーイ（Bebchuk,
　Lucian Arye）···210
ハンムラビ法··81-84

ひ

非営利団体·······························62, 122-123, 124-126
引受人／引受証券会社···························120, 190
ビジネス環境の裁判所のカテゴリー化への影響
　··223
ひな形契約書式··197
費用（規制にかかる）······························149-150
非良心性の法理··226

ふ

ファーンズワース，E・アラン（Farnsworth, E.
　Allan）··258
復帰信託··238, 266-268
不当威圧····················14, 133, 200, 202, 215, 267
不法行為（法）··241
　信認法上の救済の拠り所としての──
　··250, 268

──と信認法の相違点····················227-229, 242
──の一貫性··229
プラトン（Plato）··280
フランクファーター裁判官（Frankfurter, Felix）
　··2
ブローカー··45-50
　助言者としての──··································48
　代理人としての──··································46
　──が受認者となる場合···························47
　──兼ディーラー·······························45-50
　──と証券の引受人の地位との利益相反····120
　──の提供するレポート···························190
　──の手数料··192
　──の利益相反································192, 193

へ

弁護士···43-44
　──の依頼人の違法行為を防ぐ義務···162-165
　──の利益相反································114-116
弁護士行動準則模範規程（Model Rules of
　Professional Conduct）·············106, 114, 140,
　　　　　　　　　　　　　164, 200, 201, 207

ほ

報酬査定官（compensation czar）··················277
法の一貫性··225-229
法の不知··229

ま

マクニール，イアン（Macneil, Ian）············226
マーケットタイミング·························20, 230

み

民事司法改革法（Civil Justice Reform Act of 1990）
　··54
民事証券訴訟改革法（Private Securities Litigation
　Reform Act of 2005）·································155

め

免除／権利放棄·······························33, 206-208, 214

も

モーセの法··84

や

役職（──→官職）································216, 241

ゆ

友人関係…………………………………… 56
ユース………………………… 75-77, 96, 267
　教会——……………………………… 97
　——法……………………………… 75
ユダヤ法…………………… 87-89, 90-91

り

利益相反…………………… 147-153, 201
　情報の——………………………… 39
　取締役の——……………………… 41
　——取引に関する情報…………… 203-206
　——の事例………………………… 112-119
立証責任
　契約法における——………………215
　最善の利益の——…………………151

信認法における——…………………… 214, 222
ハンムラビ法典における——……………… 82
量刑ガイドライン…………………… 106, 128, 239

れ

連邦通貨監督官（Comptroller of the Currency）／
　通貨監督庁…………………… 118, 151, 175

ろ

ロック，ジョン（Locke, John）………… 15, 280
ロマーノ，ロベルタ（Romano, Roberta）
　………………………………… 30, 234, 236
ローマ法………………………… 91-94, 100

わ

賄賂（罪）／贈賄…………… 89, 168-170, 261

判例索引

A

Action Marine, Inc. v. Continental Carbon Inc., 481 F.3d 1302 (11th Cir. 2007) ……… 260
Adair v. Unisys Corp., 579 F.3d 220 (3d Cir. 2009) ……………………………………… 251
American Printers & Lithographers, Inc., *In re*, 148 B.R. 862 (Bankr. N. D. Ill. 1992) ………… 148
AmSouth Bancorporation v. Ritter, 911 A.2d 362 (Del. 2006) ……………………………… 178
Ark. Valley Agric. Soc'y v. Eichholtz, 25 P. 613 (Kan. 1891) ……………………………… 98
Arst v. Stifel, Nicolaus & Co., Inc., 86 F.3d 973 (10th Cir 1996) ………………………… 8
ASIC v. Citigroup Global Markets Australia Pty. Ltd., [2007] FCA 963 (June 28, 2007) …… 3, 72, 120
Aspen Wilderness Workshop, Inc. v. Colo. Water Conservation Bd., 901 P.2d 1251 (Colo. 1995) …… 129
Associated Indem. Corp. v. CAT Contracting, Inc., 964 S.W.2d 276 (Tex. 1998) ……………… 13, 56

B

Baptist Health v. Marphy, 365 Ark. 115 (2006) ……………………………………………… 3
Bates v. State Bar of Arizona, 433 U.S. 350 (1977) ………………………………………… 135
Blackmon v. Hale, 463 P.2d 418 (Cal. 1970) ………………………………………………… 165
Bostic v. Goodnight, 443 F.3d 1044 (8th Cir. 2006) ………………………………………… 257
Branson Sch. Dist. RE-82 v. Romer, 161 F.3d 619 (10th Cir. 1998) ………………………… 237
Brophy v. Cities Service Co., 70 A.2d 5 (Del. Ch. 1949) …………………………………… 10, 256
Brumm v. McDonald & Co. Sec., 603 N.E.2d 1141 (Ohio Ct. App. 1992) ……………………… 193
Buran Equip. Co. v. Superior Court, 190 Cal.App.3d 1662 (Cal. App. 6th Dist. 1987) ……… 165

C

Cal. Dental Ass'n v. Am. Dental Ass'n, 152 Cal.Rptr. 546 (Cal. 1979) …………………… 246
Caremark Int'l, Inc. Deriv. Litig., *In re*, 698 A.2d 959 (Del. Ch. 1996) ……………………… 177
Carramerica Realty Corp. v. NVIDIA Corp., No. C 05-00428 JW, 2006 U.S.Dist.LEXIS 75399
　　(D. Cal. Sept. 29, 2006) ………………………………………………………………… 40
Chou v. Univ. of Chi., 254 F.3d 1347 (Fed. Cir. 2001) …………………………………… 139
City of Hope Nat'l Med. Ctr. v. Genentech, Inc., 181 P.3d 142 (Cal. 2008) ……………… 21, 26, 59
City of Hope Nat'l Med. Ctr. v. Genentech, Inc., 20 Cal.Rptr.3d 234 (Ct. App. 2004) …… 222, 260
Cox Commc'ns, Inc. S'holders Litig., *In re*, 879 A.2d 604 (Del. Ct. Ch. 2005) …………… 43
Crim Truck & Tractor Co. v. Navistar Int'l Transp. Corp., 823 S.W.2d 591 (Tex. 1992) …… 56

D

Denison State Bank v. Madera, 640 P.2d 1235 (Kan. 1982) ………………………………… 2
Denver Nat'l Bank v. Von Brecht, 322 P.2d 667 (Colo. 1958) ……………………………… 11

E

E. I. Du Pont de Nemours Powder Co. v. Masland, 244 U.S. 100 (1917) …………………… 251
Essex Trust Co. v. Enwright, 102 N.E. 441 (Mass. 1913) ………………………………… 255
Estate of Cook, *In re*, 20 Del.Ch. 123; 171 A. 730 (1934) ………………………………… 172
Estate of Rothko, *In re*, 372 N.E.2d 291 (N. Y. 1977) …………………………………… 256

G

Gallus v. Ameriprise Fin., Inc., 561 F.3d 816 (8th Cir. 2009) ··· 245
Gartenberg v. Merrill Lynch Asset Mgmt, Inc., 740 F.2d 190 (2d Cir. 1984) ···························· 147
Gehl's Estate, *In re,* 92 N.W.2d 372 (Wis. 1958) ·· 208
Gould v. Greylock Reservation Comm'n, 215 N.E.2d 114 (Mass. 1966) ································· 129
Greisman v. Newcomb Hosp., 192 A.2d 817 (N. J. 1963) ·· 157, 247
Grimes v. Kennedy Krieger Inst., Inc., 782 A.2d 807 (Md. 2001) ·· 249
Guth v. Grace Co., 5 A.2d 503 (Del. 1939) ··· 20

H

Hecker v. Deere & Co., 556 F.3d 575 (7th Cir. 2009) ··· 41
Holmes v. Lerner, 74 Cal.App.4th 442 (Ct. App. 1999) ·· 56
Hyman v. Jewish Chronic Disease Hosp., 206 N.E.2d 338 (N. Y. 1965) ····························· 159

I

In re...──→当事者名を参照
Investors Funding Corp. of New York Secs. Litig., *In re,* 523 F.Supp. 533 (S. D. N. Y. 1980) ········ 116

J

Jones v. Harris Assocs. L. P., 527 F.3d 627 (7th Cir. 2008) ·· 30, 146, 245
Jones v. Harris Assocs. L. P., No. 08-586, 2010 U.S. LEXIS 2926 (U.S. Mar. 30, 2010)
·· 30, 146, 147, 245

K

Kalmanash v. Smith, 51 N.E.2d 681 (N. Y. 1943) ·· 170
Kazanjian v. Rancho Estates, 235 Cal.App.3d 1621 (Cal. App. 1991) ····································· 165
Kemp & Beatley, Inc., *In re,* 473 N.E.2d 1173 (N. Y. 1984) ·· 260

L

Lange v. Schropp (*In re* Brook Valley Vll), 496 F.3d 892 (8th Cir. 2007) ······················· 52, 176, 178
Lash v. Cheshire County Sav. Bank, Inc., 474 A.2d 980 (N. H. 1984) ··· 63
Lautenberg Foundation v. Madoff, No. 09-816 (SRC), 2009 U.S.Dist.LEXIS 82084
  (D. N. J. Sept. 9, 2009) ·· 172
Long v. Ostroff, 854 A.2d 524 (Pa. Super. Ct. 2004) ··· 113
Lucas v. S. C. Coastal Council, 505 U.S. 100 (1992) ··· 128

M

Manhattan Eye, Ear & Throat Hosp. v. Spitzer, 715 N.Y.S.2d 575 (Sup. Ct. 1999) ············· 122, 125
Marshall v. Farmers' & Mechs.' Sav. Bank, 8 S.E. 586 (Va. 1889) ··· 99
Martin v. Peyton, 158 N.E. 77 (N. Y. 1927) ··· 71
Martinelli v. Bridgeport Roman Catholic Diocesan Corp., 10 F.Supp.2d 138 (D. Conn. 1998) ···· 65, 222
McVey v. Va. Highlands Airport Comm'n, No. 01-2466, 2002 U.S.App.LEXIS 16584
  (4th Cir. Aug. 15, 2002) ··· 130
Meadows v. Bierschwale, 516 S.W.2d 125 (Tex. 1974) ·· 255
Meinhard v. Salmon, 164 N.E. 545 (N. Y. 1928) ··· 20, 51, 245
Middlesex Ins. Co. v. Mann, 124 Cal.App.3d 558 (Cal. App. 1981) ·· 165

Moore v. Regents of Univ. of Cal., 793 P.2d 479 (Cal. 1990) ･････････････････････････････16, 24, 113

N

Nelson v. Serwold, 687 F.2d 278 (9th Cir. 1982) ･･･92

O

Oakland Raiders v. Nat'l Football League, 32 Cal.Rptr.3d 266 (Ct. App. 2005) ･･････････････････ 246
Oberly v. Kirby, 592 A.2d 445 (Del. 1991) ･･･ 195
O'Malley v. Boris, No.15735-NC, 2002 Del.Ch.LEXIS 33 (Del. Ch. Mar. 18, 2002) ･････････････ 204

P

Patterson, In re, 53 B.R. 366 (Bankr. D. Neb. 1985) ･･･ 209
Police & Fire Ret. Sys. of Detroit v. Bernal, No. 4663-CC, 2009 WL 1873144
　（Del. Ch. June 26, 2009）･･･ 252
Procter & Gamble Co. v. Bankers Trust Co., 925 F.Supp. 1270 (S. D. Ohio 1996) ････････････ 194

R

Reading v. Attorney-General, 1 All E.R. 617 (House of Lords Mar. 1, 1951) ････････････････････23
Rippey v. Denver United States Nat'l Bank, 273 F.Supp. 718 (D. Colo. 1967) ･･････････････････ 182
Roberts v. Sears, Roebuck & Co., 573 F.2d 976 (7th Cir. 1978) ･･･････････････････････････････65
Ruiz v. Cont'l Cas. Co., 400 F.3d 986 (7th Cir. 2005) ･･･64
Russell v. Russell, 427 S.W.2d 471 (Mo. 1968) ･･ 208

S

Schlumberger Tech. Corp. v. Swanson, 959 S.W.2d 171 (Tex. 1997) ･･････････････････････････13
SEC v. Capital Gains Research Bureau, Inc., 375 U.S. 180 (1963) ･･････････････････････････ 205
SEC v. Chenery Corp., 318 U.S. 80 (1942) ･･ 2
Seventh Elect Church in Israel v. First Seattle Dexter Horton Nat'l Bank, 299 P. 359 (Wash. 1931)
　･･ 253
SmarTalk Teleservices, Inc. Sec. Litig., In re, 487 F.Supp.2d 928 (S. D. Ohio 2007) ･･･････････ 115
Smith v. Van Gorkom, 488 A.2d 858 (Del. 1985) ･･ 210
Snepp v. United States, 444 U.S. 507 (1980) ･･ 21, 254
Stevens v. Marco, 305 P.2d 669 (Cal. Dist. Ct. App. 1957) ････････････････････････････････････60

T

Tongass Sport Fishing Ass'n v. State, 866 P.2d 1314 (Alaska 1994) ･･･････････････････････････ 130

U

United States v. Bolden, 325 F.3d 471 (4th Cir. 2003) ･････････････････････････････････････ 128
United States v. Deutsch, 451 F.2d 98 (2d Cir. 1971) ･･36
United States v. Ferranti, 928 F.Supp. 206 (E. D. N. Y. 1996) ････････････････････････････････84
United States v. Fontana, 528 F.Supp. 137 (S. D. N. Y. 1981) ･････････････････････････････ 253
United States v. Hall, 434 F.3d 42 (1st Cir. 2006) ･･･ 261
United States v. Loving, 321 Fed.Appx. 246; 2008 U.S.App.LEXIS 25957 (4th Cir. 2008) ･････････ 128
United States v. Scherping, 187 F.3d 796 (8th Cir. 1999) ･････････････････････････････････････78
United States v. York, 112 F.3d 1218 (D. C. Cir. 1997) ･･･39

W

Walt Disney Co. Derivative Litig., *In re,* 907 A.2d 693 (Del. Ch. 2005) ………………………………… 245
Wash. Steel Corp. v. TW Corp., 602 F.2d 594 (3d Cir. 1979) …………………………………………… 223
Washington Steel Corp. v. TW Corp., 602 F.2d 594 (3d Cir. 1979) …………………………………… 22
Watson v. Button, 235 F.2d 235 (9th Cir. 1956) ……………………………………………………… 257
Watteau v. Fenwick, 1 QB 346 (1892) ………………………………………………………………… 77
Wolf v. Superior Court, 107 Cal.App.4th 25 (Ct. App. 2003) ………………………………………… 222
Wolf v. Superior Court, 130 Cal.Rptr.2d 860 (Ct. App. 2003) ……………………………………… 60, 67
Wotton v. Wotton, 151 F.2d 147 (10th Cir. 1945) …………………………………………………… 111
Wyatt v. Union Mortg. Co., 598 P.2d 45 (Cal. 1979) ………………………………………………… 57

Z

Zahn v. Transamerica Corp., 162 F.2d 36 (3d Cir. 1947) …………………………………………… 180

監訳者・訳者紹介

【監訳者】

溜箭　将之（たまるや・まさゆき）

1977年生まれ。東京大学法学部卒業。現在、立教大学大学院法学研究科教授。専攻、英米法。『アメリカにおける事実審裁判所の研究』（東京大学出版会・2006年）、『現代の代理法―アメリカと日本』（共著、弘文堂・2014年）、「証券流通市場と民事責任(上)(下)」NBL995号27頁・996号55頁（2013年）、「イギリス信託法を支えるもの―国内の改革と国際的変革と」立教法学84号344頁（2012年）

【訳　者】

三菱UFJ信託銀行 Fiduciary Law 研究会

石川　典子（経営企画部）＊第3章Ⅶ～Ⅷ
岩本　　明（受託財産企画部）＊第4章
内田　博基（市場国際部）＊第6章
大沢　由歌（ライフプランニング営業部）＊第2章
奥山　　元（経営企画部）＊はじめに・第7章
白石　愛子（不動産アセットマネジメント部）＊第3章Ⅴ～Ⅵ
友松　義信（コンプライアンス統括部）＊第1章Ⅳ～Ⅶ
春名　　剛（法人アドバイザリーサービス部）＊第5章
村瀬麻由美（証券代行部）＊第3章Ⅰ～Ⅳ
村松　俊哉（資産金融第2部）＊第3章Ⅸ～Ⅻ
吉谷　　晋（コンプライアンス統括部）＊第1章Ⅰ～Ⅲ
米花　哲也（執行役員）＊エピローグ

　　　　　（所属は2014年2月1日現在。＊は翻訳担当部分）

【監訳者】
溜箭　将之　　立教大学大学院法学研究科教授

【訳　者】
三菱UFJ信託銀行 Fiduciary Law 研究会

フィデューシャリー──「託される人」の法理論

2014(平成26)年4月15日　初版1刷発行

監訳者　溜箭　将之
訳　者　三菱UFJ信託銀行 Fiduciary Law 研究会
発行者　鯉渕　友南
発行所　株式会社 弘文堂　　101-0062 東京都千代田区神田駿河台1の7
　　　　　　　　　　　　　　TEL 03(3294)4801　振替 00120-6-53909
　　　　　　　　　　　　　　http://www.koubundou.co.jp
装　幀　大森裕二
印　刷　三陽社
製　本　牧製本印刷

Ⓒ 2014 Masayuki Tamaruya, Mitsubishi UFJ Trust and Banking Corporation.
　　Printed in Japan

JCOPY 〈(社)出版者著作権管理機構　委託出版物〉
本書の無断複写は著作権法上での例外を除き禁じられています。複写される場合は、その
つど事前に、(社)出版者著作権管理機構 (電話 03-3513-6969、FAX 03-3513-6979、
e-mail: info@jcopy.or.jp) の許諾を得てください。
また本書を代行業者等の第三者に依頼してスキャンやデジタル化することは、たとえ
個人や家庭内での利用であっても一切認められておりません。

ISBN 978-4-335-35595-0

アメリカ法ベーシックス

●アメリカ法の正確な基本知識を提供する実務にも役立つシリーズ！

　現在、アメリカ法への関心の裾野は広がり、わが国の法解釈の参考とされるだけでなく、関連企業や個人が直接アメリカ法の適用をうける可能性も多くなりました。
　このようにアメリカ法が身近な存在となり、また日本法との違いが両国の関係にとって大きな壁となるなか、一方でアメリカ法研究の発展のために、他方で実務的にアメリカ法の基本的な知識を必要とする人たちのために、主要な法領域における依拠すべき信頼できる基本書が求められています。
　本シリーズは、アメリカ法の各分野における本格的な概説書として、正確な基本的知識を提供し、具体的事例を用いてアメリカ法の特色を明示します。長く基本書として引用・参照されるシリーズを目指しています。

＊	現代アメリカ法の歴史	ホーウィッツ著　樋口範雄訳	4600円
＊	アメリカ契約法［第2版］	樋口範雄	3800円
＊	アメリカ労働法［第2版］	中窪裕也	3700円
＊	アメリカ独占禁止法［第2版］	村上政博	4000円
＊	アメリカ証券取引法［第2版］	黒沼悦郎	2900円
＊	アメリカ民事手続法［第2版］	浅香吉幹	2400円
＊	アメリカ代理法	樋口範雄	2800円
＊	アメリカ不法行為法	樋口範雄	3700円
＊	アメリカ製造物責任法	佐藤智晶	3000円
＊	アメリカ憲法	樋口範雄	4200円
	アメリカ渉外関係法	樋口範雄	
	アメリカ憲法	松井茂記	
	アメリカ租税法	水野忠恒	
	アメリカ行政法	中川丈久	
	アメリカ地方自治法	寺尾美子	
	アメリカ会社法	吉原和志	
	アメリカ商取引法	藤田友敬	
	アメリカ銀行法	川口恭弘	
	アメリカ倒産法	松下淳一	
	アメリカ医事法	丸山英二	
	アメリカ環境法	大塚　直	

弘文堂

表示価格は2014年3月現在の本体価格(税別)です。＊は既刊